Wilhelm Eichner

Wir können von den Pfaffen nit genesen

Wilhelm Eichner

Wir können von den Pfaffen nit genesen

Roman der Bauernkriege

Universitas

© 1999 by Universitas Verlag in der
F. A. Herbig Verlagsbuchhandlung GmbH, München
Alle Rechte vorbehalten
Schutzumschlag: Wolfgang Heinzel
Schutzumschlagmotiv: Archiv für Kunst und Geschichte, Berlin
Satz: Fotosatz Völkl, Puchheim
Druck: Jos. C. Huber KG, Dießen
Binden: R. Oldenbourg, München
Printed in Germany
ISBN 3-8004-1389-2

… eine der starken Figuren der deutschen Geschichte,
denen reiche Gaben beschieden waren,
aber nie ein Erfolg …

Leo Sievers

Inhalt

Buch
Untergrombach

Jockgrimm

Er kam mit dem Westwind, und der sang und pfiff ein Lied, jagte graues Gewölk über den Himmel und Regenschauer vor sich her. Sein Ziel war Jockgrimm, dort wußte er eine Herberge. Aber der Weg zog sich.

Der Mantel hing durchnäßt und schwer auf den Schultern, der schwarze französische Rock klebte auf der Haut und ließ ihn frösteln. Die Stiefel waren durchweicht, vom Barett troff ein Rinnsal. Warum war er nicht in Weißenburg geblieben?

Es lag eine seltsame Versuchung in seinem Wesen, immer das zu tun, was andere nicht taten. Er hörte wieder die oft ratlose Stimme der Mutter und fühlte die kräftige Hand des Vaters. Immer schien ihm das Ferne, das Unbekannte, das er nicht erreichen konnte, näher, verwandter als all die Dinge um ihn her. Und doch war alles ein Irrtum gewesen! In der Fremde hatte er wiedergefunden, was er daheim nicht hatte sehen wollen. Die Welt der Bauern zog ihn zurück.

Er atmete auf. Das Kriegsjahr war zu Ende.

In den Dorfgassen, durch die er gekommen war, duftete es nach Traubentrester. Wie daheim.

Der Weg war ausgefahren und ohne festen Grund. Schemenhaft tauchte im Dunst ein Fahrzeug vor ihm auf. Die Wagenplane, von Regen durchtränkt, stand dunkel gegen den grauen Himmel, wenn das Fuhrwerk über eine Erhöhung zog. Dann wieder wischten Regenschauer es wie ein Trugbild hinweg. Seine Hand spielte mit den Silbermünzen, die er im Säckel trug. Sie machten ihn nicht reich, aber man konnte davon leben.

Das freie Leben hatte ihn gelockt, doch dann kam das Ausgeliefertsein an die französischen Offiziere, die den deutschen Landsknecht als guten Kämpfer brauchten, aber als Menschen verachteten. Für sie blieb er der Barbar.

Leibeigener hatte er nicht sein wollen, wie sein Vater, dessen Dasein sich im engsten Kreise drehte, der schuftete für den Bischof und für den nur ein Scherflein übrigblieb. Das war der bittere Tropfen im süßen Wein der Heimkehr. Ein Irrweg war es gewesen, Umweg von einer Unfreiheit in die andere. Seltsam: Dennoch war er stolz auf seinen französischen Rock. Aber Freiheit? Es mußte eine andere geben, und er mußte sie finden.

Er hörte jetzt deutlich die Stimme des Fuhrmanns, der mit dem Wetter und den Pferden haderte. Er würde ihn bald eingeholt haben. Gesellen der Landstraße.

Im Osten ragten die Spitzen einer Pappelgruppe aus der Ebene. Dort mußte der Rhein fließen. Wenn er sich in der Herberge aufgewärmt, ausgeschlafen und seine Kleidung getrocknet hatte, wollte er aufbrechen, sich übersetzen lassen, um gegen Abend Untergrombach zu erreichen. Ende des Umhergetriebenseins!

Freiheit – Freiheit – Freiheit! Er steigerte das Wort dreimal vor sich hin. Sie war das höchste Gut, brauchte aber zwei Beine: Gerechtigkeit und Gleichheit vor dem Gesetz. Man konnte soviel denken, wenn man allein durch den Regen zog.

Aus dem Dämmer tauchten über ihm die schwarzen Mauern von Jockgrimm auf. Regen hatte sich in die roten Sandsteine gefressen und ließ sie dunkel und abweisend erscheinen. In einer Biegung stieg der Weg zum Tor hinauf. Dicht dabei überragte das spitze Kirchturmdach das Mauerwerk. Für einen Augenblick zerriß die Wolkenwand. Ein Schimmer Abendlicht spielte um die Zinnen und Dächer. Dann fegte der Wind wieder Wolken darüber.

Vor dem Tor holte er das Fuhrwerk ein. Die Pferde waren stehengeblieben, denn im feuchten Sand des ansteigenden Weges mahlten die Räder tief. Nach dem ermunternden Zuruf des Fuhrmanns legten sie sich noch einmal ins Geschirr und schafften den Anstieg. Sie waren die letzten, die Einlaß fanden. Mürrisch schlug der Torhüter die schweren Flügel zu und verriegelte sie innen mit wuchtigen Balken. Schützend und unheimlich zugleich lagen die Wehrgänge über ihnen, unbemannt und verlassen. Sie gingen müde nebeneinander der Herberge zu. »Bist du's, Joß?« Es war ein ehemaliger Knecht vom Widemhof in Untergrombach, der Joß Fritz erkannt hatte. Er war jetzt für einen Straßburger Kaufmann unterwegs nach Speyer.

Während Joß den Schlamm von seinen Stiefeln kratzte und das Barett ausschüttelte, stellte der Fuhrmann den Planwagen in die große Scheuer, spannte die Pferde aus, rieb sie mit Stroh trocken und band sie an der Futterkrippe an. Joß stieg die Stufen zur Gaststube hinauf und trat ein. Er grüßte Wirt und Gäste, die um die dampfende Schüssel saßen und zulangten. Sie schauten kurz auf und aßen schweigend weiter. Über Stühlen und Stangen hingen durchnäßte Mäntel und sonstige Kleidungsstücke. Der Mief von nassem Tuch, Schweiß und aufgeweichtem Leder mischte sich mit dem Duft von Wein, Brot und dampfendem Haferbrei, auch dem Ruß der Öllampe, zu einem widerlichen Dunst. Doch das Knistern der Holzscheite im Ofen versöhnte mit allem.

Joß hängte Mantel und Barett an einen Haken nahe den braunglasierten Topfkacheln des Ofens, auf dessen Umrandung sich zwei Bettelweiber breitmachten, die nicht am Tisch sitzen durften. Das war der Wirt sich schuldig. Den französischen Rock legte Joß sorgsam auf die Bank und setzte sich darauf. Der Wirt, ein ältlicher Mann mit zurückhaltend vornehmen Gebärden, stellte einen Becher Wein vor Joß. Der Brei wurde frisch zubereitet. Joß spürte Hunger aufkommen, den Nässe und Kälte draußen überspielt hatten. Nach einiger Zeit kam auch der Fuhrmann. Rechts von Joß saß ein junger Mann, den sie Lotterholz nannten, weil er die Wünschelrute führte. Er zog im Gefolge des Baumeisters, der seine Bauleute für die Wintermonate entlassen hatte und nach Köln unterwegs war, wo er im Auftrag des

Erzbischofs Hermann planen und später bauen sollte. Er brauchte Lotterholz, um den Untergrund des Geländes auf unterirdische Wasseradern zu überprüfen. Dann folgte am Tisch der Meister selbst, ein Mann in mittleren Jahren mit stark vergeistigten Zügen. Sein durchdringender Blick wanderte manchmal prüfend über die Gesichter. Seine schmalen Hände führten den hölzernen Löffel behutsam und mit Würde, als koste er nicht die Nahrung des fahrenden Volkes. Lotterholz schaute voll Verehrung zu ihm auf, wandte sich aber wie altvertraut Joß zu. Der konnte sich das nicht erklären und hielt sich zurück.

Der Wirt trug den Brei auf, legte Brot nach und wünschte, daß die Speise wohl bekomme. Derweil kam am oberen Tisch ein Gespräch auf. Ein fahrender Schüler, der dem Baumeister gegenübersaß, fragte den Antoniter, der den Platz am Tafelende innehatte, ob er über Straßburg gekommen sei. Der Mönch bejahte, er komme sogar aus der Stadt Vienne, wo er das Mutterhaus seines Ordens besucht habe. Nun hoffe er noch vor Wintereinbruch seine Generalpräzeptorei in Grünberg zu erreichen.

Auf seinem schwarzen Gewand leuchtete auf der linken Seite der Brust blau das Tau-Kreuz seines Ordens, das schon die alten Ägypter als Amulett getragen hatten.

»Habt Ihr auch den Geiler von Kaisersberg gehört?« fragte der Scholar. Der Antoniter bestätigte es.

»Einst«, fuhr der Scholar fort, »predigt er, habe die Kirche goldene Priester und hölzerne Kelche gehabt. Heute habe sie hölzerne Priester und goldene Kelche.«

Die Tischrunde lachte.

»Solche Reden gehen wie Honig ein«, eiferte der Scholar, »denn sie sagen die Wahrheit.«

»Die sagen andere auch, nur anders«, betonte der Mönch.

Doch der Scholar gab sich nicht zufrieden.

»Vor zwei Jahren zur Jahrhundertwende hatten alle ein Wunder erwartet. Das Goldene Zeitalter sollte anbrechen. Nichts! Aber die Wende wird kommen, wie es in der ›Reformatio Sigismundi‹ steht: ›Die Weisen dieser Welt sind

blind geworden.‹ Also müssen die Kleinen sehend werden.«
Der Bauer, der neben ihm saß und beim Essen den Löffel
mit der linken Hand gehalten hatte, sah verstohlen nach sei-
ner rechten unter dem Tisch. Dann hob er sie wortlos hoch
und sah sich in der Runde um. Seiner Rechten fehlten die
Schwurfinger.
»Bundschuh«, murmelte Lotterholz. Der Baumeister sah
den Mönch bedeutsam an.
»Ja, Bundschuh«, sagte der Bauer hart. »Das war meine
Wende! Drei Finger für die Freiheit und das Leben auf der
Straße.«
Er legte die Hand wieder unter die Tischplatte und schwieg.
Joß hielt die linke Hand unter dem Tisch. Er hatte am Un-
terarm ein schwarzes Muttermal. Böse Zungen lästerten, es
sei eine Teufelsklaue. Der silberne Ring an der rechten …
Er sprach nie darüber. Er trug ihn mit Stolz.
»Kommst du von Schlettstadt?« fragte er den Bauern.
»Ich habe auf dem Ungersberg geschworen und wurde zu
Schlettstadt gerichtet«, erzählte er, »und des Landes verwie-
sen. Aber Gottes Gerechtigkeit wird kommen. Ihr wird das
neue Jahrhundert gehören. Ein Prophet hat's mir gesagt.
Dem sagen's die Sterne.«
»Wie heißt du?« wollte Joß wissen.
»Veltlin«, antwortete er stolz, »und bin ehrbarer Eltern
Sohn.«
Der Wirt trug ab. Die Männer rückten auf ihren Plätzen.
»Es scheint das neue Jahrhundert nicht anders zu beginnen,
als das alte geendet hat«, sagte versonnen der Antoniter.
»Und doch weht ein Hauch Freiheit von unsren Kathedern
und Kanzeln.«
Als er schwieg, begann der Bauer wieder: »Was da oben
weht, weiß ich nicht. Aber was unten geschieht. Und es
war doch nur die Sehnsucht nach Gerechtigkeit, die uns
trieb.«
Während betretenes Schweigen herrschte, kramte der Scho-
lar ein Blatt aus seinem Mantelsack. Der Baumeister nickte:
»Das Flugblatt des Sebastian Brant. Ich habe es gelesen und

selbst den Donnerschlag gehört, obwohl wir drei Tagesritte entfernt im Elsaß bei der Arbeit waren.«

Der Scholar erklärte: »Das Bild in der Mitte zeigt den Einschlag des Meteors bei Ensisheim am 7. November 1492.« Er suchte die Stelle im Text und las:

> »... mitten am Tag
> geschah ein grausamer Donnerschlag.
> Drei Zentner schwer fiel dieser Stein
> hier in das Feld bei Ensisheim.«

»Ich habe den Schlag auch gehört«, bestätigte der Bauer, »als ich gerade die Pferde einspannte, die wild ausschlugen.«

Der Wirt jagte die Bettelweiber von der Ofenbank. Die schimpften und zogen sich irgendwo in den Schuppen zurück. Dann legte er Holz nach und füllte die Becher auf.

»An der Donau, dem Neckar, ja sogar in Uri und Burgund zitterten die Menschen vor dem gewaltigen Grollen«, sagte der Scholar.

»Man hat es als Warnung an Frankreich gedeutet«, warf der Antoniter ein, »aber schließlich fiel er bei Ensisheim ins Feld, wo die kaiserliche Verwaltung ihren Sitz hat.«

»Der alte Streit«, meinte der Fuhrmann. »Wenn es regnet, sagen die einen, es ist ein Segen, die anderen, es ist ein Fluch.«

»Wir haben es als eine Ermutigung angesehen«, nahm Veltlin wieder das Wort, »uns gegen das Unrecht zu wehren.«

Der Antoniter stand auf und setzte sich auf die freigewordene Ofenbank. Er preßte den Rücken fest an die warmen Kacheln und lehnte den Kopf zurück. Das Wohlgefühl der Wärme lief über seinen Körper. Er schloß die Augen.

»Recht habt Ihr«, sagte der Baumeister und schüttelte seine dunklen Locken. »Der Regen steckt noch in den Knochen und läßt sich durch Haferbrei nicht vertreiben. Die Kälte muß heraus, eh wir ins Stroh kriechen.« Er stand auf, nahm sorgsam den Becher hoch und setzte sich neben den Antoniter. Es folgten der Bauer und der Scholar. Auch Joß und

Lotterholz erhoben sich. Nur der Fuhrmann blieb am Tisch zurück. Den Kopf auf die Fäuste gestützt, schien er zu schlafen. Sie rückten dicht zusammen. An seiner Linken fühlte Joß das warme Holz der bretterverschalten Wand. Lotterholz saß dicht bei. »Ich führe die Wünschelrute«, flüsterte er Joß zu. Der entgegnete tonlos: »So.«

»Verborgene Wasser spüren, fühlen, was anderen Menschen verborgen bleibt, ist tieferes Wissen.« Die flüsternde Stimme wurde fast feierlich. Sie wartete auf ein Echo.

»Warum sagst du mir das?« fragte Joß verständnislos zurück.

»Warum?« wiederholte Lotterholz verwundert. »Das wißt Ihr doch.«

Aber Joß schüttelte ärgerlich den Kopf. »Ich habe mit Magie nichts zu tun«, stellte er klar.

»So solltet Ihr das nicht sehen«, beharrte Lotterholz. »In Euch ist die Kraft, das spüre ich. Es ist eine Gnade, die man wahrnehmen muß. Nutzt sie!«

Sie sahen nicht, was um die Ofenecke geschehen war. Der Scholar hatte weitere Blätter aus seinem Mantelsack geholt. Er schickte sich an, seine Lesekunst zu beweisen, und versuchte, den Antoniter als Zuhörer zu gewinnen.

»Ihr habt vom Geist der Freiheit gesprochen«, begann er, »hier weht er schon aus dem vergangenen Jahrhundert herüber als große Reformschrift des Kaisers Sigismund.«

»Du hast einen Druck der Reformatio?« fragte der Mönch.

»Ja«, sagte der Scholar strahlend. Er hob die Blätter hoch und kam um die Ofenecke, damit auch Joß und Lotterholz sie sehen konnten. Er deutete nachdrücklich auf das Bild. »In Holz geschnitten die Vision des Kaisers Sigismund, die er am Morgen des Himmelfahrtstages 1403 in Preßburg hatte. Der Kaiser liegt schlafend in seiner Kammer. Hoch oben im Bogen der Tür schwebt Gottvater und haucht ihm seine Gedanken ein.« Er verlegte unversehens eine Schulstunde ins Gasthaus und ahmte, ohne es selbst zu merken, seinen Präzeptor nach. Bücher waren den Gästen – außer dem Mönch und dem Baumeister – fremd. Was er im Bild gezeigt

hatte, wollte er nun mit fester Stimme vorlesen und stellte
sich dazu an die Ecke der Ofenbank, damit alle ihn sehen
konnten. Der Wirt goß Öl in die blakende Lampe nach, das
gab besseres Licht. Der Scholar wandte der Flamme den
Rücken zu und hielt das Blatt so, daß sein eigener Schatten
nicht darauf fiel, und begann:

»Da rief eine Stimme: Sigismund, steh auf! Bekenne
Gott! Bereite der göttlichen Ordnung einen Weg, denn
allem geschriebenen Recht gebricht es an Gerechtigkeit ...«

Er sah sich forschend im Kreis um und fuhr dann fort:

»Du aber kannst es nicht vollbringen, du bist nur der Weg-
bereiter dessen, der nach dir kommen soll ... Der wird
Friedrich heißen und wird dem ganzen Reich den Frieden
bringen.«

Er machte wieder eine Pause und sah zu Joß Fritz herüber.
Der nickte ihm zu und wußte von diesem Augenblick an,
daß der fahrende Schüler eigentlich nur für ihn las. Wie hatte Lotterholz kurz zuvor noch zu ihm gesagt? In Euch ist die
Kraft. Sollte der Scholar dasselbe fühlen? War dieser ver-
maledeite vorletzte Wandertag anders als alle anderen Tage? War dieses Zusammentreffen von Zufälligkeiten vielleicht Bestimmung?
Der Scholar las wieder. Seine Augen flogen über die Blätter,
hafteten hier und hafteten da, überflogen und lasen sich fest.
Es war, als habe er bestimmte Stellen durch Marginalien
markiert und erschließe so den Hörern einen neuen Zusammenhang. Draußen war der Wind stärker geworden. Es
zog vom Fenster her, daß die Lampe unruhig flackerte. Der
Scholar trat einen Schritt zurück, um besser sehen zu können, während der Wirt mit der Weinkanne umging und
nachfüllte.

»Der Schatz aller Gerechtigkeit ist vielleicht bei den Kleinen verblieben«,

17

sagte der Scholar und sah sich um; man konnte nicht unterscheiden, ob er es gelesen oder aus sich so gesagt hatte.

»Wie soll aus diesem Sumpf von Ungerechtigkeit und Verderbnis Neues wachsen?« fragte der Mönch nachdenklich.

»Hören wir es!« triumphierte der Scholar.

»Wenn es im geistlichen Stand und im weltlichen Stand nach geschriebenen Rechten ginge und man die hielte, dann ginge es recht und wohl.«

»Du hast eine Stelle ausgelassen«, unterbrach ihn der Antoniter. »Ich kenne den Text. ›Bekehrt euch!‹ heißt es da etwa. ›Es ist Zeit! Wenn wir uns bekehrten, kehrte alle Welt sich um.‹«

»Sicher ist der Kaiser ein frommer Mann gewesen«, räumte der Scholar ein. »Aber hört weiter, was er schreibt:

›Ein Priester wird kommen, der zugleich König ist, durch den wird Gott viel erwirken … Es wird aufstehen ein kleiner Geweihter, der ein demütiger Gerechter ist … Bischöfe sind mächtig, Klöster desgleichen. Niemand kann sie zurechtweisen, sie haben die Gewalt inne … Weh! Wer hat ihnen diese Freiheit gegeben!? Christus hat weder dem Papst, einem Kardinal oder Bischof das Recht gegeben, zu verhängen, was sie uns auferlegen … Sie machen viele große Gesetze, die weder dem Staat noch den Gemeinden nützen … So ist es notwendig, daß Gott uns den Verstand gebe, das Unrecht zu erkennen. Das ist jetzt geschehen. Jedermann muß das Recht vollziehen, oder wir haben keines.‹«

Der Baumeister stand auf, zahlte die Zeche, auch für Lotterholz, gab diesem ein Zeichen, daß er noch bleiben könne, wünschte eine gute Nacht und zog sich zurück.

Der Scholar ließ sich nicht beirren:

»»Darum wisse jedermann: Wer es wagt, einem anderen zu sagen, du bist mir leibeigen, der ist kein Christenmensch. Läßt er nicht ab und gibt Gott die Ehre, so soll man ihn einen Heiden nennen, denn er ist wider Christus, und Gottes Gebote sind an ihm verloren …‹«

»Also ist unser Bischof ein Heide!« rief der Wirt vom Schanktisch her dazwischen, sah sich aber vorsichtig um, ob seine Knechte nicht etwa mitgehört hatten.
Der Scholar überging den Zwischenruf.

»›So mögt ihr wohl bemerken, wie es jetzund gehen mag: Wird das neue Reich nicht mit der getreuen armen Gemeinde erbaut, so wird es nicht bestehen.‹«

Der Antoniter sah ihn skeptisch an. »Du hast das Buch wohl auswendig gelernt?« fragte er lächelnd.
Der Scholar schüttelte den Kopf: »Manche Stellen vergißt man nie.« Er blätterte und begann dann wieder:

»›Wer ist der göttlichen Ordnung jetzt mehr zuwider als die Prälaten und Gelehrten? Item haben diese beiden Ordnungen mancherorts Zwing, Bann und Schlösser. All das sollte man ihnen nehmen und sie heißen sich um Gott bemühen und um die Klöster kümmern. Was sie besitzen, soll dem Reich zufallen, das es als Lehen weitergibt an den Adel.‹«

»Warum an den Adel?« rief Veltlin empört. »Der hat eh genug!«

»›Eine Stadt zieht aus um eines einzigen Menschen willen‹«, fuhr der Scholar fort. »›Oh, ziehet ihr aus um des Heils aller Menschen und um Gottes Gerechtigkeit … Einer wird aufstehen und durchbrechen mit Gewalt. So schlagt denn zu! Wenn Gott es will und die Zeit gekommen ist, dann werdet ihr es schon hören.‹« Er holte Atem.

»Die Stimme des toten Kaisers«, murmelte Veltlin erschüttert. Aber niemand achtete darauf. Der Vortrag trieb einem Höhepunkt zu, auf den alle warteten. Und der Scholar fuhr fort:

»›Wenn er aber kommen wird, der kleine Geweihte, dann soll das Reich und des Reiches Panier ihm dienen. Dann soll vereint werden, was Gott vereint haben will … Gott hat vielleicht einen ausgezeichnet, der es auf sich nehmen wird … Allen getreuen Christen kommt die Stunde, wo sie hören werden Antrag und Verkündigung der rechten Ordnung. Dann schlag jedermann zu!«

»Dann wollen wir zuschlagen«, rief Veltlin, »wie sie bei mir zugeschlagen haben!« Wieder hob er die Hand.

»Ich verstehe die Stelle anders«, sagte der Mönch nachdenklich. »Es geht nicht um blindlings Zuschlagen. Göttliches Recht ist eine feinsinnige, leicht verletzliche Sache, da heißt es behutsam zupacken, nicht wild dreinschlagen. Der Verfasser – es ist nicht sicher, daß es der Kaiser ist – meint das Zuschlagen wie beim Abschluß eines Vertrags, der durch Handschlag gültig wird.«

»Ich verstehe, was ich gehört habe«, sagte Veltlin unwillig, »und da ist kein Zweifel.«

Der Fuhrmann am Tisch hob den Kopf, stand auf und ging.

Joß war ebenfalls versucht, sich schlafen zu legen, aber das Gespräch hatte ihn gefordert. Selten trieb der Zufall solch aufgeschlossene Männer in einer Runde zusammen.

»Ich will Recht studieren«, sagte der Scholar, »aber wie sieht es denn aus? Ein Ratsherr aus Regensburg hat mir in Worms einen Brief diktiert an den Hohen Rat seiner Stadt. Ich kann den einen Satz nie vergessen: ›Im Ausschuß des kaiserlichen Hofgerichts sitzen so gerechte Leute, daß Gott vor einem Jüngsten Gericht dieser Art jeden Menschen behüten wolle!‹ Das sagt einer, der es wissen muß.«

»Ein gutes Schlußwort«, sagte der Antoniter und stand auf.

Joß hatte schweigend alles aufgenommen. Die Sätze schwirrten in seinem Kopf. Es trieb ihn nach draußen. Als er die Haustür öffnete, wirbelte der Wind ihm Schneeflocken entgegen.

Die Straße war leergefegt. Aus der dünnen Schneedecke hoben sich die Fachwerkhäuser von Jockgrimm. Aus manchen Fenstern flatterte ein dünner Schein durch die Butzenscheiben. Irrlichternde Flecke in der Stille der Nacht. Nicht weit vor ihm wandelte der Nachtwächter dorfein. Die Hellebarde überragte ihn. Die Laterne schwankte in seiner Rechten. Joß geriet ins Grübeln. Wieviel Unfriede und Leid verbargen sich hinter den dunklen und hellen Fenstern, hinter den Fassaden der Fachwerkhäuser. Neunmal schlug die Kirchturmuhr. Gleichmaß der Zeit. Signal eines Unwandelbaren an den Menschen.

Lotterholz war neben ihn getreten und zeigte zwischen den Häusern hindurch auf den dunklen Koloß des kurfürstlichen Wasserschlosses. Sie gingen eine Weile schweigend nebeneinander, dann sagte Lotterholz zaghaft: »Willst du es nicht doch einmal versuchen?«

»Was?« fragte Joß abwehrend.

»… mit der Wünschelrute«, erklärte Lotterholz.

Aber Joß lehnte ab: »Es bringt mir nichts.«

Er drehte sich um, der Herberge zu. Der Gastraum war schon leer. Joß zahlte und suchte das zugewiesene Lager auf. Draußen tobte wieder der Schneesturm.

Das Weinen eines Kindes weckte ihn mitten in der Nacht. Der Hofhund fiel ein und ließ sich nicht beruhigen. Der fahrende Schüler schimpfte vor sich hin. Lotterholz schnarchte zufrieden und unbewegt in sich hinein. Dann beruhigte sich das Kind. Die Mutter hatte es wohl an die Brust gelegt. Schließlich verstummte auch der Hund. Nur der Sturm blieb wach. Im Traum hörte Joß die Stimme des Kaisers: »Wenn die Großen schlafen, müssen die Kleinen wachen. Die göttliche Gerechtigkeit wartet. Ein kleiner Geweihter wird kommen: Friedrich!«

Es war wie ein Anruf, der ihn weckte. Friedrich – das war doch? Fritz – das war Friedrich, die volkstümliche Abkürzung des kaiserlichen Namens! Auf dem Boden bleiben, Joß, sagte er sich. Oder war doch mehr in ihm, als er selbst wußte? Schon der Frühmesner Melchior Stalp, bei dem er Lesen gelernt hatte und Schreiben, hatte gesagt, es stecke mehr in ihm, als er selbst wisse. Zur Gerechtigkeit berufen! Zur göttlichen Gerechtigkeit! Dann wurde sein Atem ruhig, und er schlief ein. Durch den Traum ritt erneut Kaiser Sigismund, ritt durch die Menge auf ihn zu und streckte ihm die Hand entgegen.

Joß wachte wieder auf, ging vor die Tür und traf im Dunkel den Antoniter, der auch nicht schlafen konnte.

»Pater, wie kann ein Mensch die göttliche Gerechtigkeit erkennen?« fragte Joß zögernd.

»Man kann nur erfahren, Bruder«, antwortete der Mönch, »daß sie hier oder dort nicht ist. Cusanus sagt: ›Ich weiß, daß all das, was ich weiß, nicht Gott ist, und all das, was ich begreife, ihm nicht ähnelt.‹«

»Wenn ich sie nicht erfassen kann«, sagte Joß, »wie kann ich mich ihr dann wenigstens nähern?«

»Es gibt ein geistiges Sehen, das mehr ist als alle Erkenntnis der Sinne.« Der Mönch machte eine Pause. »In der Sehnsucht kann der Mensch sich Gott nähern, lehrt Cusanus.«

»Wenn viele sich ihm in Sehnsucht nahen«, grübelte Joß, »müßte schon dieses Reich bestmöglich werden, gottnah und voller Gerechtigkeit. Deine Weisheit tröstet und macht traurig zugleich«, sagte Joß enttäuscht.

Der Mönch sann in sich hinein. »Die Gnade Gottes verhält sich zum freien Willen wie der Reiter zum Pferd, lehrt Cusanus«, ergänzte der Mönch und wandte sich wieder seiner Kammer zu.

»Dann müssen wir starke Pferde sein«, folgerte Joß, »um viel Gnade zu erfahren.«

Als sie das Rheinzaberner Tor erreicht hatten, löste die Gruppe aus der Herberge sich schnell auf. So blieben der Antoniter und Joß als Weggefährten allein.

»Pater«, sagte Joß, »wenn es Euch recht ist, ginge ich gern ein Stück Wegs mit Euch. Ich habe viele Fragen.«

»Das macht den Weg kurzweilig«, meinte der Mönch ermunternd.

Morgensonne fiel auf die leichte Schneedecke und glitzerte im feuchten Gras. Der Mönch war stehengeblieben und schaute in die Ebene. Dann drehte er sich unversehens um und sagte: »Ich heiße übrigens Emmericus.«

»… und ich Joß«, kam es unverzüglich zurück.

Sie gingen weiter, und Joß fragte zögernd: »Pater, ist all diese Schönheit um des Menschen willen geschaffen?«

»Um diese Frage zu beantworten, müßte man Gott sein«, antwortete Emmericus lächelnd. »Ob es Sinn des Schönen sein kann, nur die Menschen zu erfreuen, bezweifle ich. Gott hat jedem Ding seinen eigenen Sinn gegeben, nur begreifen wir ihn nicht. Der Mensch ist nicht Maß und Mitte aller Dinge. Aber wir sehen uns selbstgefälliger als unsre Väter. Und doch wandern viele Menschen aus dieser Zeit aus. Die Gelehrten flüchten in die Antike, die Ritter verlassen die große Zeit ihrer hohen Tugenden, rauben und plündern das Volk aus. Die Sprache ist derb. Grobiane machen Literatur, das Unflätige drängt nach oben und breitet sich aus.«

Joß rätselte dem Gehörten nach. »Wenn ich Eure Klage recht verstehe«, schloß er bedächtig, »heißt das, daß der Zug der Zeit den Bauern begünstigt.«

»Wenn man es so sehen will: ja.«

Der Antoniter, der sich anfangs dem forscheren Schritt seines Begleiters angepaßt hatte, ging langsamer.

»Es gibt schon seltsame Köpfe in dieser Zeit«, sagte er bedenklich. »Da ist die Stimme des Felix Malleolus aus Zürich, der die Meinung vertritt, man müsse den Bauern jedes halbe Jahrhundert die Gehöfte abbrennen, damit ihr Übermut und ihre Üppigkeit gedämpft würden.«

»Diese Mühe kann er sich hier sparen«, erwiderte Joß bitter. »Doch wer alle fünfzig Jahre die Höfe der Bauern zerstören will, der müßte alle fünf Jahre Klöster, Burgen und Schlösser niederbrennen. Kommt das nicht aus einem kranken Hirn? Mag sein, es geht den Bauern in der Schweiz wirklich gut. Warum aber? Weil sie das Herrenjoch abgeschüttelt haben.«

»Übrigens«, sagte Emmericus, »bin auch ich Bauernsohn, lebe aber unter vielen Söhnen des Adels, die meinem Orden angehören, die die Kranken pflegen wie wir. Mit ihrem Dienst tragen auch sie dazu bei, das Leid der Menschen zu lindern.«

Sie gingen eine Weile schweigend weiter.

»Warum«, grübelte Joß laut, »hat dieser gestrige Abend so viele Fragen in mir aufgewühlt? Wo kommen sie plötzlich alle her?«

»Inquietum est cor nostrum«, zitierte der Mönch Augustinus, »donec requiescat in te. Unruhig ist unser Herz ... Ich glaube, die Begegnung mit einem Menschen macht es.«

Im Osten hob sich die Sonne höher. Unter ihren Strahlen wandelten sich die schmutzig-trüben Pfützen des Tauwassers am Weg zu leuchtenden Gebilden. Wieder blieb der Antoniter stehen und sah versonnen auf die hellen Flecke.

»Das Licht ist das Lachen des Himmels. Wer hat es nur gesagt? Ich glaube Ficinius. Ich habe ihn noch gehört. Wir Antoniter halten es mit der Medizin. Dies Wort hat mich getroffen wie eine Offenbarung. Es öffnet uns die Augen, und wir sehen mehr.« Er lächelte zu Joß hinüber. Seine Gedanken waren bei seinem Orden angekommen.

»Lachen des Himmels«, nahm er das Bild wieder auf, »wem es erhalten bliebe! In unsren Spitälern und Krankenstuben ist wenig Licht und darum viel Lachen der Hölle. Aber der Abt sagt, wir müßten das Licht in uns tragen, damit die Kranken es sehen könnten. Das ist schwer, Bruder Joß!«

»Könnten sie das Sonnenlicht vom Himmel nehmen, sie würden es nicht ohne Zins durchlassen ... soll einer gesagt haben. Aber mich bewegt Grundsätzliches: In welchem Verhältnis stehen zueinander Allmacht, Macht, Kaiser und Volk?«

»Ihr fragt«, sagte der Antoniter bedächtig, »wenn ich Euch recht verstehe, nach der Ordnung der Welt. Ich will es aus meiner Sicht zu beantworten versuchen, obgleich mir die letzte Zuständigkeit fehlt. Gott hat die Allmacht und ist die Allmacht. Er ist der Sturm, der durch das Meer der Sterne braust. Er ist die Stille, die hinter den Sternen wohnt. Sein ist der Weg der Sterne dort oben, die uns das Tageslicht jetzt verbirgt. Sein sind die Wege der Menschen hier unten, die uns gewährt sind, trotz Leid und Widerwärtigkeit zum Lächeln Gottes vorzudringen. Und wie dieses Lächeln über den Dingen liegt, so geht der Glanz seiner Weisheit durch unsre Herzen. Doch wenige begreifen es. Manche treiben dumpf durch den Alltag, und ihr Sinn kreist ums Vordergründige. Andere sind zu Höherem berufen, das bedeutet Dienst am anderen.

Macht ist nun Abbild der Allmacht. Aber eben nur Abbild, unvollkommen wie der Mensch, der sie gebraucht. Dennoch von Gott verliehen. Nur wem verliehen, darüber streiten Theologen und Philosophen: dem Papst, dem Kaiser, dem Volk? – In Paris lehrt der Theologe Jacques Almain, das Königtum sei zwar göttlichen Ursprungs, aber Gott habe die Macht nicht einem einzelnen Menschen allein übertragen, also der Gesamtheit, heißt dem Volk oder den Völkern. Das Volk übergebe sie leihweise dem König und könne sie zurückfordern, wenn der König versagt.«

»Also müßte man heute den Mächtigen die Macht nehmen, um sie gereinigt dem Kaiser zurückzugeben«, sagte Joß.

»Cusanus lehrt«, ergänzte Emmericus seine Darstellung, »daß jede Regierung allein durch Übereinstimmung und freiwillige Unterwerfung aller entsteht. Aber er lehrt auch: Wie die Fürsten das Reich verschlingen, so verschlingt einst das Volk die Fürsten. Das sind weitzielende Gedanken.«

»Wenn ich aus diesen Vorstellungen«, warf Joß ein, »die rechten Schlüsse ziehe, müßte das die Stunde der Bauern sein.«

Vom mühsamen Gehen im aufgeweichten Grund stand ihnen der Schweiß auf der Stirn.

»Seht, Bruder Landsknecht«, fügte Emmericus bedenklich hinzu, »die Geschichte der Menschen zieht wie eine Wolkenwand vor das Lächeln Gottes.«

Joß war stehengeblieben.

»Unsre Wege trennen sich hier«, sagte er. »Ich biege vor Rheinzabern ab nach Neupotz und setze dann zum Hardtwald über. Bis Ihr in Germersheim seid, bin ich zu Hause. Habt Dank für die Geduld des Gesprächs und kommt gut in Euer Kloster, Pater!«

»Lebt wohl, Bruder Joß, und fragt viel!« riet ihm Emmericus. Er schlug das Zeichen des Kreuzes und ging dem Kirchturm entgegen, dessen Spitze aus den Bäumen ragte.

Die starken Regen hatten den Rhein anschwellen lassen. Der Kahn schaukelte bedenklich, sie wurden abgetrieben, erreichten aber sicher das rechte Ufer des Flusses.
Joß tastete den Pfad über moorigem Grund, schloß sich dann einzelnen Fahrzeugen an, überquerte Hegbach und Pfinz und war im Kraichgau. Querwaldein hielt er auf Untergrombach zu.
Er trat ins väterliche Gehöft, als rotes Gewölk über den Rheinniederungen den Abend ankündigte. Am Tor schon hörte er den Dreitakt der Dreschflegel. Sie hielten inne, als sein langer Schatten vors Scheuertor fiel. Hune Fritz kam auf ihn zu, schüttelte ihm die Hand und drückte ihm den Stiel des Flegels in die Linke.
»Ablösung!« sagte er gewollt hart und fügte, als Joß gehorsam Barett, Mantelsack und Schwertgehänge ablegte, lachend hinzu: »… und Feierabend!«
Joß war daheim.

In der Schenke

Keiner kommt zurück, wie er gegangen. Jeder Abschied birgt Endgültiges. Der Abend in Jockgrimm hatte Joß verändert. Jetzt suchte er die Menschen in Untergrombach wieder, am ganzen Bruhrain, um ihrer Welt ein anderes Gesicht zu geben. Was ihm in der Herberge klargeworden war, daß der Wandel zum Besseren im Reich mit der Verwandlung im Kleinen beginnen müsse, galt es in die Tat umzusetzen. Doch vor der Tat stand das Wort. Er mußte den Mund öffnen, damit anderen die Augen aufgingen.
Jeden Tag ein Gespräch, bei der Arbeit, nach der Arbeit, wie es sich traf. Einen Kreis schaffen, auf den man sich verlassen konnte! Und Joß ging zu denen, die er berufen glaubte für

seinen Bund. Und er redete und gewann. Und je öfter er gewann, desto sicherer wurde er seiner Sache.

Einst saßen sie in der Schenke zusammen, und ein fahrender Musikant sang die neue Ballade vom Räuber Lindenschmidt:

>»Es ist nicht lang, daß es geschah,
daß man den Lindenschmidt reiten sah
auf einem hohen Rosse ...«

Er sang alle vierzehn Strophen bis zum blutigen Ende in Baden. Dann setzte er sich bescheiden in die Runde. Sie spendeten ihm Wein und Speise, und einer meinte: »Ein Räuber war er schon, der Lindenschmidt, aber uns hat er nichts genommen.«

»Er hat uns nichts genommen«, bestätigte Joß, »aber gekostet hat er uns viel!«

»Wieso?« fragte einer.

»Das will ich euch erklären«, sagte Joß. »Auf seinem Weg in den Schwarzwald zog der Lindenschmidt mit seinen Gesellen durch das Gebiet des Bistums Speyer. In der guten Absicht, sich und seinen Untertanen Gewalt- und Greueltaten der Räuber zu ersparen, gewährte der Bischof ihm das Geleit. Das verargten ihm die Städte des Schwäbischen Bundes, denn sie hatten viel unter dem Räuber zu leiden, da er sich ja, wie der Musikant gesungen hat, auf freier Straße nährte. Nachdem man ihn aber samt Sohn und Kumpan gehangen hatte, machte der Schwäbische Bund dem Bischof die Rechnung auf für das seltsame Geleit, und die betrug sechstausend Gulden. Das ist mehr, als das Bistum im Jahr abwirft. Wer also, glaubst du, hat ihm das Geld gegeben?«

»Die Wormser Juden natürlich«, meinte der Dollenhofbauer.

»So dumm ist der nicht«, belehrte ihn Joß. »Das hätte ihn ja Zinsen gekostet. Nein! Er hat das Ungeld erhöht. Der Bauer hat's bezahlt! Das ist meine Geschichte vom Lindenschmidt.«

»Woher du das alles nur weißt?« fragte Stamler, der Schultheiß.

»Man muß Augen und Ohren offenhalten in der Welt«, antwortete Joß.

»Du bist draußen gewesen und bringst viel Fremdes mit nach Haus«, sagte Stamler.

»Ihr meint den französischen Rock und die zerhauene Hose«, räumte Joß ein. »Aber das ist doch nur das Äußere. Das Herz schlägt für die Bauern, und wenn sie es in Stücke reißen sollten.« Er spürte, daß er zu weit gegangen war, und fügte beruhigend hinzu: »Nein, ist nichts von Bedeutung. Ihr habt mich nur gereizt. Stört euch nicht an meiner Kleidung, Kleider wachsen uns fast fest am Leib und verbinden sich seltsam mit unserem Leben.« Er sah nachdenklich an sich herunter.

Was eine Erklärung hatte sein sollen, wob sich als Geheimnis um seine Person.

Der Wirt legte Holz im Ofen nach. Er beobachtete, daß sich die Gaststube zusehends füllte, seit Joß zurück war. Der Schneesturm rüttelte an den Läden. Man konnte das Thema wechseln. Das Wetter! Das betraf jeden.

»Die Vorräte schmelzen dahin«, sagte der Wirt. »Du solltest bewirken, Schultheiß, daß zusätzlich Holz zum Einschlag freigegeben wird.«

Hans Stamler antwortete nicht, sondern wiegte bedenklich den Kopf. Damian Simon mischte sich ein: »Wir sind erst im Januar. Wenn der Frost mit dieser Härte anhält, wird es in unseren Stuben kalt. Was dann?«

Joß hielt sich zurück. Das Gespräch nahm die richtige Wendung.

»Neulich«, sagte der Schultheiß, »habe ich schon einen Buben erwischt, der sich am Jetterzaun zu schaffen machte.« Er sah vorwurfsvoll zu dem Bannwart hinüber. »Seid wachsam! Wenn uns Rehe und Wildsäue durchbrechen, gibt's Ärger im Dorf.«

»Im Frühjahr«, ließ der Bannwart wissen, »schlagen wir die Erlenbüsche am Grombach und die Weißdornhecke am Köpfle. Zum Ausbessern.«

28

»Meine Barbel hat mich heut nacht geweckt«, sagte der Altschultheiß, »sie will einen Wolf vorm Zaun gehört haben. Am Morgen natürlich waren die Spuren längst verweht.«
»Achtet auch auf Füchse, Marder und Wiesel, wegen der Hühner!« mahnte der Dollenhofbauer. »An Fastnacht sind sie wieder fällig: einhundertdreißig aufs Schloß, und zu Martini noch einmal zweihundertzwanzig. Und keinem dieser Fresser will ein Knochen im Hals steckenbleiben!«
Joß nickte beifällig. Dem Schultheiß war nicht wohl bei den Reden. Schnell kehrte er zum Holz zurück.
»Ich will mit dem Keller auf der Burg und dem Forstvogt sprechen. Unsre Wälder sind stark ausgelichtet. Wenn wir den Gemeindewald noch mehr ausholzen, wirft uns der Sturm eines Tages den Rest als Windbruch hin.«
»Es gibt noch eine andere Lösung«, sagte Joß. »Ich denke an die verwaldeten Äcker des Engelhofs. Nach uraltem Grombacher Recht fallen sie der Allmende zu und sind Gemeindeeigentum. Wenn wir sie abholzen, reicht das wieder für einige Wochen, und wir gewinnen Ackerland zurück.«
»Nichts da!« rief der Schultheiß dazwischen. »Altes Recht! Daß ich nicht lache! Kannst du mir die Schriftstücke zeigen? Na also! Nur was geschrieben steht, zählt.«
»Natürlich!« schrie jetzt der Dollenhofbauer empört. »Ihr seid mit Bischofs Gnaden hier ansässig geworden und pfeift auf altes Recht, weil es Euch im Wege ist. Das wissen doch alle, daß Ihr und der Altschultheiß, nachdem Ihr den Widemhof gekauft, jetzt auch die Hände nach dem Engelhof und meinem Dollenhof ausstreckt. Unser Mißgeschick ist Euer Glück!«
»Das wirst du noch bereuen, Dollenhofbauer!« drohte der Schultheiß erregt.
»Warten wir es ab!« entgegnete der gelassen. Er hatte zum Bundschuh geschworen, und in seiner Ruhe lag etwas Aufreizendes. Joß spürte es und wollte ausgleichen.
»Sprecht mit dem Forstvogt«, sagte er, »aber wartet nicht zu lang. Übrigens, wie weit seid Ihr mit der Dorf-Rechnung?«
Noch einmal versuchte es der Spielmann mit ein paar Tö-

nen, fand aber keinen Widerhall bei den Männern. Stamler war froh, daß das Thema wechselte.

»Ihr wißt alle«, begann er, »es war ein schlechtes Jahr. Die Einnahmen waren entsprechend. Dennoch ist bis auf das letzte Ungeld alles in Udenheim. Zu Lichtmeß muß die Schlußabrechnung vorliegen.« Er schob erleichtert dem Wirt den Becher hin: »Wir schaffen es!«

Joß versprach sich nichts mehr von dem Abend. Er zahlte. Die meisten anderen taten es ihm gleich. Nur der Schultheiß und der Altschultheiß blieben zurück.

»Was meinst du?« fragte der jüngere Stamler den Wirt. »Ist es die Kälte, die sie so widerspenstig macht?« Und als der Angeredete nachdenklich schwieg, fügte der alte Stamler hinzu: »… oder das Ungeld?«

Der Wirt kam herüber zum Tisch.

»Das Ungeld – ja. Die Kälte – ja. Die Teurung – ja. Das ist's.« Einen Grund nannte er nicht: Joß Fritz. Der füllte mit seinen Männern allabendlich die Stube. Also schwieg er.

Der Heimweg ließ keine Gespräche zu. Sturm packte die Worte und zerriß sie zu Lautfetzen. So stapften beide stumm dahin.

Einen Tag in der Woche arbeitete Joß hart im väterlichen Anwesen. Er besserte aus, sortierte Abkömmliches und kramte Brennbares zusammen. Die übrige Zeit war er unterwegs. Nach Weingarten wanderte er, durchs Walzbachtal nach Jöhlingen, durchs Pfinztal bis Remchingen, nach Bruchsal hinauf, nach Altenburg, Neudorf, Waghäusel und hinüber nach Kronau und Malsch. Dort hatte er viele Freunde. Nur Udenheim ließ er aus. Dort residierte der Bischof, und schnell konnte man an den Falschen geraten.

Hune Fritz sah dem Treiben des Sohnes unwillig zu. Der Bauer hatte Bauer zu sein und auf dem Hof zu bleiben!

Besucher

Der schwarzblau verhangene Himmel roch immer noch nach Schnee. Mutter Fritz ließ das Spinnrad surren. Joß saß über Papieren und Plänen. Er entwarf Grundgedanken zur Verfassung eines Reiches, wie er es sah. Worte und Gespräche aus der Herberge in Jockgrimm wirkten in ihm fort. Er tauchte ein und schrieb: »Oberstes, weil göttliches Recht liegt in der Hand des Kaisers. Keine Macht, sei sie weltlicher oder geistlicher Art, darf ihr Eintrag tun. Alle Ämter zwischen Kaiser und Volk haben nicht sich, sondern dem Reich zu dienen, wie auch der Kaiser seine Macht aus den Händen des Reiches erhält, um dieses zu fördern und ihm zu dienen.«

Er setzte ab und überlas die Sätze noch einmal. Reichsmacht statt Hausmacht. Nur so konnte der Irrweg der Zersplitterung der Kräfte rückgängig gemacht werden. Dem hatten alle sich zu fügen. Er fuhr fort.

»Adel und Fürsten sollen des Reiches Macht bewahren und mehren, es gegen Angreifer von innen und außen schützen und alles unterlassen, was die Macht des Reiches schmälert. Wer sich dem widersetzt, hat seine Ehre verwirkt und verfällt dem Bann.« Seine Wangen glühten. Er setzte nicht mehr ab und schrieb und schrieb. Und beim Schreiben gewann seine Schrift an Gestalt und Klarheit. Sie wuchs mit ihm.

»Item sollen sie keine Fehden führen weder untereinander noch gegen sonst jemand ohne den Willen des Kaisers, denn ihre Fehden verwüsten Städte, Dörfer und Felder und treffen zuvörderst den Bauern und den kleinen Mann in der Stadt, der unschuldig ist und den Frieden will. So aber Streitigkeiten aufkommen, sollen Gerichte der Vogteien, Städte und als oberste Instanz die kaiserliche Gerichtskammer den Streit beilegen, ohne daß ein Schwert gezückt oder ein Tropfen Blut geflossen wäre.«

Er schüttelte die Hand aus. Schreiben war anstrengend. Und dann: »Sie alle aber, ob Adel, Bürger, Bauer oder Knecht, sind teilhaftig derselben Freiheit, die das göttliche Recht ihnen gewährt, und ist vor dem Richter kein Ansehen noch Unterschied des Standes oder der Person.«

Er hielt inne und atmete auf. Das war das Herzstück seiner Reform. Joß löschte den Bogen mit Sand, griff einen neuen, um fortzufahren. Da klopfte es an der Tür. Die Mutter legte die Spindel weg und öffnete.

»Ich suche Joß Fritz«, sagte der Fremde und war schon eingetreten. Er nahm die schwere Mütze vom Kopf, daß ihm die braunen Locken ins Gesicht fielen. Joß war aufgestanden, die Blätter hatte er vorsichtig verdeckt.

»Bist du es, Lotterholz?« rief er überrascht. Und ohne Antwort abzuwarten, fuhr er fort: »Was treibt dich bei diesem Wetter über Land? Ich dachte, du seist in Köln.«

Sie schüttelten einander die Hände wie alte Freunde.

»Ich habe dir etwas mitgebracht«, sagte Lotterholz, und sein junges Gesicht strahlte: »Aber laß mich erst den Pelz ablegen. Eure Stube ist warm.«

Mutter Fritz übernahm den Mantel und hängte ihn über die Trockenstange am Ofen. Dann kehrte sie ans Spinnrad zurück. Lotterholz zog aus seinem Ranzen ein in Leinenstoff gewickeltes Päckchen und breitete es auf dem Tisch aus. Joß las überrascht: »Reformatio Sigismundi ... für mich?«

»Ich habe sie in Köln erstanden«, erläuterte Lotterholz. »Aber da ist noch etwas, das dir gefallen wird; ganz neu und soeben erschienen.« Er griff erneut in seinen Ranzen, faltete dann eine Karte auseinander und las vor: »Die Landstraßen des Heiligen Römischen Reiches von Erhart Etzlaub.« Er fuhr liebkosend mit der Hand darüber. »Gefällt sie dir?«

Joß legte trotz seiner sonst eher zurückhaltenden Art den Arm um ihn. »Mensch, Lotterholz«, stammelte er, »woher weißt du ...« Er vollendete die Frage nicht, Lotterholz kam ihm zuvor.

»Ich habe einen sicheren Blick für Menschen«, erklärte er, »ich täusche mich selten ... Ich habe erkannt, wer du bist. Mehr der Worte bedarf es nicht.«

Die Mutter hielt in der Arbeit inne und sah mißtrauisch herüber. Die beiden Männer aber studierten die Karte wie glückliche Kinder. Oben stand »Mittag«. Darunter lag die Insel Korsika. Joß las die Überschrift laut: »Das sind die Landstraßen durch das Reich von einem Königreich zu dem anderen, die an das Deutsche Reich stoßen, von Meile zu Meile mit Punkten verzeichnet.«

Am rechten Kartenrand stand »Niedergang«, also mußte links, wo nichts stand, der »Aufgang« sein. Dort lag Polen. Wo »Mitternacht« stand, am unteren Rand, blaute das »Große Deutsche Meer«, links sah man Dänemark mit den Städten Niburg und Arhus, rechts Schottland mit einem großen blauen Wald.

»Hier liegt Speyer«, sagte Lotterholz und deutete mitten auf die Karte, »hier fließt der Rhein, dort der Neckar. Da oben liegen Straßburg und Freiburg. Wenn du dir das Mittelstück herausnimmst und maßstabsgetreu von Punkt zu Punkt vermißt, kannst du dir eine eigene brauchbare Karte zeichnen.«

»Das ist gut!« freute sich Joß. »Das ist sehr gut! Das ganze Römische Reich, das ganze deutsche Land. Das Herz geht einem auf bei dieser Karte!« Er bot Lotterholz einen Stuhl an, und sie setzten sich.

»Die Karte ist gut für lange Wintertage«, meinte Lotterholz und sah Joß bedeutungsvoll an.

Der lächelte. »Du hast mich verstanden. Ich danke dir.«

All das, was Joß da an seinem Tisch verrichtete, war der Mutter fremd und unheimlich. Sie versuchte daran vorbeizuleben, weil es Männersache war. Über Lotterholz war sie sich noch im unklaren und ließ es auf sich beruhen.

Joß reichte Lotterholz sein frisch geschriebenes Blatt zur Kenntnisnahme hin und blätterte dann in der mitgebrachten Schrift. Er las sich an dem gedruckten Text der Reformatio fest.

Mutter Fritz hatte derweilen ihre Arbeit unterbrochen, um Brennholz zu holen. Da schob Joß die Flugschrift jäh zur Seite und wandte sich an Lotterholz: »Ich brauche eine Fahne. Eine mit der Mutter Gottes, dem Gekreuzigten und dem

Bundschuh darunter. Weißt du mir einen Maler, dem ich den Auftrag geben könnte? Es wird eine schwierige Sache werden.«

»Zu Köln oder Straßburg wüßte ich vielleicht einen«, verriet Lotterholz. »Aber leicht wird das nicht, glaub mir. Auch Heidelberg oder Heilbronn – man müßte es versuchen. Aber sei auf der Hut! Ohne Fahne, meinst du, geht es nicht?«

»Nein«, hielt Joß entschieden dagegen. »Eine Fahne ist wie ein Herold. Wer sie sieht, fühlt sich gerufen. Er weiß, wohin er gehört, und im Kampf, wo er zu stehen hat. Ich kann keinen schicken, ich muß wohl selber gehen. Aber wohin?«

»Ist in Bruchsal oder Speyer keiner, dem man vertrauen könnte? Es käme auf einen Versuch an.«

»Nein«, entgegnete Joß, »hier kann man es nicht wagen. In der Fremde kann man wegtauchen. Hier wäre mit der Fahne die ganze Sache verraten.«

Die Mutter kam zurück, und sie wechselten das Thema.

»Wo wirst du übernachten?« fragte Joß, nahm den irdenen Krug aus dem Schrank und stellte jedem einen Becher hin.

»Wohl in der Schenke«, meinte Lotterholz.

»Nein«, entschied Joß, »du bleibst und schläfst auch hier. Nicht wahr, Mutter?«

Sie sah zögernd herüber. »Es wird sich einrichten lassen.«

Vater Hune kam mit den Brüdern Damian, der schon verheiratet war und in Bruchsal lebte, und Hans, dem jüngeren, aus dem Wald zurück. Sie wärmten sich am Ofen auf, während Mutter Fritz das Mittagsmahl richtete.

Abends saßen sie zusammen mit den Männern, die Joß für seine Sache gewonnen hatte, in der Schenke. Bernhard, der Schloßknecht, war dabei, einige von Bruchsal, Weingarten und Jöhlingen. Joß lud zu einer Versammlung im Hardtwald ein. Dort sollten sich, sobald der Schnee geschmolzen war, die Rottenführer aus allen Dörfern versammeln und gemeinsam den großen Bund beschwören. Den Zeitpunkt wollte Joß kurzfristig bestimmen. Natürlich bei Nacht und an einer Stelle, die leicht zu finden und doch gut verborgen war. Lotterholz erbot sich, unter den entlassenen Landsknechten am Rhein zu werben.

Bevor Joß die anderen entließ, hämmerte er ihnen noch einmal den Plan des Vorgehens ein: »Merkt euch die Reihenfolge: Schloß Obergrombach, Bruchsal, Udenheim! Für den Anfang.« Die Männer zahlten und verloren sich in der Nacht.

Joß und Lotterholz schliefen in einer Kammer, und vor dem Einschlafen sprachen sie noch von der Fahne.

»Sie soll weiß und blau sein«, betonte Joß, »und mit einem Kreuz darin, daß jeder erkennen kann, der Beginn des Bundschuh liege im Bistum Speyer. Sie wird als Fähnlein gemacht mit viereckigem Banner, das bemalt werden kann, und langem weißem Schwenkel.«

»Und was willst du darauf malen lassen?« wollte Lotterholz wissen.

»Ich sehe das Bild des Gekreuzigten darauf«, sagte Joß, »wie er dem heiligen Gregor erschienen ist und wie ich es von Schweizer Fahnen kenne. Dazu den Bundschuh. Auf der anderen Seite wird ein Bauer mit gefalteten Händen knien, und über seinem Haupt soll geschrieben stehen: Nichts dann die Gerechtigkeit Gottes.«

Lotterholz antwortete schon nicht mehr. Seine Atemzüge stießen gleichmäßig und schwer in den Raum. Er blieb auch noch am nächsten Tag. Sie besorgten in Bruchsal das seidene Tuch für die Fahne. Damit brach Lotterholz dann auf, einen Maler zu suchen.

In Bruchsal traf er vor der Kaiserherberge auf Frankfurter Kaufleute, die mit ihren Fahrzeugen auf dem Rückweg von Straßburg waren und unter dem Geleit des Bischofs fuhren. Der Stadtschultheiß hatte drei Reiter und fünf Mann Fußvolk abgestellt. Denen schloß sich Lotterholz an. Der Anführer trug einen schwarzen Reitermantel und stolz die kupferne Geleitsbüchse am Hut, die den Geleitsbrief enthielt.

Lotterholz gesellte sich bis Wiesloch zu und forschte dort nach einem Maler. Wiesloch gehörte nicht mehr zum Bistum und war für sein Anliegen sicherer. Aber all seine Umfragen blieben ohne Erfolg. Die Maler lebten alle in Abhängigkeit von Adel und Kirche und waren zu keinem Wagnis bereit. Er nahm dann die kurpfälzische Geleitsstraße nach Osten. Am dritten Tag taumelte er durch das Tor der Stadt Heilbronn. Durchgefroren und fast schneeblind sank er erschöpft in der Herberge aufs Lager. Fieber schüttelte ihn. Was hatte ihn in den Bann dieses Mannes aus Untergrombach gezogen? Warum löste er sich nicht und ging seines Wegs?

Die heiße Hand griff nach dem kühlen Seidentuch im Mantelsack. Da wurde ihm wieder bewußt: Er war berufen, einem Berufenen zu folgen. Als er nach tagelangem Lager sich aufmachte und nach einem Maler suchte, war sein Bemühen auch hier vergebens. Sie gingen mit, bis das Wort Bundschuh fiel. Dann wehrten sie ab. Was im Leben der Bauern Alltag war, wurde als Symbol als todbringend angesehen. So machte sich Lotterholz mit neuen Plänen auf den Weg zu Joß.

Der saß über den Blättern der »Reform Kaiser Sigismunds«. Er las halblaut vor sich hin, und die Mutter, die eifrig das Spinnrad schnurren ließ, glaubte, er bete. Es mußte ein frommes Buch sein, nach dem, was sie so mithörte.

»Allmächtiger Gott, Schöpfer des Himmels und des Erdreichs, gib Kraft und übe Gnade, gib Weisheit beim Vollbringen der allerseligsten Ordnung im geistlichen wie weltlichen Stand, damit dein heiliger Name und deine Gottheit bekennet werde. Denn dein Zorn ist offenbar, deine Ungnade hat uns ergriffen. Wir gehen dahin wie die Schafe ohne Hirten. O Herr, wir grasen unerlaubt auf deiner Weide! Tot ist der Gehorsam. Es mangelt an Gerechtigkeit. Nichts steht in seiner rechten Ordnung.«

Joß nickte zustimmend. Den nächsten Satz überging er. Er war lateinisch. Er las auf der nächsten Seite weiter.

»Aber eines muß man wissen, daß es nicht gutgehen kann, man habe denn eine rechte Ordnung …«

Joß schlug mit der Faust auf den Tisch, daß die Mutter erschrocken hinübersah.

»Da spricht einer«, erklärte Joß lächelnd, »und ich weiß

nicht, ob ich eine fremde Stimme höre oder meine eigene.«
Aber die Mutter ging nicht darauf ein. »Joß«, sagte sie, »ich
habe Angst um dich.«
»Wer nur Angst hat in der Welt«, rechtfertigte sich Joß,
»wird sie nie ändern. Um sie besser zu machen, bedarf es des
Mutes und der Besonnenheit.«

Am Nachmittag ging Joß nach Jöhlingen. Er wollte zuerst
Bernhard Wendel aufsuchen, der einer seiner treuesten Anhänger und Freunde war. Agathe, dessen Frau, verwies ihn
in die Schenke, wo sich Bernhard mit zwei Fremden treffen
wollte: Jörg und Melchior. Joß wußte Bescheid. Es waren
zwei Boten, die für ihn unterwegs waren. Die Schenke füllte sich bald, als sich herumsprach, daß Joß dort wäre.
Sie redeten eine Weile vom Alltäglichen, bis Joß das Wort
nahm: »Was sie in Jöhlingen angefangen haben, sollte man
aufs ganze Land verbreitern. Das Domkapitel hat den Fronhof in Hube zerlegt und als erbliche Lehen vergeben. Das ist
der Weg! Nur so können wir unsre Bauernsöhne in den Dörfern halten, statt sie zu Reisläufern oder fahrendem Volk zu
machen. Aber dieselben Herren des Domkapitels haben die
Hilfsgesuche der Dörfer Oberacker, Sulzfeld, Wesingen,
Ketsch und der armen Leute des Sebastian von Nippenberg
trotz dessen eindringlicher Fürsprache abgewiesen. Sie hatten Angst bekommen vor ihrer eigenen Courage. Wir brauchen Gerechtigkeit nicht als einmaliges Geschenk, wir brauchen sie für alle und alles.«
Er besprach sich dann noch mit Bernhard, Jörg und Melchi-
or allein und machte sich, bevor die Dämmerung einbrach,
auf den Heimweg. Er ging über Weingarten, weil die Straße
auf der Höhe vom scharfen Ostwind verweht war. Bevor er
Grombach erreichte, kam der Mond rot über die Katzen-
berge herauf. Noch fehlten die Sterne. Aber die Kälte
schnitt ins Gesicht.

Zwei Wochen nach seinem Aufbruch kam Lotterholz wieder. Er hatte keinen gefunden, der einen Bundschuh auf die

Fahne malen wollte. Zwei Tage blieb er im Bett und kurierte sich aus. Mutter Magdalen Fritz kochte ihm Tee und machte Umschläge. So kam er bald wieder auf die Beine. Joß gab ihm noch einen Begleiter mit. Sie sollten in Basel ihr Glück versuchen. Lotterholz wollte von dort in seine Heimat nach Roggenhausen im Sundgau, um den Rest des Winters da zu verbringen. Der Begleiter, ein wendiger Mann aus Bruchsal, der sich in der Schweiz auskannte, sollte die Fühler ausstrecken und eine Denkschrift übergeben. Darin fragte Joß an, ob sie bereit seien, die Freiheitsbewegung des Bundschuh im Ernstfall zu unterstützen. Der Bote kam Ende März mit der Auskunft zurück, man sei in Bern und Zürich bereit, der Gerechtigkeit zum Sieg zu verhelfen und dem Bundschuh geistigen Beistand zu leisten. Wer selber frei war, mußte der selbstverständliche Bundesgenosse der Freiheit sein. Aber die Eidgenossen warteten ab. Man mußte also deutlicher werden, mußte aufs neue verhandeln.

Er dachte an Heinz Legstein, den Enkel des einstigen Kellers auf dem Grombacher Schloß. Der war redegewandt und ein kluger Kopf. Er sollte während des Aufstands verhandeln, das versprach mehr Erfolg. Sicher würde er freundlich empfangen werden, dennoch sollte er sorgsam vorfühlen, Einzelgespräche führen, auf der Landstraße, in Herbergen, bei Schultheißen und Landsgemeinden. Von Basel aus sollte er Bern, Luzern und Zürich aufsuchen, um Hilfe werben und womöglich einen Vertrag abschließen über militärische und finanzielle Unterstützung.

Wenige Tage später brach Heinz auf, ein einsamer Schatten im leise wirbelnden Märzenschnee.

Eines Abends traf Joß in der Schenke einen seltsamen Gast. Er war ein paar Jahre jünger, ein grüner Bursche mit verwegenem Aussehen, gesprächig, fast schwatzhaft, ohne Hemmungen gegenüber jedermann, einer von denen, die überall sofort Mittelpunkt sind. Als Joß kam, stellte er sich ohne Umschweife vor.

»Man nennt mich Doktor Faust.« Er ließ also offen, ob er es wirklich war.

»Das ist einer«, rief der Gießelhofbauer vom anderen Ende des Tisches, »der will uns Gold statt Arbeit geben. Das könnte unser Mann sein!« Joß zögerte einen Augenblick.

»Gold statt Arbeit?« fragte er. Und ohne eine Antwort abzuwarten: »Dann werft ihn hinaus! Das ist ein Betrüger. Gold statt Arbeit? Ein Phantast. Gott erwartet von uns, daß wir unsre tagtägliche Arbeit tun. Daß wir uns von Gold ernähren sollen, davon steht kein Wort in den heiligen Schriften. Ohne Arbeit keine Saat, ohne Saat keine Ernte. Er setzt den Hebel an der falschen Seite an. Gold für Arbeit! Darum geht es!«

Faust schwieg betroffen. Er hatte aufmerksam zugehört und fühlte, daß er einen getroffen hatte, der ihm an Redegewandtheit und Schärfe des Denkens gewachsen war. Joß setzte sich und rückte ihm gegenüber.

»Seid beruhigt«, besänftigte er seine Zuhörer, »das mit dem Hinauswerfen war nur bildlich gemeint. Wenn mit einem friedlich zu reden ist, bin ich der letzte, der Gewalt anwendet.« Er streckte die Hand über den Tisch, und Faust schlug ein. »Ich bin nur eben für Klarheit von vornherein. Woher kommst du, und was treibt dich zu uns?«

»Um hinten anzufangen«, sagte Faust bescheiden, »der Schneesturm hat mich zu euch verschlagen. Ich wollte Bruchsal noch erreichen, bin aber nur bis hierher gekommen. Für die erste Antwort brauche ich etwas mehr Raum. Wenn ihr ein wenig Geduld haben wolltet.«

Als die Männer bejahten, begann er zögernd und geheimnisvoll: »Eigentlich, ja eigentlich ist die Frage nach dem Woher eine Interrogatio philosophica, ebenso die Frage nach dem Wohin. Aber in Knittlingen will ich anfangen, wo am Berg rechterhand der Kapelle mein Elternhaus steht. Dort bin ich aufgewachsen, ganz in eurer Nachbarschaft, und habe die Lateinschule besucht. Bei meinem Vater, Jörg Faustus senior, habe ich den Eingang in die Vita magica erlernt. Erst ahnt man, dann erfährt man sie, und schließlich wird sie dem Wissenden greif- und berechenbar. So könnte ich dir«, dabei sah er Joß herausfordernd an, »die Nativität erstellen. Wenn ich dir in die linke Hand sehe, weiß ich, daß es sich lohnen würde. Ich habe gar manchem vornehmen Herrn sein Leben aus den Sternen errechnet. Aber das könntest du nicht bezahlen«, setzte er geringschätzig, vielleicht auch herausfordernd hinzu.

»Laß das Prahlen!« fuhr ihn Joß an. »Sag lieber, was das ist.«

»Das heißt ein Horoskop erstellen«, ging Faust gern darauf ein. »Aus der Konstellation der Sterne bei der Stunde deiner Geburt berechne ich den Gang deines Lebens.«

»Erstens habe ich nicht den Wunsch«, sagte Joß, »zweitens nicht das Geld, und drittens meine ich, was uns Gott verborgen hat, daran sollen wir nicht herumschnüffeln.«

»Sag das nicht«, warf Faust ein, »ich habe auch dem Bischof von Bamberg das Horoskop erstellt. Und das ist doch wohl ein frommer Mann.«

»Und was zahlte dieser fromme Mann für sein Horoskop?« fragte Joß neugierig.

»Die Herren bezahlen so zehn Gulden«, belehrte Faust, »mal mehr, mal weniger. Ich bin nicht sehr kleinlich. Für dich würde ich weniger nehmen. Ich brauche nur Datum und Stunde deiner Geburt, die Ephemeridentabelle, muß die Aszendenz berechnen und welche Sternbilder in Opposition standen. Sagen wir für dich acht Gulden.« Er streckte die Hand über den Tisch.

»Nimm die Hand weg!« fuhr Joß ihn barsch an. »Mit mir kannst du keine Geschäfte machen. Aber dein Leben interessiert mich.«

Faust hatte nicht im Ernst an den Handel geglaubt und begann: »Ich habe leicht und viel gelernt«, prahlte er. »Ich könnte, wenn sie heute verbrennen würden, fast alle Werke der Antike aus dem Gedächtnis niederschreiben. Plato, Aristoteles und meinen geliebten Horaz. ›Caelo tonantem credidimus Jovem ...‹«

»Hör auf!« rief der Dollenhofbauer. »Wir sind keine Schüler!«

»Gut«, sagte Faust gekränkt, »man soll keine Perlen ...«

»Jetzt aber Schluß!« donnerte Joß.

40

»Dich meine ich ja auch nicht«, beruhigte ihn Faust, »wir beide sind aus einem anderen Holz.«

Er schwieg nachdenklich, als sehe er ihrer beider Schicksal im Geiste vor sich. Was weiß er von mir, dachte Joß, was ich nicht wissen kann? Darf man ihm glauben? Ist er ein Prophet?

Faust sah eindringlich zu Joß herüber.

»Es werden«, begann er nachdenklich, »Stunden des Glanzes und des Elends unser Leben durchziehn. An uns scheiden sich die Geister. Man wird uns vergöttern und hassen. Die Macht dazu haben, werden uns totschweigen. Aber unsre Namen können sie nicht tilgen, wenn auch unsre Taten vergessen werden.«

»Bescheiden bist du nicht!« stellte Debolt Symon, der Gerichtsanwalt, fest, der am anderen Ende des Tisches saß.

Joß schwieg fast verlegen. Vergessen, was der gesagt hatte! Faust spürte aus der Stille, er hatte sich hinreißen lassen.

»Ich bin zu weit vorausgeeilt«, schränkte er ein, »und ihr habt doch nach meiner Vergangenheit gefragt. Ich bin dann nach Krakau gegangen und habe dort Nekromantie studiert, das heißt, ich kann Tote beschwören, daß sie vor euch erscheinen.«

»Gut«, unterbrach ihn Joß provozierend, »dann laß einmal den toten Kaiser Sigismund erscheinen, ich habe einige Fragen an ihn. Also. Jetzt und hier!«

»Nicht doch!« wehrte Faust ab. »Ein Kaiser hier in der Schenke von ... von Untergrombach. Auch geht das nicht so, daß man einem Toten zuruft wie einem Hund: zwei Finger in den Mund gesteckt und gepfiffen, schon ist er da. Der Weg nach dort ist unendlich weit, und nicht jeder ist bereit zu kommen. Krakau ... Krakau«, schwärmte Faust, um das Thema zu wechseln, »wie ein verlorenes Paradies liegt es hinter mir! Die Nekromantie war nur der Anfang. Es folgte die Alchimie, die göttliche Verwandlung der Stoffe und Dinge.«

Faust machte eine Pause, unsicher, ob er fortfahren solle. Nun aber war es gerade der Dollenhofbauer, der ihn ermutigte: »Deine Welt tanzt wie bunte Seifenblasen uns auf der Nase herum. Aber fahr ruhig fort, wenn wir auch nicht alles verstehn. Allein das Hören …« Er vollendete den Satz nicht. Fausts Wesen schien sich bei seinen letzten Ausführungen gewandelt zu haben. Das anmaßende Prahlen fiel in sich zusammen. Ein stilles Leuchten lag in seinen dunkel wirkenden Augen. Man sah den Menschen. Etwas Liebenswürdiges, Gewinnendes bestimmte mehr und mehr seine Gesten und Züge.

»Gut«, willigte er ein, »wenn ihr es wünscht, will ich von der Alchimie erzählen. Zwei Wege sind dem Alchimisten vertraut. Beide führen zu den Dingen hin. Der eine will sie zurückverwandeln in ihre Urgestalt, der andere will ihnen durch Vereinigung und Verschmelzung ein neues Gesicht geben, vielleicht ein neues Dasein. Denn auch die Dinge haben ihre Form des Daseins, nicht nur die Menschen, manche glauben sogar, eine Seele. Zwei Ziele verfolgen die Alchimisten bei ihrer Arbeit. Zum ersten erstreben sie die Darstellung des Steins der Weisen, wie ihn das Volk nennt, des Lapis philosophorum, zum anderen die Entwicklung des Liquor alkahest, des Lösungsmittels, das alle Dinge und Substanzen auf ihren Ursprung zurückführt. Und damit bin ich bei meinem eigentlichen Thema.

Plato lehrt uns, daß über Gestalt und Körper jeweils die Idee als körperlose, ewige Form steht. Wir haben das Urbild genannt, besser wäre Vor-Bild, weil die Idee einen Zustand bezeichnet, der jeder Bildhaftigkeit vorausgeht.«

Faust sah sich fragend im Kreis um, ob er verstanden werde oder ob Langeweile und Müdigkeit die Männer plagten. Sie saßen schweigend, doch die Augen der meisten forderten ihn auf fortzufahren. Ein fremder Glanz durchschwebte den Raum. Und Faust fuhr fort: »Wie nun Gott die oberste Idee der Liebe ist, so ist Gold die oberste Stufe der Verwirklichung der kosmischen Idee Metall. Woher haben die Sterne ihren goldenen Glanz? Weil sie aus Gold sind, strahlen sie wie Gold. Beneidenswerter Kosmos! Gold, die Urform und Urgestalt des Metallischen, wurde überfremdet und überlagert vom vulkanischen Herz der Erde durch Koagulieren mit minderen Stoffen. Wir müssen nur den Vorgang der Urkoagulation rückgängig machen. Man muß die Nebenstoffe sublimieren, bis sie als Dampf entweichen, dann den Kern fixieren, bis reines Gold zurückbleibt. Dazu bedarf es vieler Formeln. Ich trage die schlüssigste in meiner Tasche. Es fehlt nur noch ein einziges Elixier, das sie in Krakau nicht besorgen konnten. Ich will es in Heidelberg bei dem Mathematiker und Hofastrologen Johannes Virdung beschaffen, dann eine große Goldmacherwerkstatt bauen und an die Arbeit gehn.«

Faust atmete schwer, als läge das künftige Werk wie eine gewaltige Last auf ihm. Die Spannung im Raum knisterte.

»Wovon träumst du uns etwas vor?« brach Joß bedächtig das Schweigen. »Wo bleibt der Mensch bei deinen Berechnungen und Formeln? Wie können wir den Menschen so sublimieren, daß ›reines Gold‹ übrigbleibt?« Alle Augen waren auf Faust gerichtet.

»Ich sehe, Freund«, nahm er das Wort lächelnd wieder an sich, »wir wollen das Gold auf verschiedene Weise durch Feuer von der Erde befreien.«

»Wir wollen den Menschen das Leben vergolden«, erwiderte Joß. »Aber wovon lebt der Mensch?«

Faust sah ihn erstaunt an. »Die uralte Frage«, stellte er fest, antwortete jedoch wie ein gelehriger Schüler: »… von Brot und Obst, von Fleisch und Wein …«

»Richtig!« stellte Joß beifällig fest.

»Aber darüber hinaus …« wollte Faust fortfahren, doch Joß unterbrach ihn: »Ich weiß, ich weiß … nicht vom Brot allein. Das stimmt und stimmt auch wieder nicht. Ist der Mensch verhungert, kann er keine guten Werke mehr tun. Wer aber gibt ihm Brot und Obst und Wein und Fleisch?« Er sah Faust fordernd an.

»Der Bauer«, sagte der kleinlaut.

»Und wie kommt der Bauer zu Brot und Wein?« forschte Joß.

»Durch seiner Hände Arbeit«, gestand Faust.

»Also«, fuhr Joß fort, »ist die Arbeit des Bauern die wichtigste von allen. Aber wie wird er entlohnt? Jede vierte Stunde seiner Arbeit, die er mit Familie und Gesinde vollbringt, schafft er für seinen Herrn, bei uns den Bischof. Für den Rest des Tages wird er schlecht bezahlt.« Joß machte eine Pause.

Die nutzte Faust: »Wenn du aber die Erträge der Bauern teurer bezahlst, geht das weithin auf Kosten der Bürger, die auch nicht alle in Saus und Braus leben. Wir dürfen nicht übersehn, daß von hundert Menschen in unserem Land mindestens neunzig Bauern sind. Wie sollen die wenigen das Leben der vielen im Land verbessern?«

»Die Reichen«, versetzte Joß trotzig, »sollen ihre Schlösser verkaufen, das bringt Geld.«

»So«, sagte Faust. »An wen denn? Willst du etwa eins kaufen? Und wenn ihr sie stürmt und verbrennt, was bringt es euch ein? Im Schmelztiegel eurer Flammen werden sie nicht zu Gold!«

In das betretene Schweigen hinein setzte er seinen Triumph. »Es gibt nur meinen Weg. Ich bin dem Gold auf der Spur!«

Aber Joß gab sich nicht geschlagen. »Was würdest du mit dem Gold machen«, forderte er ihn heraus, »das du brauen willst?«

Faust erkannte das Bedrohliche der Situation und schwieg.

»Ich will es dir sagen«, setzte Joß nach. »Du willst reich werden. Dein falsches Gold ist für uns keine Hilfe. Es wird unsre Not noch schreiender machen und die Rechtlosigkeit mehren. Du willst zehn reicher und glücklicher machen und selber einer von ihnen sein. Mir aber geht es um die neunzig anderen.«

Faust fühlte die Kluft und versuchte eine Brücke zu schlagen. »Es gärt in den Köpfen«, begann er, »wie in den Schmelztiegeln der Alchimisten. Alle wollen Gold finden. Du das der Gerechtigkeit, andere das des Reichtums, der Macht erkauft. Auch ich bin ein Freund der Menschen, ein Humanist, wenn du so willst, der den Menschen helfen will, auch wenn du es in Zweifel stellst.«

44

»Sie alle«, sagte Joß bitter, »nennen sich Humanisten und Menschenfreunde. Der Bischof in Speyer auch, wenn er auf der Kanzel steht. Bricht er aber nach Udenheim auf, macht er unterwegs halt und zieht hinter einem Busch seine Jagdkleidung an. Und das gilt uns! Liegt in den goldenen Körnern unsrer Ähren nicht ebensoviel Reichtum, in der Arbeit unsrer Hände nicht ebensoviel Macht wie im Gold? Gold kann einer umtauschen gegen Ähren, wenn ihn hungert, aber es essen kann er nicht. Somit liegt die letzte Macht auf Erden in der Hand der Bauern.«

Die Tischrunde nickte beifällig. Aber Joß war noch nicht am Ende. »Es ist dahin gekommen«, fuhr er fort, »daß man das, was der Bauer in seine Scheune einfährt, als eine Bringschuld ansieht, die ihm sein Herr gestundet hat. Noch bevor das Korn ausgedroschen ist, gehört es einem anderen, dem Bischof, dem Grafen, dem Edelmann … Das muß ein Ende haben! Aus der Schüssel, die wir auftragen, füllen sich alle die Bäuche, und uns wird, weiß Gott, nur gnädig gestattet, die Ränder abzulecken. Wenn das der Bauer begriffen hat, muß die Welt sich ändern.«

»Feierabend!« gebot der Wirt. »Der Nachtwächter hat geblasen.«

Faust reichte Joß die Hand. Sie sprachen nichts mehr.

Burg Grombach

Der Keller Cuntz Schybe saß in seiner Amtsstube und fror. Mit Holz kargte er sehr, heizte nur das Amtszimmer und die Küche, in der seine Frau und die Magd am Spinnrad saßen, um dem frierenden Hof in Udenheim Wolle zu liefern. Auch seine Frau stand im Dienst des Bischofs und wurde aus den Einnahmen der Kellerei bezahlt. Sie hatte dem Hof Wolle und Leinwand zu liefern und für die Bewirtung des Gesindes und der Gäste Sorge zu tragen. Bei der argen Kälte hatte sie noch den gelegentlich auftauchenden Wächter mit warmen Getränken zu versorgen, weil dessen fensterloses Gelaß nur zugige Schießscharten aufwies, durch die der Winterwind heulte. Der Wächter sah auf die Häuser und die Kirche der Stadt herab, ging manchmal auch in die Turmkammer, von der aus er einen Rundblick über die Weinberge hatte. Wie das gesträubte Fell eines Igels überragten die Weinstöcke den Schnee. Selten pochte jemand ans Tor.

Bernhard, der Schloßknecht, war von Kindheit her mit Joß befreundet. Er wußte auch, was sich unter den Dächern, auf die er sah, aufgespeichert hatte. Thomas, sein Mitknecht, der als Pfister für die Bäckerei sorgte, hatte ebenfalls auf den Bundschuh geschworen. Jetzt spaltete und hackte er unten Holz und brachte von Zeit zu Zeit einen Korb voll nach oben.

Cuntz Schybe saß mit dem Rücken zum Ofen. Gelegentlich stand er auf, griff eines der Registerbücher vom Regal und kehrte zum Ofen zurück. Er war ein gutmütiger Mensch. Aber der Faut vom Bruhrain, Peter Nagel, war hartherzig und ein strenger Vorgesetzter, der Mitleid oder gar Nachsicht für Verrat hielt. Durch das überraschende Ausscheiden seines Vorgängers, des letzten Burgvogts Dietrich Wegwart, war die Buchführung ein wenig aus der Reihe geraten. Schybes Amtsgewalt als Keller kam nicht der eines Vogtes gleich, aber die Arbeit und die Verantwortung waren sich gleich. Besonders das Huldigen der Leibeigenen war in Verzug geraten. Alle sieben Jahre standen diese Dienstleistungen an. Er stöhnte: Einnehmen, eintreiben, lagern, verwalten, abliefern, verkaufen! Es war kein Honigschlecken. Da fand er die Blätter von 1494. Hier standen alle die Säumigen. Hune Fritz obenan. Er stand auf, ging zur Tür und rief mit dröhnender Stimme nach Bernhard. Es antwortete von weit her, aber bald stand Bernhard in der Stube.

»Du kannst Namen lesen?« fragte Schybe.

»Gerade so eben«, bestätigte Bernhard und wiegte bedenklich den Kopf. Doch Schybe war es zufrieden.

»Ich will dir einen Zettel schreiben mit den Namen der Bauern in Untergrombach, die schon über ein Jahr mit der Huldigung und dem Leibzins in Verzug stehen. Sag ihnen, daß ich ihr Erscheinen zu Mariä Lichtmeß erwarte. Sonst zahlen sie Zinsen, das heißt nach Ortsbrauch den doppelten Zins. Sag's ihnen!«

»Darf ich?« fragte Bernhard und hielt die klammen Finger eine Weile an den Ofen.

Als er am nächsten Morgen im Hof des Bauern Fritz erschien, fand er Joß bei Arbeiten auf der Tenne. Bernhard trat auf ihn zu.

»Der Keller«, begann er, »läßt bestellen, daß über dem Amtswechsel vor zwei Jahren die Huldigung deines Vaters vergessen wurde. Es waren letzten Martini acht Jahre.«

»Recht hat er getan!« versetzte Joß mit Nachdruck.

»Aber es hilft nichts«, erklärte Bernhard, »an Mariä Lichtmeß will Schybe es nachholen. Er droht den doppelten Zins an, wenn dann nicht gezahlt wird.«

»Komm«, sagte Joß, »trink einen Becher Wein mit mir.«

Sie gingen ins Haus. Hune Fritz, der Vater, saß frierend am Ofen. Er nickte dem Gast schweigend zu.

»Du hättest im Bett bleiben sollen!« rügte ihn Joß.

Aber Hune Fritz schüttelte abwehrend den Kopf: »Wer sich in meinem Alter über Tag ins Bett legt, steht leicht nicht mehr auf. Ich werde auf meine Art wieder gesund.«

Ein Hustenanfall schien seine These zu widerlegen.

»Jedenfalls«, warf Joß ein, »bis Lichtmeß, das ist Mittwoch nächster Woche, bist du nicht gesund, und dann sind die Huldigung und der Zins auf dem Schloß fällig. Bernhard ist deswegen hergeschickt, um es dir zu sagen.«

Der alte Hune sank gebrochen in sich zusammen.

»Das ist verjährt!« stammelte er.

»Nein«, belehrte ihn Joß, »unsre Schulden verjähren nicht.«

»Ich habe kaum einen Gulden im Haus«, jammerte Hune, »und fünf soll ich zahlen.«

»Mach dir keine Sorgen«, beruhigte Joß, »ich werde die Sache für dich erledigen.«

»Aber ich weiß nicht«, klagte der Vater, »wann ich dir das Geld zurückgeben kann.«

»Mach dir keine Sorgen«, beschwichtigte ihn Joß, »ich werde es zurückbekommen, wenn auch nicht von dir!«

»Joß«, sagte der Vater bedrückt, »dieser Ton gefällt mir nicht an dir. Ich schaue nicht mehr durch.«

»Da will ich deine Schulden bezahlen«, tat Joß ein wenig beleidigt, »und du sagst, ich gefalle dir nicht. Wie soll ich das verstehn?«

»Weich nicht aus«, beharrte der Vater, »du weißt, was ich meine.«

Bernhard hatte ausgetrunken und stand auf. Joß brachte ihn zur Tür, gab ihm den ledernen Umhang, der wegen der kalten Wachstunden im Turm mit Schafspelz gefüttert war, und den Filzhut, den er über den Gugel trug. Bernhard stapfte davon.

Beim Mittagstisch kam das Gespräch wieder auf den Zinstag. Die Mutter jammerte, der Bruder sah verstockt vor sich hin. Nur Joß schien aufgeräumt. »Ich bin froh«, sagte er, »etwas für euch tun zu können. Und ich werde gehn.«

»Aber ich will nicht«, wehrte Vater Hune wieder ab, »daß du dein draußen verdientes Geld für den Hof opferst, den du nicht erbst.«

»Fünf Gulden sind kein Pappenstiel«, bestätigte Joß, »aber auch nicht die Welt. Soll ich dich, Vater, dem Schuldturm überlassen und zusehn, wie du dort zugrunde gehst?«

Er machte mit der linken Hand eine so heftige Bewegung, daß das schwarze Muttermal, das er sonst sorgsam zu verbergen wußte, aus dem Ärmel hervortrat. Die Mutter bekreuzigte sich.

»Hat Gott es dir immer noch nicht genommen?« stammelte sie.

»Ich weiß nicht, ob du es mir gegeben hast oder Gott«, entgegnete er bitter. »Fest steht, daß keiner es mir nehmen kann.«

»Versündige dich nicht!« bat die Mutter.

Sie aßen schweigend weiter. Später nahm Joß das alte Thema noch einmal auf: »Wenn ich das Ganze überdenke, ist Huldigen eine gottlose Sache. Du kniest vor einem nieder, gibst dich ihm zu leibeigen und zahlst dafür noch Zins. Das heißt, du zahlst Zins für dich selbst, wo doch der andere Zins zahlen müßte, weil du ihm eigen bist. Als freies Kind Gottes begleichst du eine Schuld, für die du nicht verantwortlich bist, für dein Leben, das Gott dir geschenkt hat. Ich habe den Ewigvikar gefragt. Mathias Giger sagt, daß davon kein Wort in der Bibel steht. Wie konnte es dahin kommen?«

»Das war eine andere Zeit«, wollte Vater Hune schlichten.

»Eben«, bestätigte Joß, »göttliche Zeiten. Doch was sie heute erfinden, um uns zu erniedrigen, ist Teufelswerk!«

»Aber der Bischof ist doch kein Teufel«, beharrte die Mutter.

»Er wohl nicht«, räumte Joß ein, »aber er betreibt das Werk des Teufels. In der Reformationsschrift des seligen Kaisers Sigismund steht: ›Wer zu einem anderen sagt, du bist mir leibeigen, der ist kein Christenmensch.‹ Was also den Bischof angeht, bin ich mir nicht ganz so sicher. Aber seid beruhigt, ich werde auf die Burg gehen.«

»Meinst du nicht, es wäre meine Aufgabe?« fragte der Bruder.

»Nein«, beharrte Joß, »ich zahle das Geld, ich gehe auch.«

»Joß«, warf der Vater nachdenklich ein, »du meinst es gut mit uns. Aber dir fehlt die Demut. Das Knien beim Huldigen wird bei dir zum Hohn, fürchte ich. Während du kniest, stehst du innerlich voll Stolz und Verachtung aufrecht, während du die gefalteten Hände in seine legst.«

»Das siehst du schon richtig«, gab Joß zu. »Aber was die Demut angeht ... Hast du jemals einen von denen, die uns das Ungeld, den Zins, die Bede aus den Taschen ziehn, den Zehnten von den Feldern holen und den Fall bei den Witwen erheben, demütig empfangen sehen? Sie brauchen den Bauern nicht als Bruder, sie brauchen ihn als Sklaven.«

»Schluß jetzt!« befahl der Vater. »Ich will meine Tage in Ruhe beschließen, nicht im Aufruhr.«

Die Mahlzeit war beendet, sie gingen schweigend auseinander. Am Abend zog Joß sein besseres Wams an. Die Mutter sorgte sich. »Was hast du vor, Joß?«

»Ich folge dem neuen Brauch«, antwortete Joß, »der vom Schwarzwald herübergekommen ist, daß man am Abend vor Lichtmeß zum Gebet in die Kirche gehen soll, wenn man am nächsten Tag den Zins zahlen muß. Das ist euch doch bekannt.«

»Du willst also wirklich …?« fragte der Vater zweifelnd.

»Ja«, sagte Joß, »ich gehe!«

Später als die anderen machte sich Joß bei klirrender Kälte auf den Weg zur Burg hinauf. Der Schwicker und der Herstein kamen ihm schon beim Steinmal im freien Feld entgegen.

»Er erwartet schon einen von euch«, verriet Herstein und blieb vor Joß stehen.

»Wer Geld bringt«, sagte Joß kurz, »kommt nie zu spät.«

Zu mehr war er nicht bereit und setzte seinen Weg gemächlich fort. Er pochte mit dem schweren Eisenring ans Tor und wurde von Bernhard eingelassen. Der meldete ihn in der Amtsstube an und öffnete ihm dann die Tür. Joß kannte Schybe nicht. Er nannte seinen Namen, wartete, bis der Keller das Register aufgeschlagen hatte, warf dann das Geld auf den Tisch, kniete ohne Aufforderung nieder, streckte Schybe die gefalteten Hände entgegen und sah ihn herausfordernd an.

Der tat, als bemerke er es nicht, schob seine Hände wie eine Schale unter die des Knienden, schloß sie nach oben und verweilte einen Augenblick so mit undurchsichtiger Miene. Dann hieß er Joß aufstehen. Er war anders als sein Vorgänger, nicht so hager und ausgezehrt. Sein fülliger Körper strahlte Behaglichkeit aus. Joß nahm es mit Genugtuung wahr.

»Ihr habt euch Zeit gelassen«, sagte er. »Zwei Jahre kommt ihr zu spät und seid auch heute nicht bei den ersten.«

Joß überging den Tadel. Und erklärte seine Anwesenheit: »Ich komme für meinen Vater. Er ist krank und kann nicht auf die Burg. Er kann auch nicht zahlen«, fuhr er dann fort. »Ich lege dem Bischof das Geld vor.«

50

»Wie gnädig«, erwiderte Schybe lächelnd mit ironischem Unterton.

»Ihr solltet mir dankbar sein«, entgegnete Joß scharf. »Hätte der Bischof das Geld vor zwei Jahren erhalten, wäre es heute längst vergessen. So aber kann er jetzt seine Freude damit haben. Geld braucht er wohl immer.«

»Es steht dir nicht zu«, wies ihn Schybe jetzt barsch zurecht, »mit solcher Unbotmäßigkeit den fälligen Zins zu zahlen.«

»Ich weiß«, sagte Joß unbewegt, »daß mir nichts zusteht.«

»Ich tue nur meine Pflicht«, sagte der Keller sachlich. Er wollte keinen Streit. Auch Joß antwortete nicht und hob die Hand zum Schwur. Schweigend wandte er sich ab und ging flüchtig grüßend zur Tür. Bernhard brachte ihn hinunter zum Tor und erklärte ihm unterwegs die Anlage der Burg. Doch Joß hatte schon genug gesehen. Er bestätigte sich seinen Plan, im April loszuschlagen, und hörte das schwere Tor hinter sich zufallen.

Er nahm nicht den Rückweg nach Untergrombach, sondern wandte sich auf der Höhe nach Süden. Scharf pfiff der Wind übers offene Feld. Der Weg nach Binzdan war unberührt, keine Fußstapfen, keine Fahrspur, kein Zeichen menschlichen Lebens. Hinter dem Waldzipfel am Steig sah er die ersten Häuser des Dorfes im grauen Dunst. Hier hatte vor Jahren die Pest fürchterlich gewütet. Noch immer war das Dorf in trostlosem Zustand. Rabenschwärme umkreisten verlassene und verfallene Häuser. Der einsame Wanderer scheuchte sie, ohne es zu wollen, auf.

Dann kam ein Haus, aus dessen Kamin eine schmale Rauchfahne aufstieg und in dessen Ställen die Kühe muhten. Dort pochte er beim jüngsten Sohn des Schultheißen Conrad an. Eine junge Frau öffnete ihm. Er war hier ein gerngesehener Gast und freute sich auf einen warmen Trunk. Dann saßen sie in der warmen Stube, und während das Spinnrad schnurrte, sprachen die Männer vom kommenden Frühling. Am Abend gingen sie zur Schaftrift am Förlenwald. Dort trafen sich die Verschworenen aus Jöhlingen, Bonartshausen, Binzdan und einige aus Gondelsheim. Sturm tobte über die verschneiten Felder. Die Männer, die von allen Seiten kamen, stemmten sich ihm mit aller Kraft entgegen. Dunkle Punkte im endlosen Schnee. Zuerst noch allein, reihten sie sich dann in die Spur zur Kette und strebten dem Schutz des Waldes zu.

»Unser Bund wächst«, begann Joß. »Meine Boten sind auf dem Weg landauf, landab. Die Kälte ist unser Verbündeter. Je mehr sie zunimmt, desto eher sind sie bereit, auf unsern Bund zu schwören. Damit wächst unsre Sache und bedarf einer klaren Gliederung. Wählt heute aus euren Reihen die Feldweibel. Jöhlingen mit Binzdan und Bonartshausen einen gemeinsam. Die Gondelsheimer einen für sich. Die fassen dann je zehn Mann zu einer Rotte zusammen. Die wählen wieder aus ihrer Mitte den Rottmeister. Der trägt Sorge für die Bewaffnung. Bis wir uns in sechs Wochen im Hardtwald wieder treffen, müssen die Gliederungen stehn. Besprecht euch nun getrennt und wählt.«

Die von Gondelsheim kamen bald zu Joß zurück, sie könnten keine endgültige Wahl vornehmen, die wichtigsten Männer seien erkrankt. Bis Wochenende wollten sie Nachricht geben.

Die von Jöhlingen, Binzdan und Bonartshausen hatten sich für Bernhard Wendel entschieden, wie Joß gehofft hatte.

»Alle Gewählten«, sagte er, »treffen sich am Hadrianstag, der fällt auf den Freitag vor Lätare, abends nach Sonnenuntergang im Hardtwald. Der liegt von Spöck aus nach Westen, dem Rhein zu, der Heglach entlang bis zum Waldrand, dann rechts. Im Winkel, den der Hardtwald mit der Saueren Suhl bildet, erwarte ich euch. Lebt wohl!«

Der große Plan

Jn der rauchschwarzen Schankstube saßen Bruchsaler Bürger und warteten. Alle Tische waren besetzt, doch an der langen Holztafel in der Mitte war ein Platz freigelassen. Unruhe ging um. Viel hatten sie durch Werber von dem Mann gehört, der heute zu ihnen sprechen würde.

Joß begrüßte die Wächter vor der Tür, schüttelte den Schnee vom Mantel, klopfte Stiefelsohlen und Absätze an der Steintreppe ab und betrat den Raum. Mit ihm kamen Bernhard Wendel und der junge Simon Dietz. Als Joß in der Tür erschien, verstummte alles. Einige kannten ihn schon, doch auch sie erwarteten heute den Wurf für eine große Zukunft. Joß sah ihre Augen forschend auf sich gerichtet. Er hob beide Hände zum Gruß, so daß der Mantel nach hinten abrutschte. Aber der Wirt fing ihn behende auf, ließ sich den Hut dazu geben und verwies Joß an den freien Platz.

»Gut' Geselln, was habt ihr für ein Wesen?« fragte Joß, und einstimmig schallte es ihm entgegen: »Wir können von den Pfaffen nit genesen!«

»Sind wir unter uns?« wandte sich Joß an den Wirt. Der nickte.

Die versammelten Männer aus der Stadt waren kritisch. Sie prüften jede Bewegung, den Gang, die sehnige Gestalt, die Gebärden der feingliedrigen Hände, wie Joß jedem zunickte, wie er den Becher hob. Joß war stehen geblieben, sah sich noch einmal in der Runde um und begann mit fester Stimme: »Es wäre ein schöner Traum«, sagte er und schaute zu der schwarzen Balkendecke hinauf, »diese Welt mit friedlichen Mitteln zu verbessern, durch Einsicht, Rücksicht, Bruderliebe, Nächstenliebe und Opfersinn. All diese Werte sind uns von Gott gegeben. Wie oft aber, frage ich, sind sie gelebt worden und von wem? Man muß lange suchen.

Einer, der unsre Welt in Frieden ändern wollte, war der Pfeiferhansel von Niklashausen. Er starb auf dem Schottenanger bei Würzburg, ohne Gerichtsurteil, ohne von einem Richter je gehört zu werden, ohne sich verteidigen zu können, auf Befehl des Bischofs. Er starb auf dem Scheiterhaufen, den er wie ein Mann erklomm, und sang seine Marienlieder, bis der Qualm ihm die Stimme erstickte und die Flammen ihm das Fleisch rösteten. Tod eines Friedliebenden durch rohe Gewalt. Vorher schon hatte einer die Welt in

Frieden ändern wollen, der war nicht arm und machtlos. Es war der Kaiser Sigismund selber. Er wollte ganz Europa zum Frieden führen, vorab England und Frankreich, die schon Jahrzehnte im Streit lagen. Er wollte dem Reich Reformen geben. Er scheiterte an der Macht der Fürsten, die sich ihm widersetzten und ihn zur Tatenlosigkeit verdammten. Er hätte unsrer Macht bedurft, um seine Ziele zu erreichen. Aber unsre Väter haben es noch nicht begriffen, und seine Ideen verkümmerten in Flugblättern.

Aus beiden Beispielen ist zu schließen, daß bei der heutigen Beschaffenheit der Machtverhältnisse auf friedliche Weise nichts erreicht werden kann. Geistliche und weltliche Mächte sind nicht gewillt, den Morast an Unrecht und Unterdrückung in unserem Land zu beseitigen. Und nun frage ich euch: Soll das so bleiben?« Er machte eine Pause, trank einen Schluck und nahm aus seiner Tasche die »Reformatio«. »In dem Entwurf des Kaisers steht der Satz«, begann er wieder, »der uns alle angeht. Doch zuvor noch ein Wort, das uns hier betrifft.« Er ließ die Blätter wieder sinken.

»Heinrich von Gemmingen, euer Schultheiß, ist ein redlicher Mann. Doch was bleibt ihm zu tun, als zu gehorchen? Als die Not groß war, hat man uns die Bed erlassen. Jetzt, da sie noch größer ist, sollt ihr sie nachzahlen. Die Anordnung stammt vom Bischof. Um eure hochverschuldete Stadt zu retten, sollten Bed und Grundsteuern, tausend Gulden im Jahr, eingezogen werden. Doch da murrten die feinen Herren. Die Bed wurde fallengelassen, aber das Ungeld dafür erhoben. Ungeld ist keine direkte Steuer, die an Martini oder Lichtmeß zu zahlen wäre. Sie ist eine indirekte Steuer, die wir täglich zahlen und die für alle gleich hoch ist. Das bedeutet, daß der Reiche sie kaum spürt, während der Arme daran zu ersticken droht. Bei allem, was er erwirbt, zahlt er sie mit: Kleider, Nahrung, Vieh. So wird, was den Schein der Gerechtigkeit trägt, zu schreiendem Unrecht. Arme Welt. Aber die geistlichen Herren sind steuerfrei. Die Teuerung, die uns bis aufs Blut schindet, betrifft sie kaum.

Doch nun komme ich zum Wichtigsten. In der Reform des

Kaisers steht der Satz«, er hob die Blätter und deutete mit dem Finger auf die Stelle, die er vorlas, »steht der Satz ... ›Es ist ungeheuer, daß ein Christenmensch zum andern sagen darf: Du bist mein Eigentum!‹« Beifall brauste auf. Joß steckte die Blätter wieder ein.

»Es gäbe noch viel aus dieser Schrift zu verlesen«, fuhr er fort, »was uns kleine Leute betrifft. Ich fasse alles zusammen in einem Wort: Gerechtigkeit Gottes für alle! Und ich frage euch: Kann es Sünde sein, danach zu streben?

Da ihr nun Streiter der Gerechtigkeit Gottes geworden seid, will ich euch sagen: Sieben Dinge braucht der Kämpfer: Zuerst eine Waffe. Die müßt ihr euch selbst besorgen, bis wir die Burgen gestürmt und Städte eingenommen haben.

Dann Verpflegung. Auch die müßt ihr für drei Tage mitbringen, bis wir Vorratslager angelegt haben.

Und dann eine Fahne, um die wir uns scharen. Sie ist gekauft und genäht und wird in Basel bemalt. Sie ist blau und weiß wie die Farben des Bistums Speyer. Darauf soll das Bild des Gekreuzigten sein, der Bundschuh und ein kniender Bauer. Über seinem Kopf wird stehen: ›Nichts dann die Gerechtigkeit Gottes.‹

Und das soll unser Schlachtruf sein, das wäre der nächste Punkt. Davor sollen die Heere der weltlichen und der geistlichen Herren erzittern.

Das nächste ist das Erkennungswort, das euch allen bekannt: Gut' Gesell ... Wißt es, aber verwahrt es bei euch!

Noch eines braucht der Streiter, wenn er durch den Staub der Straßen zieht oder abends am Lagerfeuer sitzt: ein Lied. Das habe ich euren Anführern gegeben, die lehren's euch.

Und schließlich, das merkt euch gut: Ein jeder Kämpfer braucht einen Plan, dem er sich verschreibt, dem er sich unterordnet. Er darf nichts tun, was dem Ganzen zuwiderläuft. Bevor wir verteilen, müssen wir sammeln, verwahren und ordnen.

Was wir erobern, gehört dem Reich, und das wird uns gehören! Darum haltet Zucht! Ohne sie ist alles verloren. Und nun werdet ihr fragen, was bringt uns die göttliche Gerechtigkeit? Ich will zuerst sagen, was nicht mehr sein wird. Draußen tobt harter Winter, als wolle Gott uns strafen. Damit aber nicht genug, straft uns der Bischof mit dem Ungeld. Damit zahlen wir nicht für unsere Sünden, sondern für die seinen. Nicht wir haben das Land verschuldet: Er hat es getan. Das soll anders werden. Gehorsam schulden wir Gott, dem Papst und dem Kaiser. Das bedeutet: Alle Leibeigenschaft ist aufgehoben. Weiterhin: Das Kirchengut, das einst aus den Händen der Bauern in die Hände des Adels und von da an die Kirche gekommen ist, wird als Allmende an die Gemeinden verteilt, die frei darüber verfügen. Auch Holz, Wasser und Wild gehören den Gemeinden, wie es früher war.

Und schließlich sind Renten, Zinsen und Gülten abgelöst, sobald sie die Höhe des Kapitals erreicht haben, für das sie gezahlt wurden.

Dann wollen wir ein deutsches Recht niederschreiben lassen, das wir verstehen und das unsren Verhältnissen entspricht. Schließlich, wenn alle Macht in unsren Händen liegt, wollen wir vor den Kaiser hintreten und unsre Forderungen unterbreiten. Er soll unser einziger oberster Herr sein.

Und nun der Plan zum Aufstand. Doch zuvor hebt noch einmal die Hand zum Schwur, daß kein Wort, das ich euch sage, in fremde Ohren kommt. Nur wer zum Bund geschworen hat, darf den Tag erfahren.«

Während sie aufstanden und die Schwurhand hoben, sah Joß sich erwartungsvoll im Kreise um. Ihre Gesichter spiegelten freudige Entschlossenheit. Auch Bernhard Wendel musterte die Reihen. Befriedigt nickte er Joß zu. Der fuhr fort:

»Der Tag, an dem es gilt, ist der Tag vor Sankt Georg, also der 22. April, ein Freitag. Merkt euch den! Bis dahin ist der Bote aus der Schweiz zurück und das Fähnlein bemalt.

Wir werden zuerst die Burg Obergrombach besetzen, dann werdet ihr in Bruchsal aufstehen, wenn wir das Zeichen geben, die Tore sichern, Rathaus und Schloß des Bischofs nehmen. Gleichzeitig werden die von Jöhlingen, Weingarten und Untergrombach nach Bruchsal ziehen und dort ein Lager errichten. Noch am Abend dieses Tages stürmen wir Udenheim, am nächsten Tag Speyer. Das soll unser Hauptlager sein. Fünfhundert Reisige vom Rhein stoßen dort zu uns. Von da entscheiden wir weitere Züge.

Wir werden den Rhein aufwärts ziehn, die Städte sich uns anschließen oder überrannt werden. In Basel werden wir uns mit den Schweizern verbünden, uns dann wieder nach Norden wenden, der Stadt Freiburg zu. In zwei Marschsäulen stoßen wir vor, die eine zum Bodensee, die andere nach Stuttgart, dann weiter ins Frankenland. Wie eine Lawine wollen wir anwachsen im ganzen Reich, dann vor den Kaiser treten.«

Joß schwieg. Er hatte seine Worte mit sparsamen Gesten unterstrichen. Jetzt ließ er die Arme herabhängen und lauschte in sich hinein. Der Wind rüttelte an den Läden, ohne die Stille zu vertreiben.

Sie zahlten schweigend, lösten sich zu Gruppen auf und gingen in die Kälte. Die nicht in der Stadt wohnten, schlüpften durch die kleine Pforte des Grombacher Tores – der Wärter war Mitverschworener – und verloren sich nach allen Seiten im Dunst der weißen Winternacht.

Bernhard Wendel blieb über Nacht bei Joß in Untergrombach.

Im Hardtwald

Mitte März ging die Kälte zurück, der Schnee schmolz, und Joß rief die Führer zusammen. Aus allen Richtungen kamen sie durch die Nacht und sammelten sich bei Hundertmorgen im Hardtwald. Vierzig Verschworene des Bundschuh, bereit, alles zu wagen. Ein Tasten zunächst hin und her, wer der andere sei und woher er komme. Bis Joß Hand und Stimme erhob und Schweigen gebot.

»Seid alle willkommen!« rief er. »Doch vor Beginn muß ich

euch bitten, nehmt von dem Wall am Waldrand einen Stein, größer als eine Männerfaust, und tretet um mich in großem Kreis.«

»Sollen wir einen steinigen?« spottete einer, aber Joß wies ihn barsch zurecht.

Er blieb allein in der Lichtung. Sein Herz schlug schneller. Eine Wolke nahm das Mondlicht hinweg. Ihr Rand leuchtete noch eine Weile hell nach. Einsamkeit wollte sich seiner bemächtigen. Er fühlte die gewaltige Verantwortung. Wenn er sie nun den Ring schließen ließ, nahm er sie heraus aus der Geborgenheit ihrer Welt und betrat mit ihnen die Welt einer gnadenlosen, vielleicht tödlichen Freiheit. Aber als das Knacken im Unterholz die Rückkehr der Männer ankündigte und ihre Schatten auf ihn zukamen, schwand die Anfechtung. Er wollte es tun. Es mußte sein: Jetzt und hier!

Durch Zuruf ordnete er den Kreis, schloß die Lücken und hieß jeden, den Stein zu seinen Füßen niederzulegen. Einige taten es sacht und unhörbar, andere ließen ihn schwer fallen, daß der Waldboden dumpf federte.

»Ihr seid jetzt außerhalb eines großen Ringes«, begann Joß. »Ich heiße euch eintreten und umschlossen sein vom steinernen Kreis. Noch habe ich wenige berufen. Aber der Ring wird wachsen. Hunderte zählen schon zu uns, bald werden es Tausende sein, dann Zehntausende. Ein Strom, der mitreißt und befreit!«

Er legte eine Pause ein. Langsam schob der Mond sich durchs Gewölk und ließ die Gesichter fahl vorm dunklen Wald stehen. Eine Strähne blonden Haares fiel ihm in die Stirn. Er wischte sie unwirsch weg und warf den Kopf zurück.

»Männer!« verkündete er mit fester Stimme, und sein Blick ging in die Runde, »ich habe euch ausgewählt. Unter Hunderten der Besten nur euch. Ihr seid gekommen. Ich danke euch.

Wir sind als Leibeigene geboren, aber wir werden aufstehen, um als Freie zu leben oder zu sterben.

Sie haben uns viel genommen: die Freiheit, die alten Rechte, und durch das neue Ungeld greifen sie nach Haus und Hof.«

Ein Murmeln ging durch die Runde.

»Das darf nicht sein!« fuhr Joß fort und betonte »darf« besonders stark.

»Die Zeit ist reif für Veränderungen. Seit Generationen warten wir darauf. Die Reform des Kaisers Sigismund hätte die Welt verändert, aber der Kaiser starb und die Reform auch. Seine Gedanken flattern in Blättern durchs Land. Ich bin erfüllt von diesen Gedanken, die nicht mit dem Kaiser gestorben sind, die auferstehen werden durch uns! Zwei Mächte sollen unser Leben bestimmen: Gebt dem Kaiser, was des Kaisers ist, und Gott, was Gottes ist. Da ist die Rede nicht von Bischöfen, Äbten oder anderen Herren. Sie predigen uns von der Armut Christi und raffen unsre Güter und Rechte an sich. Das werden wir ändern! Gott wird abwischen die Tränen der Unterdrückten, der Mißhandelten, Entrechteten, Gefolterten. So steht es geschrieben. Ich will euch zu Rittern machen für eine höhere Gerechtigkeit! Und nun tretet in den Kreis, kniet nieder und betet fünf Vaterunser und fünf Avemaria. Wenn ihr euch erhebt, seid ihr ein mächtiger Bund, Kämpfer für die göttliche Gerechtigkeit und Führer im Bundschuh.«

Die Männer knieten im feuchten Waldboden nieder. Nur das Murmeln und Flüstern der Betenden glitt durch die Stille. Joß erhob sich als erster wieder und beobachtete die Runde. Als alle Gesichter ihm wieder zugewandt waren, fuhr er fort:

»Das sollt ihr alltäglich tun, damit ihr nicht vergeßt, daß es Gottes Gerechtigkeit ist, für die wir kämpfen.

Endloses Warten ist Verrat an uns selbst. Warten hat nur einen Sinn, wenn man das Ziel vor Augen hat. Setzen wir auf unsere eigene Kraft! Es wird kein leichter Weg, den ich euch zeige. Es wird ein Kampf auf Leben und Tod. Wer nun diesen Weg nicht mit uns gehen will, der verlasse den Ring und rufe mir seinen Namen zu. Wie ihr euch auch entscheidet: Schwört mir, daß kein Wort, das ich zu euch geredet habe, weitergesagt wird, bis ich es freigebe. Und nun entscheidet euch!«

Joß schwieg und wartete. Auch im Kreis herrschte entschlossenes Schweigen.

»Ist einer gegangen?« rief Joß in den Kreis. »Wenn nicht, so will ich vor jeden hintreten und ihn durch Handschlag verpflichten. Dasselbe tut ihr bei jedem, der zum Bund schwört.«

Er begann bei denen, die in seinem Rücken standen, und machte die Runde.

Vom Boden her zogen Nässe und Kälte bis zu den Knien hoch. Die Männer vertraten sich die Füße. Wenn Joß vor ihnen stand, schlug jeder herzhaft ein. Wer vielleicht vor diesem Abend noch Zweifel gehabt hatte, hatte begriffen, daß Vaterunser und Avemaria nicht am Anfang eines Teufelswerkes standen. Als Joß in die Mitte zurücktrat, sammelte er sich einen Augenblick. Dann wiederholte er kurz, was er im großen Plan vorgetragen hatte. Er ergänzte noch die Funktionen der frei gewählten Schultheißen, Amtmänner, Gauvögte und Landeshauptleute, die über Polizei und Militärgewalt verfügen sollten, um die Ordnung im Land zu gewährleisten. Schließlich hieß er sie sich einzeln auf den Kampf vorbereiten nach den Bruchsaler Weisungen. Es war eine lange Rede geworden, und er setzte einen neuen, letzten Termin.

»Und nun geht hin, tut eure Pflicht, weiht die Rottenführer ein und bringt sie am 3. April mit zum Kammerforst. Der liegt zwischen Altenburg und Neudorf. Kommt einzeln am späten Nachmittag, bevor die Sonne untergeht, zur Hütte. Und jetzt hebt die Hand zum Schwur.

›Wir schwören bei Gott und der Heiligen Jungfrau, beim Kreuz unsres Herrn und bei unsrer Ehre, daß wir die gerechte Sache des Bundschuh verschweigen und mit Gottes Hilfe fördern wollen, und koste es uns das Leben!‹«

»Wir schwören!« klang es dumpf aus dem Wald zurück.

Aber Joß hatte noch ein Anliegen.

»Ich meine, daß ein Lied auf einsamen Wegen euch Mut machen soll, bevor wir es auf unsren Siegeszügen singen werden. Ich spreche Strophe um Strophe vor, dann singe ich sie vor, und ihr fallt Vers um Vers ein.

60

Wohlan, so laßt uns reiten
auf unserm braunen Roß
entlang der Breitenheiden
bis vor des Bischofs Schloß!

Und dorten wolln wir singen
der Bauernfreiheit Lied,
den Bundschuh wolln wir schwingen
und fahren ob dem Ried.«

Sie summten, dann sangen sie mit, und Joß setzte zur letzten
Strophe an:

>Und item laßt uns laufen
mit Morgenstern und Sens',
des Bundschuh heller Haufen,
entlang der silbernen Enz.«

Zuletzt schwoll der Chor derart an, daß Joß befürchten
mußte, einen Fehler gemacht zu haben. Doch die Märznacht
war verschwiegen. »Nehmt eure Steine auf«, sagte Joß, »und
tragt sie zurück! Wir lösen den Steinkreis auf und verlagern
ihn in unsre Herzen. Und nun geht still euren Weg. Gute
Nacht!«
Sie summten noch vor sich hin, als sie sich zum Waldrand
verloren. Joß stand noch eine Weile und atmete erfrischt die
Stille. Ihn beglückte das Schweigen der Nacht und das Ver-
klingen dieser bedeutsamen Stunde. Er, der als verschlossen
und wortkarg gegolten, hatte die Rede seines Lebens gehalten. Allein machte er sich auf den Heimweg. Wenn der
Mond durchkam, lief sein Schatten schweigend nebenher.
Später holte er die Männer von Jöhlingen noch ein, und
einer summte leise vor sich hin: »Wohlan, so laßt uns
reiten ...«

Der Frühling bahnte sich an. Auf ihn setzte Joß seine Hoffnung. Die Menschen kamen aus den Häusern, wurden zu-
gänglicher und leichter zu erreichen. Land und Menschen
öffneten sich. Als Nachwirkung der nächtlichen Versamm-

lung fühlte Joß sich in seinem Sendungsbewußtsein bestärkt. Langsam reifte die Erfüllung seines Lebens. Er fühlte keine Zweifel mehr, daß er auf dem rechten Wege sei.

In Bruchsal hatte er Maurern beim Bau eines Fundamentes aus Bruchsteinen zugesehen, wie vom bereitliegenden Materialhaufen Stück um Stück ausgewählt wurde, mit gezielten Hammerschlägen zubereitet und eingesetzt in den großen Verbund. Er begriff sofort das Bild als Gleichnis. Wie sie aus der formlosen Masse jeden Stein einzeln aussuchten und einfügten, wo sein Platz war, wo er durch den zugesetzten Speis festes Glied einer starken Mauer wurde, so mußte er die Menschen aussuchen, formen und eingliedern, jeden dorthin, wo er gebraucht wurde. Er kannte das Bild aus Predigten. Besonderer Mühe bedurfte es bei den Ecksteinen. Der Altvogt war ein solcher. Auch der Bannwart konnte einer werden. Er dachte sich einen Plan aus, wie er diesem besonderen Menschen begegnen wollte.

Joß wirbt den Bannwart

Joß war ein frischer schöner Bursche. Sein Gang war federnd und ausgreifend, sogar leicht drängend, als habe er immer ein Ziel unmittelbar vor sich. Ob im Bauerngewand oder als Landsknecht mit zerhauener Hose, immer strahlte er Jugend aus und Selbstbewußtsein. Die Mädchen drehten sich heimlich nach ihm um. Er beachtete sie kaum. In seinem Innern brannte noch diese eine Wunde. Er trug die unerfüllten Sommertage jener Zeit als große Sehnsucht durch den Winter, und der aufbrechende Frühling nährte diese Sehnsucht.

Vordergründig aber baute er an seinem Werk: Er warb.

Den Bannwart brauchte er. Der war im Dorf nur schwer anzutreffen, ein Wald- und Wiesenmensch, der ständig durchs Gelände streifte und das Alleinsein liebte. Wortkarg war er wohl auch, vielleicht sogar verschlossen.

Joß hatte seine Wege im Feld beobachtet und wußte, wo man ihn am sichersten antreffen konnte.

Die Sonne schien warm aufs Land. Der erste warme Tag nach einem schier endlos langen Winter. Im Süden, zwischen den blauen Wäldern des Schwarzwaldes, schimmerten noch weiße Schneefelder. Die Wintersaat hatte Schaden genommen. Einsetzende Teuerung zeichnete das dürre Gespenst kommender Not und bitteren Hungers als grausigen Schatten übers Land. Vorsichtig schlenderte Joß den aufgeweichten Feldweg dahin. Wohlig fühlte er die Sonne auf Schultern und Rücken. Das vertrieb die Sorgen des Alltags. Außerdem war Sonntag. Auf einem Weidenstumpf suchte er einen Ruheplatz. Achtlos warf er dürre Ästchen und vergilbte Gräser in den Grombach. Er hatte seine Freude daran, wie sie im Schmelzwasser schaukelten und davontrieben, dem Rhein zu.

Er war sicher, daß der Bannwart hier vorbeikommen würde, und sah sich nach Steinen um. Zu seinen Füßen lag ein größerer Brocken. Den wollte er aufheben, hielt aber inne, als er sah, daß ein braunes Pfauenauge sich auf dem Stein sonnte.

Es war Sonntag Okuli, und er hatte am Morgen eine Predigt gehört, die ihn nicht losließ. Er hatte den Text behalten: »Und das Wort des Herrn traf Jonas: Mache dich auf, gehe nach Ninive, der großen Stadt, und predige ihr … Und der König von Ninive erhob sich von seinem Thron, legte den Purpur ab und hüllte sich in einen Sack …«

Er hatte sofort begriffen, warum er das hatte hören müssen. Das war sein Auftrag! Das Wort hatte dem Propheten Kraft gegeben und würde sie auch ihm geben.

Der Schmetterling war weitergeflogen. Joß stand auf, bückte sich nach dem Stein und warf ihn ins Wasser. Die kalten Tropfen spritzten ihm ins Gesicht. Er achtete nicht darauf. Er sah sich bestätigt und nickte beifällig.

»Was treibst du da, Joß?« Eine barsche Männerstimme hatte ihn angefahren und aus seinen Gedanken gerissen.

»Ach, Ihr seid es, Bannwart?« Halb fragend stellte es Joß

fest. Ein wenig war er doch überrascht, obwohl er hier auf ihn gewartet hatte.

»Bist du nicht ein wenig zu alt für solche Spielerei?« Die Stimme des Bannwarts klang verächtlich.

Joß drehte sich vollends zu ihm um, legte die linke Hand auf die Brust und sagte gewichtig: »Das ist kein Spiel. Ich habe die Wasserprobe des Pfeiferhansel von Niklashausen vollzogen.«

»Wasserprobe?« fragte der Bannwart erstaunt und ungläubig.

»Von der Feuerprobe bei den alten Gerichten wißt Ihr?« wollte Joß wissen, bereit, den Tatbestand darzulegen. Aber der Bannwart nickte. Er hatte davon gehört.

»Die Wasserprobe des Pfeiferhansel ist genauso einfach«, sagte Joß. »Dieser Stein dort« – er deutete hinunter ins klare Wasser – »ist der Bischof von Speyer. Ich habe ihn ins Wasser geworfen. Er ist untergegangen: also schuldig. Gott hat um seinetwillen kein Wunder vollbracht.«

Der Bannwart nahm die Mütze ab und strich mit der freien Hand den ergrauten Bart.

»Wer«, fragte er, »hat dich zum Richter bestellt, daß du ein Gottesurteil heraufbeschwören willst?«

Joß zuckte zusammen und schwieg betroffen.

»Ihr mögt recht haben«, räumte er ein, »ich zähle noch nicht.« Dabei betonte er das »noch« so gewichtig, daß der Bannwart sofort nachhakte.

»Und ab wann wirst du zählen?«

Es hatte eine Scherzfrage sein sollen, doch Joß nahm sie dankbar auf: »Vielleicht schneller, als Ihr denkt.«

Der Bannwart, ein Mann in den fünfziger Jahren, sah ihn forschend an. Weiß Gott! Dieser Joß hatte etwas Besonderes im Blick. Jedenfalls war es der Knabe nicht, als den er ihn vorhin noch angesehen hatte. Er ging weiter, und Joß folgte ihm unaufgefordert. Er wechselte das Thema.

»Wo habt Ihr Euren Hund?« fragte er.

»Auf dem Schindanger«, antwortete der Bannwart. »Er war zu alt.«

Er musterte Joß von der Seite genau. Das markante Gesicht

strahlte Jugend aus, die blonden Haare glänzten in der Sonne des Vorfrühlingstages. Trotz der Schwere des Bodens hatten seine Bewegungen beim Gehen etwas Leichtes, Ungezwungenes, während er selbst die Füße behutsam und schwer setzte. Sie hätten Vater und Sohn sein können.

»Eigentlich habe ich ihn ja erschlagen müssen«, erklärte der Bannwart den Tod des Tieres, »weil er ein tollwütiges Reh angefallen hatte.«

Man merkte, daß der Vorgang ihn noch beschäftigte. Wehmut klang in seiner Stimme nach. »So ein Hund ist wie ein Mensch, der mit uns zu Tische sitzt. Aber er erwartet auch immer seine volle Schüssel. In diesen Zeiten überlegt man sich wohl, ob man einen Esser mehr ernähren kann. Deshalb zögere ich mit einem neuen.« Er sah bedächtig vor sich hin.

Das war das Thema, darauf hatte Joß gewartet.

»Aber ihr habt keinen Grund zum Klagen«, stellte der Bannwart fest und ging weiter. »Dein Vater hat doppelt soviel Morgen wie ich.«

»Aber den Zins zur Lichtmeß«, verriet Joß, »habe ich ihm bezahlt, weil er kaum noch einen Groschen im Haus hat. Übrigens, gibt es hier einen im Dorf, der nicht zu klagen hätte? Sicher, unser karges Brot haben wir. Doch wie lange noch? Die Teuerung frißt den Notgroschen auf, Mißernte droht dem ganzen Land. Und wenn der Winter von dort drüben«, er deutete nach Süden zum Schwarzwald hin, »zurückkommt, was leicht geschehen kann, wenn die Blüten erfrieren und Obst und Wein verkümmern, was dann?«

»Der Mensch lebt nicht vom Brot allein«, entgegnete der Bannwart, doch man spürte den Zweifel hinter den Worten.

»Richtig!« bestätigte Joß, »… nicht vom Brot allein, aber ohne Brot gar nicht. Verachten wir das Brot deswegen nicht. Doch ich weiß sehr gut, der Mensch lebt auch von der Gerechtigkeit und der Freiheit. Für diese Gerechtigkeit müssen wir kämpfen. Das ist unsre Aufgabe.«

Der Bannwart wiegte bedenklich den Kopf. Er kannte solche Träume aus seiner Jugend, und sie waren sein Leben lang nicht verstummt. War das eine Versuchung?

»Kaiser Sigismunds unterlassene Reform«, begann Joß wieder, »wir müssen sie durchführen, und noch mehr dazu, denn seither ist das Unrecht noch mehr ins Kraut geschossen und überwuchert unser Leben. Soll das ewig so weitergehn?«

Dieser junge Mann, dachte der Bannwart, weiß, was er will. Er sitzt zu oft mit dem Pfarrer zusammen. Reformen! Aber wie?

»Vor zwei Jahren«, fuhr Joß fort, »haben wir auf den Weltuntergang und die Wiederkunft Christi gewartet. Aber das Jahr 1500 verging, und nichts geschah. Der Mensch ist's noch nicht wert, daß Gott ihn mit Freiheit und Gerechtigkeit beschenkt; er will, daß er sie sich selbst erstreitet.«

»Und wie, meinst du, soll das vor sich gehn?« fragte der Bannwart und sah Joß scharf ins Gesicht. Auf diese Frage hatte Joß gewartet.

»Wie die göttliche Dreieinigkeit im Himmel waltet ohne Zwischeninstanz, so soll der Mensch auf Erden eine höchste Dreiheit anerkennen: Gott, den Papst und den Kaiser. Je weniger Herren wir dazwischen haben, desto mehr Freiheit haben wir. Freiheit und Gerechtigkeit. Als erstes müssen wir die Leibeigenschaft aufheben.«

»Und wie stellst du dir das vor?« insistierte der Bannwart.

»Gewalt«, sagte Joß, »hat das heutige Unwesen geschaffen. Vernunft wird es allein nicht ändern können. Wir müssen der Gewalt mit Gewalt begegnen. Wenn der Bauer aufsteht, wanken die Throne der Macht.«

»Und der Adel und die Ritter, werden die tatenlos hinnehmen, daß ihre Welt verschwindet?« warf der Bannwart ein.

»Ein jeder soll von seiner Arbeit leben. Manche Adlige tun es. Ich kenne da einen …« Joß vollendete den Satz nicht.

»Keiner soll hungern in diesem Land, auch der Adel nicht. Aber es muß friedlich zugehen, sonst hilft nur das Schwert.«

Er machte eine Pause, und auch der Bannwart schwieg.

»Holz, Wasser, Wald: alles haben sie uns genommen, als habe Gott die Erde nur für sie geschaffen. Nicht einmal das Forellengericht wollen sie unseren Schwangeren zugestehen. Die Jagd muß wieder frei werden, das Kirchengut sollen die Armen erhalten. Den Priestern soll nur eine Pfründe zustehen, von der sie leben können.«

»Und der Bischof?« fragte der Bannwart.

»Soll leben wie wir alle«, ereiferte sich Joß. »Warum ist er so verschuldet? Weil er in Saus und Braus lebt. Aber was tut er in seiner ›Notlage‹? Je höher die Schulden werden, um so mehr baut er und kauft Schlösser dazu. Wenn ein Hausvater sich so verhielte, würde man ihn mit Recht in den Turm werfen. Aber er zieht die Steuern an, schlägt noch ein Ungeld drauf und läßt die Bauern für seine Maßlosigkeit zahlen.«

»Aber der Kaiser hatte uns doch aufgerufen«, warf der Bannwart ein, »unsere Beschwerden ihm vorzulegen.«

»Der Kaiser ist unsere einzige Hoffnung auf dieser Welt«, stellte Joß befriedigt fest. »Wir wollen eine Schrift zusammenstellen, und ich will sie dem Kaiser überreichen.«

»Das sind große Pläne«, bestätigte der Bannwart und blieb stehen. »Aber du hast ›wir‹ gesagt. Wen meinst du damit?«

Das war der Augenblick der Entscheidung. Joß trat nahe zu ihm. »Könnt Ihr schweigen?«

»Wozu und worüber?« beharrte der Bannwart, und Joß spürte, er hatte hier kein leichtes Spiel. Dieser Mann ließ sich mit Worten nicht umgarnen. Aber er brauchte ihn.

»Wir haben einen geheimen Bund geschlossen«, gestand er. Nun hatte er sich preisgegeben. Wieder hatte er »wir« gesagt.

»Nun aber heraus mit der Sprache!« donnerte der Bannwart Joß an. »Ich bin kein dummer Junge, mit dem man sein Spiel treibt.«

»Sonst hätte ich Euch erst gar nicht angesprochen«, fuhr Joß gelassen fort. »Ich rede nur mit Männern, auf die Verlaß ist. Unsere Sache ist der Bundschuh. Eine Sache für ganze Kerle.«

Nun war es heraus. Der Bannwart pfiff durch die Zähne.

»Weht daher der Wind?«

»Ja, von daher«, bestätigte Joß. »Und das ist eine gute Sache. Als sie Jerusalem erobert hatten, hat ihn der Herzog von Schleyern gehißt, um zu zeigen, daß es das Volk war, das die Stadt erobert hat. Und als im Elsaß und am Rhein die Bauern aufstanden, um die Armagnaken zu besiegen, die zur Landplage geworden waren, kämpften sie unter dem Bundschuh. Jetzt ist es an uns, unter diesem Zeichen Gerechtigkeit zu schaffen und eine bessere Ordnung.«

»Aber in Schliegen, Schaffhausen und Schlettstadt«, gab der Bannwart zu bedenken, »hatten sie auch den Bundschuh gehißt und sind geschlagen worden.«

Die Zähigkeit dieses Mannes gefiel Joß.

»Sie sind nicht geschlagen worden«, beharrte Joß, »es war der Verrat, der sie vernichtete.«

»Und gegen diesen Pfeil im Rücken glaubst du dich gefeit?«

»Ja«, sagte er zuversichtlich, »in Grombach gibt es keine Verräter.«

»Bist du da so sicher?« fragte der Bannwart wieder.

»Ich weihe eben nicht jeden ein«, entgegnete Joß. »Ich verhandle mit den Schweizern, und die werden uns nicht im Stich lassen.«

»Donnerwetter!« entfuhr es dem Bannwart. »Du überraschst mich.«

Joß spürte, wie er langsam Boden gewann.

»Christus sagt«, fuhr er fort, »ihr seid allzumal Brüder. Was aber sagt der Bischof zu uns? ›Du bist mein Eigentum mit Leib und Seele‹, sagt er. Und solange ein Christenmensch zum andern so sprechen darf, kann diese Welt nicht gesunden.«

»Du hast recht«, räumte der Bannwart ein, »so kann man es sehn.«

Sie bogen nach Norden ab. Droben lag hell im Sonnenlicht der Michaelsberg. Jahrhunderte blickten von dort zu ihnen herab. Jahrhunderte der Freiheit, wie Joß meinte.

Schlanker und kaum so alt wie er selbst ragte unten der Turm der Pfarrkirche Cosmas und Damian. Aber die Augen des Joß Fritz schauten nach Osten, wo Burg und Stadt Obergrombach trutzig aus dem ersten Grün ragten. Dunkel und noch naß vom Regen der letzten Tage zog sich die Stadtmauer unter den helleren Dächern dahin. Das Lichtspiel der weißen Wolken darüber ließ sie noch trutziger erscheinen und satt von Ruhe und Standhaftigkeit. Uneinnehmbar

schien alles. Joß lächelte in sich hinein. Er wußte es besser.
Dann besann er sich des Bannwarts.

»Ich hätte Euch früher einweihen sollen. Doch ich weiß
auch, daß Ihr wie ich keine halben Sachen liebt. Erst jetzt,
wo der Bund steht, komme ich zu Euch. Kommt Ihr nun
auch zu uns!«

»Du hast mir also aufgelauert«, stellte der Bannwart fest,
»und das Spiel mit dem Stein war nur eine Täuschung.«

Aber Joß ging nicht darauf ein: »Daß Euch vom Bundschuh
bisher noch nichts zu Ohren gekommen ist, mag als Beweis
dafür gelten, daß unsre Leute verschwiegen sind. Schon hat
das halbe Dorf geschworen, bald werden es fast alle sein.«

Um seinen Eifer zu dämpfen, blieb er stehen, setzte sich
aber sofort wieder in Bewegung, um Anschluß zu halten, da
der Bannwart unbeirrt weiterging.

»Die Zeit drängt«, nahm er das Gespräch wieder auf. »Bevor hier auf den Feldern die Ernte beginnt, muß unsre Ernte eingebracht sein.«

Sie näherten sich dem Dorf. Die Gassen lagen still im Nachmittag. Die meisten Dorfbewohner hatten am Abend zuvor
den Weg nach Speyer genommen, um den Kardinal Peraudi
predigen zu hören, der mit einem großen Ablaßsegen von
Rom gekommen war. Über die Felder her hörte man schon
das Singen der Heimkehrenden.

»Meine Leute«, sagte Joß, »sind unter den Pilgern. Ich werde viel Neues erfahren heut abend. Ihr gehört zu uns! Am
kommenden Sonntag werden Abordnungen aller Dörfer
sich auf dem Kahlschlag im Kammerforst treffen. Dort er-
fahrt Ihr mehr. Kommt zur Vesperzeit dorthin! Wenn aber
nicht, dann vergeßt um Himmels willen den heutigen Tag
und unser Gespräch. Vergeßt Eure Unfreiheit! Lebt, als
wäre die Welt ein Paradies.«

Joß erkannte bestürzt, welch gewagtes Spiel er versucht hatte. Er hatte viel gesagt. Zu viel.

Der Bannwart war stehengeblieben. Bedächtig hob er die
Rechte und streckte sie Joß hin.

»Ich komme!« versprach er.

Der Verrat

Es war ein Sonntag, verregnet, wie es sich für den April gehört. Früh brach die Dämmerung herein. Der Bauer Michel aus Neudorf hatte sein Vieh versorgt und ging zügigen Schrittes dem Kammerforst zu. Der war von Neudorf aus nicht weit.

Am Waldrand holte er Theobald von Udenheim ein. Sie sprachen vom schlechten Wetter, vom harten Winter und den Schäden im Wald und auf den Feldern, auch von der Pest, von der man noch immer hörte.

Michel war sicher, einen Mitverschworenen der Hundertmorgen vor sich zu haben, und als sie an die Pfinz kamen, hielt er bei der Brücke an und zeigte auf den Pfad in den Wald. Hier müßten sie abbiegen. Aber Theobald verstand nicht. Warum denn, und was denn dort sei. Nun, meinte Michel, dorthin habe Joß Fritz sie doch bestellt, des Bundschuh wegen.

»Ach!« sagte Theobald erstaunt. Da erschrak Michel. Er faßte Theobald am Ärmel, krallte seine Hände flehentlich in seinen Unterarm. »Ich habe dich verwechselt«, stammelte er. »Wer du auch bist, schweig in Gottes Namen. Schwör es mir oder, besser noch, komm gleich mit. Du stehst doch auf unsrer Seite!«

»Schon gut«, beruhigte Theobald ihn, »aber ich will einen kranken Freund in Bruchsal besuchen und morgen wieder in Udenheim sein, der Geschäfte wegen.«

Er hatte sich losgerissen und ging schnell weiter.

Ein furchtbarer Gedanke durchzuckte Michel. Aufgewühlt folgte er dem Pfad zur Hütte. Er schüttelte sich, als wolle er mit dem Regen die vergangenen Minuten abtun. Dann erinnerte er sich an den sympathischen Eindruck, den der Fremde gemacht hatte, und beruhigte sich. Es würde schon alles gutgehen.

Als Theobald am Morgen des Montags nach Quasimodogeniti sich auf den Heimweg machte, trieb der Wind leichten Schnee vom Kraichtal herüber. Die Begegnung mit dem Bauern und dessen Offenbarung verfolgten ihn wie ein Ge-

spenst. Bei Torschluß hatte er Bruchsal erreicht und seinen
Freund sterbend vorgefunden; der hatte ihn schon nicht wie-
dererkannt. Trost- und Hoffnungslosigkeit der Nacht und
die Endgültigkeit des Abschieds hatten die Angst in ihm
zum Alptraum gesteigert. Was sollte werden, wenn sie den
Bischof verjagten und den Ämtern keine Steuern mehr
zahlten? Wovon sollte er leben? Die Lieferungen an den
bischöflichen Hof gaben seinem bescheidenen Verdienst ein
wenig Aufbesserung. Überhaupt! Wer sollte sich verbürgen,
daß nicht alles schlecht würde, wenn andere die Herrschaft
übernähmen? Da war der Bischof Ludwig, ein gutmütiger,
leutseliger Herr. Sicher, seine Beamten nützten ihn aus, ord-
neten an, was er gutgläubig genehmigte.
Aber war der Ungehorsam gegen die Herrschaft der Welt
nicht Ungehorsam gegen Gott? Vielleicht war dieser Mann
vom Vortag der Versucher selbst gewesen? Er bekreuzigte
sich, ging schneller. Sein Entschluß stand fest.

Ebenfalls am Sonntag Quasimodogeniti stapfte der entlassene Landsknecht Lux Rapp mit einem Gesellen von Waghäusel hinüber zum Rhein nach Udenheim. Sie trieben
durchs Land, wollten sich vielleicht im Frühling in Stuttgart
anwerben lassen, denn um Straßburg, woher sie kamen,
strotzte es von reisigen Knechten, die einen Herrn suchten.
Jetzt hatte Lux einen getroffen, der mit ihm im selben Fähnlein gekämpft hatte. Der hatte ihm gesagt, daß der Bundschuh Leute dinge. Zuerst hatte er geheimnisvoll getan,
doch als Lux in Erinnerung an gemeinsame Kämpfe in ihn
drang, hatte er, zumal er glaubte, Lux wolle selber schwören,
das Geheimnis preisgegeben. Aber Lux hatte nur hören
wollen. Und während der andere erzählte, daß am Abend
vor Sankt Georg der Aufstand losbrechen solle und er unter
die Fahne des Bundschuh treten würde, war sein Entschluß
gefaßt.
Fünfhundert Landsknechte seien sie schon und viele hundert Bauern. Eine große Macht ist das nicht, dachte Lux,
und sinnlos, sich einer verlorenen Sache zu verschreiben!

Aber der langweilig-verregnete Sonntag hatte für ihn plötzlich Farbe bekommen. Wer dem Bischof diese Nachricht überbrachte, das Bistum vor solchem Schaden bewahrte, hatte ausgesorgt fürs Leben.

Jörg, sein Begleiter, hatte das Gespräch verfolgt. Wenn er auch bescheideneren Sinnes war und nicht die Wendigkeit des Lux Rapp besaß, als Zeuge konnte er allemal auftreten. Es war noch Mittag. Aber Lux ging schnell, als könnten Tag und Stunde ihm entfliehen. Er befürchtete, der Bischof könnte ausgeritten sein oder schon erfahren haben, wovon er ihn unterrichten wollte. Wer als zweiter eine Nachricht überbrachte, machte sich zum Gespött. Nur der erste zählte.

Jörg wischte sich den Schweiß aus der Stirn und fragte ärgerlich: »Ist es denn so dringend?«

»Dummkopf«, brummte Lux. »Das ist *die* Gelegenheit unseres Lebens. Eine solche Gelegenheit bietet sich einem nur einmal!« Er ließ Jörg herankommen. »Begreife, daß das unsre Stunde ist. Uns erwartet fürstlicher Lohn, wenn wir die ersten sind. Und darum eilt es!«

Das begriff auch Jörg und stellte beruhigt fest, daß die Stadt näher kam und der Regen aussetzte.

Die Torwache musterte die beiden mißtrauisch. Als Lux aber sagte, er habe wichtige Botschaft für den Bischof, nickte der Stadtknecht zufrieden.

Zunächst mußten sie warten, unten in der Gesindestube. Im Speisesaal wurde gerade die Tafel abgedeckt, und Bischof Ludwig von Helmstadt zog sich zum Mittagsschlaf zurück.

Die Zeit verstrich, und es hielt Lux nicht mehr auf dem Stuhl. Unruhig ging er hin und her zwischen den Knechten, die Würfel spielten. Aber so viel hatte er durch geschickte Fragen herausbekommen, von einem Bundschuh wußte niemand etwas.

Bischof Ludwig war guter Laune. Er hatte nach dem Mittagessen ausreiten wollen. Als er aber sah, daß Regen gegen die Fenster schlug, schickte er den Burschen mit der ledernen Reithose und dem schwarzen Rock wieder weg. So war es auch gut! Er hatte allen Grund, guter Laune zu sein. Zwar stak er tief in Schulden, aber das war mehr Sache der Finanzleute, die ihn obendrein immer mit ihren ewigen Klageliedern belästigten. Schulden hatten sie alle. Aber das war doch schließlich ein Zeichen, daß man verstand, mit Geld umzugehen. Auch der Kaiser und viele geistliche Herren hatten Schulden. Das gehörte zum guten Ton. Er baute seine Schlösser aus, kaufte neue dazu und brachte das Geld so in Bewegung. Dadurch lebten und verdienten die Menschen. Er hatte die Zahl der Schloßdiener, der adligen Räte und Beamten erhöht, damit die Verwaltung ihren Pflichten nachkommen konnte. Er hatte die Landvogtei im Schloß ausbauen lassen, damit der Landvogt eine angemessene Wohnung erhielt. Sein Kammergericht stand in hohen Ehren. Kürzlich erst wieder hatten die Herren des Reichskammergerichts einige schwerwiegende Fälle zur Bearbeitung hierher verwiesen. Sein Amt war also bei Hofe geachtet.

Nur bei den Bauern flossen seit geraumer Zeit die Gelder spärlicher, und es gab der Ausreden viel: das Wetter, die Mißernte, die Teuerung. Aber was sollte werden, wenn er seine Handwerker nicht bezahlte? Die Bauern würden schon wieder zahlen. Einen kleinen Verzug nahm er hin. Der Faut und die Schultheißen würden das übrige tun.

Er rückte den Tisch mit dem Schachbrett zurecht, setzte die grünen und die weißen Jadesteine darauf und rief nach dem Hofmeister.

Hartmann Fuchs von Dornheim kannte seine Pflicht. Er hatte auf diese Stunde am Sonntagnachmittag gewartet. Vor der Tür des bischöflichen Gemachs traf er den Narren. Auch der hatte seine Stunden und trat hinter dem Hofmeister in dessen Schatten ein.

Ludwig von Helmstadt saß in seinem Lehnstuhl und schaute geruhsam durch geöffnete Fenster hinüber auf den Rhein, der mit trägem braunem Wasser dahinfloß und Treibholz mit sich führte. Er lud den Hofmeister zum Sitzen ein und eröffnete mit dem weißen Königsbauern das Spiel.

Der Narr sah zu beiden hinüber, wußte, beim Schach durfte er nicht stören, winkte mit der Hand verächtlich ab und zog sich auf einen Schemel beim Kaminfeuer zurück. Er war froh, seiner kalten Kammer entronnen zu sein. Die Scheite knisterten.

Der Hofmeister hielt mit dem grünen Königsbauern dagegen. Die Partie begann zögernd, gewann aber dann an Rasanz. Es klopfte. Der Diener trat ein und teilte dem Bischof mit, zwei Landsknechte stünden draußen und wollten unbedingt seine Gnaden sprechen.

»Was kann am Sonntagnachmittag schon dringend sein?« fragte lächelnd der Bischof und rückte seinen Springer vor, um den Bauern zu schützen. »Sollen morgen kommen«, beschied er.

Die Spielenden taten wortlos Zug um Zug. Der Hofmeister wußte, wo das Spiel aufhörte, Spiel zu sein. Dann mußte er unauffällig zurückstecken, um zu verlieren. Er mußte ein guter Verlierer sein. Der Bischof war es nicht. Es gehörte zu seiner Welt, daß er sie lächelnd meisterte.

Es klopfte wieder. Der Diener vermeldete, der fremde Landsknecht ließe sich nicht abweisen, es ginge um Leben und Tod.

»Na«, unterbrach Ludwig genüßlich das Spiel, »dann soll er eben kommen.«

Lux trat zwei Schritte ins Zimmer und verbeugte sich. Jörg hielt sich links hinter ihm.

»So«, sagte der Bischof beiläufig, stand wie gelangweilt auf und ging zum Fenster, so daß er den beiden den Rücken zukehrte, »und was wäre so wichtig, daß ihr uns mit eurer Aufdringlichkeit glaubt den Sonntagnachmittag verderben zu müssen?«

Er schaute vorwurfsvoll über die Schulter zurück, und Jörg wäre am liebsten im Erdboden versunken. Aber Lux war seiner Sache sicher.

»Euer Gnaden«, begann er, »es stehen ungeheure Dinge ins Haus!«

»Ungeheure Dinge«, wiederholte der Bischof und wiegte bedächtig den Kopf. »Seid ihr Sterndeuter?«

74

»Ungeheure Dinge«, wiederholte auch der Hofmeister ironisch.

»Verzeiht, Euer Gnaden«, fuhr Lux jedoch unbeirrt fort, »wenn Ihr erst meinen Bericht gehört habt ...«

»Ihr wollt uns neugierig machen«, entgegnete der Bischof ungerührt. »Ihr seid nicht ungeschickt. Also redet!«

»Am Bruhrain regt sich etwas«, verkündete Lux, »sie wollen den Bundschuh aufwerfen, Burgen und Städte stürmen, besonders Klöster plündern und geistliche und weltliche Herren vertreiben.« Er machte eine Pause und erwartete das Aufbrausen des Bischofs und seines Hofmeisters. Aber der drehte sich nicht einmal um, sondern sagte so nebenbei: »Der Bundschuh? So. War sonst noch etwas?«

Es verschlug Lux die Sprache. »... sonst noch ...« stotterte er.

»Mein Sohn«, wandte sich der Bischof jetzt Lux zu, »glaubst du, daß die Lehren von Schlettstadt schon vergessen sind?«

Lux faßte sich wieder und sprach mit fester Stimme.

»Schlettstadt, so sehen es die Bauern, war eine Lehre für sie. Sie haben gelernt, daß die Herren keine Gnade kennen und daß sie nicht bereit sind, aus der Not der Bauern ihre Folgen zu ziehn.«

Der Hofmeister wollte aufbrausen, aber der Bischof hielt ihn zurück: »Und welche Folgerungen haben die Bauern aus der Lehre gezogen?« fragte er nachsichtig.

»Den neuen Bundschuh«, verriet Lux, »der es besser machen soll.« Er hatte sich erregt. Die Kühle des Bischofs brachte sein Blut zum Wallen.

»Die Bauern«, konterte der Bischof, »sind eine ungebildet formlose Masse. Wer führt sie an?«

Lux blieb stumm.

»Wer sie anführt?« wiederholte der Bischof mit Nachdruck.

»Ich weiß die Namen nicht«, stammelte Lux hilflos.

»So, du weißt es nicht«, triumphierte der Bischof und kam ein paar Schritte auf die Landsknechte zu. »Wenn ihr es wißt, könnt ihr wiederkommen.« Er nahm wieder am Schachtisch Platz. Lux und Jörg standen wie versteinert.

»Ihr seid entlassen«, erläuterte der Hofmeister die Situation und deutete unmißverständlich zur Tür.

Zögernd und niedergeschlagen zogen sich die beiden zurück. Da nahm sich Lux noch einmal Mut und rief zurück: »Sie wollen Obergrombach nehmen, Udenheim und Speyer!«

Aber Hartmann Fuchs von Udenheim winkte ab.

»Verschlagene Burschen«, sagte der Bischof wie in Gedanken und ließ den Blick nicht vom Schachbrett. »Sie wollen eine Belohnung erschleichen. Wir kennen das. Für eine Suppe und ein Nachtquartier tun sie alles.«

Er hob die rechte Hand, um die Dame zu ziehen, zögerte aber und verharrte lang in dieser Stellung.

Der Narr, der Holzscheite nachgelegt hatte, kam auf den Bischof zu, blieb vor ihm stehen, verneigte sich mit gespielter Ehrfurcht und streckte ihm die kurzen Arme mit der Schellenmütze stumm entgegen. Der Bischof schien seinen Zug vergessen zu haben, erhob sich und lächelte müde zu ihm herab.

»Was soll das nun wieder?« fragte er geduldig.

»Ihr seid der größere«, sagte der Zwerg unterwürfig, doch so, daß der mitleidige Spott noch durchklang, drückte dem Bischof die Kappe in die Hand und ging mit skurriler Würde, in die sich Hilflosigkeit und Trauer mischten, aus dem Raum. Die großen Hände ruderten weit vom Körper weg, als schaufelten sie die Luft hinter sich. Einen Augenblick stand der Bischof betroffen, dann schleuderte er ihm wütend die Mütze nach, daß die Schellen klirrten.

»Ein Narr«, sagte der Hofmeister entschuldigend und stand ebenfalls auf.

»Manchmal treibt er es zu weit«, murmelte der Bischof versonnen. Sie spielten noch eine Partie Schach, und er verlor.

In der Herberge saßen sie stumm lange Zeit bei einem Pfälzer Wein. »Ein zweites Mal«, ließ sich Jörg entschlossen vernehmen und nahm einen herzhaften Schluck, »kriegst du mich dort nicht hin.«

Lux brummte Unverständliches. Wenn er es richtig über-
dachte, war eines klargeworden: Der Bischof wußte nichts
und war nicht vorgewarnt. Man mußte den Fuß in der Tür
lassen. Schließlich hatte der Bischof ihn eingeladen wieder-
zukommen, wenn er den Ursächer wisse. Lux gab nicht auf.
Unruhig wälzte er sich die ganze Nacht auf seinem Lager.

Theobald von Udenheim hatte plötzlich seinen Weg geän-
dert. Im Lushardt zwischen Forst und Hambrücken war er
nach Nordosten abgebogen, um Schloß Kislau zu erreichen,
wo der Faut Peter Nagel von Dirmstein saß. Der schien ihm
der rechte Mann für das, was ihn bedrückte.
Am Nachmittag erreichte er das Schloß. Als er seinen
Wunsch, den Faut persönlich zu sprechen, vorgetragen hatte, wurde die Zugbrücke herabgelassen. Man erwartete den
Faut erst gegen Abend zurück, da er ins Kraichtal geritten
war, um auf Schloß Öwisheim Recht zu sprechen. So verging
der Tag mit Warten. Draußen rann der Regen.
Als der Faut bei Einbruch der Dämmerung schlammbe-
spritzt und durchnäßt über die Zugbrücke donnerte, freute
er sich auf den Abend am warmen Kaminfeuer und ein
herzhaftes Mahl. So nebenbei fragte er beim Ablegen der
Kleider seinen Stallmeister, was es Neues gebe. Der sagte, es
warte ein Theobald aus Udenheim auf ihn, der sein Anliegen weder dem Landschreiber noch sonst jemand habe vortragen wollen. Man habe ihm eine Kammer zugewiesen für
die Nacht.
Als der Faut aus der Kammer des Theobald kam, war sein
Gesicht aschfahl, die Hände zitterten vor Zorn und Erregung. Er befahl den Landschreiber in seine Amtsstube, diktierte ihm ein Schreiben an den Bischof und jagte trotz
Sturm und Regen zwei Eilboten nach Udenheim.
Peter Nagel von Dirmstein war ein Mann von geballter
Kraft, schnellen Entschlüssen und zielstrebig im Erfüllen
seiner Pläne. Er war sich bewußt, daß er ausgleichen mußte,
was dem Bischof abging. So setzte er Zupacken mit stähler-
ner Faust gegen mildes Lächeln. Was ihm Theobald erzählt

hatte, bescherte ihm eine schlaflose Nacht. Da hätte ihn einer hinterrücks vom Pferd stechen und das Zeichen zum Aufstand geben können, und keiner hatte ihn gewarnt!

Schon vor Tagesanbruch wirbelte er Roßknechte und Reisige durcheinander, schalt die Mägde wegen ihrer Trägheit und fieberte dem Ausritt entgegen. Die ganze Nacht hatte der Regen gegen Fenster und Gemäuer geprasselt. Ihm war es recht. Bei diesem Wetter würden die Bauern in ihren Stuben hocken und nichts unternehmen. Nur durch schnellen Zugriff konnte er sich vor Zusammenrottungen schützen und die Rädelsführer greifen. Sein Ziel war Obergrombach. Dort sollte wohl der Aufstand beginnen, dort mußte er ihn unterbinden.

Im Morgengrauen ritten sie los. Unbarmherzig rann der Regen noch immer, bis sie in Ubstadt waren. Das Grau des Himmels drückte den Tag. Er sollte vielen zum Grauen werden! Dazu war Peter Nagel entschlossen.

Hinterm Wolfwinkel, fast vor den Toren Bruchsals, hielt er die Reisigen in einem Waldstück an und unterrichtete sie über ihren Auftrag. Seine Weisungen waren klar: Keinen entrinnen lassen!

Dann umritt er Bruchsal im Osten, damit keiner in der Stadt seiner gewahr wurde, ritt an der Talmühle vorbei, durch den Grund zum Eselsrücken hoch, zog sich in Geländefalten abseits der Straße durch die Stöckig von Osten an die Burg.

Keller Schybe hörte in seiner Amtsstube das Rumoren und Poltern am Tor. Er eilte hinunter und traf auf den Amtmann, der ihm ohne lange Erklärung kurzerhand befahl: »Laßt alle Diener in der Amtsstube zusammenkommen. Ich will sie hören!«

Cuntz Schybe ließ den Pfister, der gerade mit einem Korb Brot aus der Backstube kam, durch die Ställe und Kammern laufen, um das Gesinde zu versammeln.

Er stieß zuerst auf Bernhard, der nichts Gutes ahnte, denn ein Reisiger, der einmal zur Burgbesatzung gehört hatte, hatte ihn wissen lassen, sie kämen wegen des Bundschuh.

Der Pfister aber nahm es nicht so schwer, man konnte ihm nichts nachweisen, und er tat seine Pflicht.

Bernhard schien wie gelassen zum Verhör zu gehen, wendete sich aber, als niemand ihn mehr sehen konnte, zur hinteren Mauer, ließ sich an ihr herab und entkam. Er duckte sich zwischen die Rebstöcke des Burgweingartens, rannte nach Süden, überquerte die Straße nach Bruchsal, hastete auf den Zwerchelster Wald zu, durch die Ungeheuerklamm abwärts nach Untergrombach.

Joß Fritz saß mit seinen Eltern und dem Bruder Hans beim Mittagstisch. Da huschte ein Schatten am Fenster vorbei, und Bernhard stürzte in die Stube.

»Wir sind verraten!« keuchte er. »Der Faut ist mit seinen Reitern auf der Burg. Sie sollen uns fangen!«

Joß sprang auf, daß der Löffel zu Boden klirrte.

»Ich habe es gewußt! Ich habe es kommen sehn!« jammerte die Mutter fassungslos. Hans reichte Joß wortlos die Landsknechtstracht und steckte ihm Brot und Speck in den Mantelsack. Joß schlüpfte hastig in Hose, Rock und Stiefel, setzte das Barett auf, gürtete das Schwert, raffte noch seine Pläne und Gulden zusammen und warf den Mantel über.

»Wir müssen uns trennen«, sagte Joß zu Bernhard, der hilflos im Raum stand und auf eine Weisung wartete – er hatte die Lage noch nicht ganz erfaßt.

»Vielleicht sehen wir uns in Basel wieder. Allein tauchen wir besser unter. Warn schnell die Männer im Oberdorf, ich will im Unterdorf Bescheid geben. Gottes Gerechtigkeit sei mit uns!« Bernhard stürzte davon.

»Wohin willst du jetzt?« fragte Vater Hune.

»In die Rheinauen hinüber auf die Straße nach Straßburg«, antwortete Joß, »dann wahrscheinlich weiter in die Schweiz.«

Schon während er es sagte, wurde ihm klar, daß dies viel zu gefährlich wäre und er sich nach Osten schlagen müsse. Aber er nahm die Aussage nicht zurück. Wenn man den Vater verhören würde, war es besser so.

»Verzeih, Mutter!« bat er beim Abschied. »Aber ich konnte

nicht anders. Wenn die Welt gerechter und besser ist, komme ich wieder.«

»Wir werden uns nie wiedersehn!« schluchzte Mutter Magdalen und klammerte sich verzweifelt an ihn.

»Gott segne deine Wege!« sagte Vater Hune ruhig und schlug das Kreuz über ihm.

Hans drückte ihm stumm die Hand. Dann stürzte Joß davon in den wolkenverhangenen, trostlosen Apriltag.

Vom Kirchturm her läutete es Mittag. Joß cilte von Haus zu Haus. Hinter ihm blieben Geschrei und Verwirrung. Unterwegs wurde ihm bewußt, daß er auch Bernhard Wendel in Jöhlingen warnen mußte.

Bevor er die Ungeheuerklamm hinaufkeuchte, schaute er noch einmal auf Untergrombach zurück. Im Grau des Regentages verschwammen die Umrisse von Häusern und Bäumen.

Er sah sie nie wieder.

Am Morgen desselben Tages bevölkerte fahrendes Volk die Herberge von Udenheim. Lux Rapp erkannte sofort die Gelegenheit, mehr zu erfahren. Der Zufall kam ihm zu Hilfe. Jemand fragte einen Neuankömmling: »Gut' Gesell, was hast du für ein Wesen?« Lux konnte zwar nicht verstehen, was der, vorsichtiger als der Fragende, antwortete. Aber er wußte sofort, das war der Schlüssel. Als später ein Kesselflicker ankam, lud er ihn zu einem Glas Wein und stellte mit zwinkerndem Blick die Frage. Der antwortete fröhlich: »Wir können von den Pfaffen nit genesen.« Das Gespräch kam in Gang, und bald erfuhr Lux, daß der Kesselflicker ein Sendbote des Joß Fritz aus Untergrombach war.

Als er sich am Nachmittag, diesmal allein, beim Bischof melden ließ, war Ludwig von Helmstadt schon in Aufbruchstimmung. Der Hofmeister empfing ihn, und als sich Lux entschuldigen wollte, daß ihm gestern der Name des Ursächers entfallen war, winkte der ab. Seine Meldung sei inzwischen durch eine Nachricht des Peter Nagel bestätigt worden. Der Faut sei schon in aller Frühe aufgebrochen.

Der Bischof kam mit dem Dechanten noch einmal herein, dankte Lux persönlich und ordnete an, der Hofmeister solle ihn im bischöflichen Geleit einstellen, ihm jährlich vier Gulden und ein Hofkleid gewähren.

Dann ritten sie nach Heidelberg, wo er Hilfe und Schutz beim Kurfürsten erbitten wollte, falls es zum Aufstand käme. Lux fühlte sich verspottet. Vier Gulden! Aber er nahm an. Zur selben Zeit trieb der Amtmann an die hundert Bauern über grundlose Straßen nach Bruchsal in den Kerker. Der Pfister von Burg Grombach war unter ihnen. Zu spät! Er hatte den Grimm Peter Nagels unterschätzt.

Buch
Lehen

Beginn der Flucht

Joß stieg vom Höhenforst durchs Seidental auf die Straße von Weingarten nach Jöhlingen ab. Er mußte dort sein, bevor die Reisigen des Faut den Ort erreichten. Er traf Bernhard Wendel nicht an, verständigte aber dessen Frau Agathe und verließ schnell wieder das Haus, zumal diese ihm bittere Vorwürfe machte. Auf dem Durlacher Weg eilte er aus dem Dorf. Einem Mitverschworenen, den er mit seinem Gespann beim Jetterzaun traf, flüsterte er zu: »Wir sind verraten. Der Vogt ist gegen uns ausgeritten. Ich muß fort. Leb wohl und grüß mir die andern!«

Als er in die Nähe des Muckenlochs kam und den Waldrand erreichte, drehte er, einer inneren Stimme gehorchend, nach Osten ab. Er arbeitete sich von Waldstück zu Waldstück weiter, scharf spähend, ob nicht irgendwo ein Beritt auftauchte, der seinen Weg kreuzen könnte.

Der Tag ging zur Neige. Nebel fiel ein. Büsche und Bäume näßten seine Kleider. Da kam das Bellen eines Hundes übers Feld. Dem ging er nach und stieß beim Dämmern auf den Johannestaler Hof. Hier kannte ihn niemand. Man war mißtrauisch gegen einen, der sich so weit in die Einöde verirrte. Als aber Joß betonte, er werde mit barer Münze zahlen, lenkte der Bauer ein. Sie saßen zusammen, bis der Kienspan heruntergebrannt war.

Joß konnte nicht einschlafen und warf sich unruhig hin und her. Der Kleinknecht, mit dem er die Kammer teilte, fragte ihn reichlich aus. Es war keine Alltäglichkeit, einen Schlafgenossen zu haben. Als der Knecht schließlich verstummte, wirbelte das Ungeheure dieses Tages aufgewühlt durch Hirn und Brust. Joß grübelte. Wer konnte der Verräter sein? Keinen, dem er in die Augen geschaut hatte, hielt er für so verworfen. Aber das andere! Hatte er richtig gehandelt? War es mannhaft von ihm, einfach wegzugehen und die übrigen sich selbst zu überlassen? Hätte er nicht hingehen sollen, sich stellen und damit vielleicht anderen das Leben retten? Immer wieder hörte er die weinende, klagende Stimme der Agathe, die ihn mit harten Worten aus dem Haus gedrängt hatte: Deine Schuld! Doch dann wog Joß sachlich ab. Wenn er sich stellte, gab er die Sache der Bauern verloren. Auch der Gang in den Tod konnte Flucht vor der Verantwortung sein. Und die lag höher für ihn als nur Untergrombach. Die Nachwelt gab immer denen recht, die gesiegt hatten. Aber mancher Sieg, das wußte er, war erst nach mancherlei Niederlagen errungen worden. Der Einsatz war hoch, zu hoch, als daß man schon nach einer Schlappe alles verloren geben durfte.

Deine Schuld! Deine Schuld! Meine Verantwortung vor Gott und den Bauern, setzte Joß dagegen. Er beruhigte sich. Gewaltig war die Last, die er sich aufgeladen! Er war bereit, sie zu tragen. Er habe viel geredet in der Nacht, sagte der Kleinknecht am Morgen. Joß beruhigte ihn, das Irren im Wald und der Nebel … Was er denn gesagt habe, wollte er dann wissen. Er habe zweimal »Agathe!« gerufen. Doch als der neugierige Junge mehr wissen wollte, wimmelte Joß ihn ab.

»Träume kommen von weit her und sind nicht immer unser Leben«, belehrte ihn Joß, »sie fallen uns zu und fallen ab ins Vergessen. Nur Propheten können ihren Sinn ergründen.« Da gab der sich zufrieden.

In der Nacht hatte der Regen den Nebel abgelöst. Der Bauer hatte Vertrauen gefaßt und lud Joß ein zu bleiben, da man bei diesem Wetter keinen Hund vors Haus jage.

Nachmittags hörte der Regen auf. Joß zahlte und ging. Er nahm den Weg durch den Großen Wald, blieb oberhalb des Löwengrundes. Hinter sich im Westen sah er bereits erneut schwarzes Gewölk aufziehen. Noch ehe das Aprilgewitter über ihn hereinbrach, sprach er im ersten Hof von Heimbronn vor und konnte am nächsten Morgen bei strahlendem

Sonnenschein entlang dem Rand des Birkigwaldes den Hagsberg erreichen. Es galt System in seine Flucht zu bringen. Vor allem mußte er durchgehende Straßen meiden, Handelswege. Sie entlang und in den Herbergen der Städte und Dörfer würde man zuerst nach ihm suchen. Hatte er sich zunächst vom Rhein nach Osten abgesetzt, so wollte er sich nun doch wieder nach Westen wenden. Es war ihm eingefallen, daß ein Vetter seiner Mutter in Malsch eine Mühle betrieb und der sich seiner erinnern würde. Dort hoffte er ein paar Tage zu verweilen, bis er Näheres aus Untergrombach gehört hatte. Es konnte nicht sehr weit bis dort sein. Andere Wege dahin kannte er gut. In Langensteinbach riet man ihm des Wetters wegen vollends ab, so blieb er zu einer weiteren Verschnaufpause in Spielberg bei einem reichen Bauern über Nacht.

Von den Vorgängen am Bruhrain war dort nichts bekannt; daraus schloß er, daß hier in der Gegend nicht nach ihm gefahndet würde. Er hatte zur Vorsicht die linke Hand mit einem Tuch verbunden, damit niemand das verräterische Muttermal erkennen konnte. Man glaubte ihm die schlecht heilende Wunde eines türkischen Krummsäbels.

Bei regennassem Wetter brach Joß am nächsten Morgen auf und gelangte zum Mittagsläuten nach Malsch. Er wagte nicht, einen seiner einstigen Mitverschworenen aufzusuchen – er war für alle eine Gefahr –, sondern ging auf Umwegen zur oberen Mühle.

Vater Weyden betrieb das Handwerk schon in der dritten Generation. Sein Enkel, der noch in der Wiege lag, sollte es ihm gleichtun. Er hatte Joß bei einem Besuch in Untergrombach als Kind einmal gesehen und freute sich über dessen stattliche Erscheinung. Er empfing ihn freundlich, hieß ihn in seinem Haus willkommen, bot Joß eine Kammer im Obergeschoß der Mühle, bat ihn aber, sich nicht zu zeigen. Er habe von den Vorgängen am Bruhrain gehört und wisse, daß ein hohes Kopfgeld für Joß ausgeschrieben sei. Der Schultheiß Martin Becker ließe nicht mit sich spaßen. Für ein paar Tage ginge es schon, aber dann ... Viel Volk komme und gehe in einer Mühle, und mancher Nichtsnutz wolle sich gern einen solch dicken Batzen verdienen. Meisterin oder Magd würden ihn mit dem Notwendigsten versorgen.

Am Feierabend kam der Müller zu Joß in die Kammer. Sie unterhielten sich lange, und Joß legte seine Gedanken dar. Stets nickte der Müller beifällig, das sei alles recht und gut, und er sei derselben Meinung. Aber schließlich habe er die Mühle. Auch sei das Unternehmen noch zu riskant. Er halte die Zeit noch nicht für gekommen. Schließlich liege sein Enkel Walter unten in der Wiege, und der solle nicht eines Tages irgendwo im Ungewissen enden. Dann ließ er Joß allein. Seinen Worten war deutlich zu entnehmen, daß der Flüchtige hier keine bleibende Stätte finden konnte. Das hatte Joß auch nicht erwartet, aber es zu hören tat doch weh. Die Kammer hatte keinen Ofen. An der Innenwand jedoch ging der Kamin hinauf, so daß sie leicht überschlagen war. An dieser Wand lehnte Joß und sah hinaus in den grauen Aprilhimmel. Unter ihm schlug das Herz der Mühle. Das Knirschen der Zahnräder und das schwere Reiben des Läufers auf dem Bodenstein übertrugen sich auf den ganzen Bau. Später wurde das Triebwerk abgestellt, und nur das Wasser plätscherte noch tief unten. Joß war, als höre er die Zeit rauschen, ohne Halt, ohne Maß, ohne Sinn.

Der nächste Tag war ein Sonntag: Misericordia Domini. Der Müller ging mit der Familie zur Kirche, nur der Altknecht blieb zurück. Der schleppte sich mühsam zu Joß hoch. Er sei gestern abend auf einen Trunk im »Hirschen« gewesen und habe dort neben einem flüchtigen Bauern aus Jöhlingen gesessen, der ihm vom Bruhrain erzählt habe. Als Joß nach dessen Namen fragte, zuckte der Alte die Schultern. Der habe seinen Namen nicht genannt. Einen, der auf der Flucht sei, frage man auch besser nicht danach. Aber er habe einiges erfahren. Die Amtleute des Bischofs hätten hundert Bundschuher festnehmen lassen, der Pfalzgraf nicht ganz soviel. In Kißlau, Bruchsal und Udenheim habe man die Kerker mit ihnen gefüllt. Die Folterknechte leisteten Übermenschliches, und ein gutes Dutzend der Männer müsse mit der Vierteilung rechnen. Die Prozesse liefen ohne Unterlaß. Soviel habe er erfahren.

Joß trat von einem Fuß auf den andern. Malsch, das fühlte er, war ein sehr heißes Eisen für ihn. Wenn der Knecht so unverhohlen kam, ihn zu warnen, war sein Aufenthalt bekannter, als er vermutet hatte. Er dankte dem Knecht, der bald wieder ging. Joß hatte zuvor noch gefragt, ob sein Name auch gefallen sei. Der Knecht bejahte, aber man wisse nur, daß er verschollen sei, und tappe völlig im dunkeln.

Den Nachmittag verbrachte Joß in der Familie des Müllers. Der gab sich ungezwungen und redselig. Er erinnerte sich gern an seine Base, die in jungen Jahren ein hübsches, fröhliches Mädchen gewesen sei und dann nach Untergrombach geheiratet habe, was mit einigen Schwierigkeiten verbunden gewesen sei von wegen der herrschaftlichen Zuständigkeiten. Er habe dann selbst die Mühle übernehmen müssen und sei seitdem nicht mehr aus dem Dorf gekommen.

Als sie beim Abendessen saßen, ritt ein Junker von Waldenfels in den Hof und schickte seinen Reitburschen ins Haus, nach dem Müller zu fragen. Der erblaßte und gab Joß ein Zeichen, sich schnell in seine Kammer zurückzuziehen. Joß war kaum nach oben außer Sicht, als es an die Stubentür pochte. Der Bursche teilte den Auftrag des Junkers mit, der Müller solle am nächsten Morgen beim Klosterkeller sechs Malter Korn abholen und das Mehl in drei Tagen auf der Burg abliefern. Der Markgraf wolle dort mit seinen Freunden eine Jagd abhalten. Der Müller ging hinaus, den Junker zu begrüßen. Der befahl ihm noch, dem Schultheißen, den er nicht angetroffen habe, zu bestellen, daß das Dorf Malsch zur Niederjagd sechzig Treiber abzuordnen habe. Dann ritt er davon.

Als am Abend der Müller zu Joß in die Kammer kam, ohne sein Anliegen sogleich vorzutragen, sagte Joß ohne Umschweife, er habe verstanden.

»In den nächsten Tagen werden von den Spielfinken herab Jagdhörner und Hundegebell zu hören sein und Knechte und Junker das Dorf unsicher machen. Es ist besser … Aber wo willst du hingehen?« fragte der Müller besorgt.

»Morgen früh, sehr früh«, antwortete Joß, »weit, weit in die Wälder.« Der Müller drückte ihm beide Hände. Ein kurzer Abschied. Joß streckte sich aufs Lager.

»Den Aufstand«, sagte er halblaut vor sich hin, »konnte ich planen. Die Niederlage kommt über mich wie ein Hagelsturm.« Er warf sich hin und her. Die Decke hielt warm. Das beruhigte. Trotzdem konnte er nicht einschlafen. Sollte der Bauer aus Jöhlingen Bernhard Wendel gewesen sein? Suchte Bernhard nach ihm? Vielleicht hätte er einen Treffpunkt nennen sollen, aber hätte er damit nicht Agathe belastet? Man war so allein, getrieben von unsagbarer Unruhe. Jeder Tag ein erster und jeder Tag ein letzter. Jeder Tag ein neuer Abschied und jeder Tag ein anderer Abschied. Sollte das sein Leben sein?

Gegen Morgen träumte er. Bernhards Frau Agathe stand über ihm und deutete mit spitzem Finger auf sein Herz.

»Du! Du!« rief sie, und ihre Stimme war scharf wie ein Richtschwert. Er lag wie gebannt und konnte sich nicht rühren. Ihm war, der ausgestreckte Finger wolle ihn durchbohren. Da löste eine sanfte Stimme aus dem Hintergrund die Spannung.

»Er gehört mir!« Und dann schob Mechthild Agathe zur Seite und zog ihn zu sich empor. Sie trug wieder jenes goldgelbe Kleid, darüber den hellen Mantel der Zisterzienserinnen. Joß erwachte. Eine Weile sann er im Dunkel seinem Traum nach. Dann wurde ihm klar, was er bedeutete. Nicht weit von hier mußte Kloster Frauenalb liegen. Dorthin hatte man Mechthild geschickt. Vielleicht hatte auch sie sich seiner im Traum erinnert. Auch Nonnen haben Träume. Sein nächstes Ziel war Frauenalb! Daß er nicht früher darauf gekommen war!

Er schlief nicht mehr ein, setzte sich auf seinem Lager auf und starrte eine Weile vor sich hin. Unten rauschte die Zeit: das Wasser des Mühlbachs. Dann machte er sich fertig. Die Dämmerung konnte nicht mehr weit sein.

Da klopfte es an der Tür. Die Magd brachte ihm eine dampfende Suppe, stellte eine Kerze zurecht und holte, als er schon beim Essen war, Brot und Würste nach, die sie sorgfältig in ein Tuch wickelte. Joß bewunderte die zarten, schmalen Hände, denen man die harte Arbeit in der Mühle nicht ansah.

Sie erinnerte ihn … Es schüttelte ihn. Schnell ergriff er die schlanken Finger und küßte sie zum Dank. Die Magd errötete und ging langsam zur Tür, lächelte noch einmal zurück und zog sie behutsam hinter sich zu.

Joß trank die restliche Suppe aus der Schüssel, stand auf, verstaute das Bündel mit Brot und Wurst im Mantelsack, warf den Mantel über. Vorsichtig, daß die Dielen nicht knarrten, ging er zur Tür, stieg leise die steile Treppe hinunter und verließ unbemerkt das Haus.

Es dämmerte bereits über den Dächern. Er ging am Stall vorbei über den Hof zur Straße. Aus der offenstehenden Tür drang warmer Stallgeruch. Die Magd saß auf dem Melkschemel, den Eimer zwischen den Knien und winkte zu ihm herüber. Joß winkte zurück. Dann trat er durchs hintere Tor hinaus auf den Weg, der zum Wald führte. Vom rauschenden Mühlbach her grüßte ihn noch einmal die Zeit.

Vorbei! Ein Strahl Morgensonne auf der nebligen Straße der Flucht.

Frauenalb

Schon bald in der Frühe war Joß bei einem Fuhrmann aufgesessen, der von Malsch über Freiolsheim nach Moosbrunn unterwegs war. Er wollte am Lindenbrunnen Wasser holen, das der Bader seiner Frau gegen das Podagra verschrieben hatte. Er erklärte Joß den Weg. Er solle die Moosalb abwärts bis zur Mühle gehen, nach Überqueren der Moosalb den Bauweg am Mittelberg zu den Höfen und vom Bach aus wieder nach dem Metzlinschwander Hof hinauf durch den Klosterwald, den Fahrweg entlang weiter. Unten sehe er dann schon das Kloster liegen. Übrigens Klosterwald. Ob er schon vom Schweinekreuzzug der Frauenalber Nonnen gehört habe? Das müsse er ihm erzählen. Es sei eigentlich etwas zum Lachen, wenn es nicht ein so trauriges Ende genommen hätte. Als Joß zur Eile drängte, meinte er, na dann ein andermal.

Sie waren am Brunnen. Der Bauer hielt an. Joß schlug dem verschmitzten Graubart auf die Schulter, dankte fürs Mitnehmen um Gotteslohn und ging raschen Schrittes dem Moosbachtal zu. Das lag noch in leichtem Nebel, doch über ihm blaute ein wolkenloser Himmel und versprach einen schönen Tag.

Er sah versonnen vor sich hin. Erinnerungen wollte er beschwören und Abschied nehmen von einem Traum, einem Teil seines Lebens, der ihn verwandelt hatte, abgehoben in eine andere Wirklichkeit. Seine Gedanken verloren sich an jenen Juniabend, weit zurück. Er hatte auf der Fritzwiese in Obergrombach, die sich am Vorderen Hickberg hinzieht und seinem Onkel gehört, Heu gemäht und sich dort am Brunnenstüble vor dem Heimweg zur Rast ins Gras gelegt und den Wolken nachgesehen. Mit einemmal hatte die Stimme eines Engels gesungen, glockenhell und jubelnd. Ein Lied, das er nicht kannte. Joß hatte sich die Augen ausgewischt. Träumte er? Gab es doch diese Märchengestalten, von denen Mutter Magdalen und die Muhme ihm einst erzählt hatten? Er hatte schnell die Augen wieder geschlossen, um sich ganz dem Traum hinzugeben. Da hatte das Bellen eines Hundes ganz in der Nähe ihn aufhorchen lassen. Aber eine zarte Mädchenstimme hatte das Tier zurückgerufen, und Joß war aufgestanden, um zu sehen, wer da so spät auf dem Weg zum Brunnen wäre. Da hatte er im Gegenlicht der späten Abendsonne das hellgelbe Kleid erkannt, mit dem ein leichter Wind spielte, darüber das zarte, blasse Gesicht mit den großen, hellen Augen, umrahmt von einem Kranz dunkelbrauner Flechten.

Er hatte dieses Mädchen noch nie gesehen, und ihre Erscheinung überkam ihn wie eine Offenbarung.

»Er wird dir nichts tun«, hatte sie beschwichtigend gesagt,

»Hasso hört mir aufs Wort.« Dennoch hatte sie die Leine kurz genommen. »Wer bist du?« hatte Joß gefragt.

»Mechthild«, hatte sie geantwortet, »und ich bin zu Besuch auf der Burg für ein paar Wochen, bevor ich ins Kloster der Zisterzienserinnen in Frauenalb eintrete.«

»Ist das nicht hart«, hatte Joß wissen wollen, »einem erst noch einmal die ganze Freiheit zu zeigen, bevor man ihn in Ketten legt?« Aber sie war ausgewichen und hatte zurückgefragt: »Und wer bist du?«

Er hatte sich verneigt, wie er es bei vornehmen Herren gesehen hatte, und dann gesagt: »Joß Fritz, Sohn eines Leibeigenen des Bischofs.« Dann hatte er sich aufgerichtet, als sei er ein König.

»So haben wir das gleiche Schicksal«, hatte Mechthild festgestellt. »Auch ich werde bald leibeigen sein, obwohl die Nichte des Grafen Eberstein.«

Dann hatte Joß die Sense geschultert, und nebeneinander waren sie eine Weile durch die Wiesen gegangen, Hasso immer ein paar Schritte voraus, bis ihre Hände sich wie zufällig und doch selbstverständlich gefunden hatten und ineinander ruhten.

»Sing noch einmal!« hatte Joß gebeten. Aber sie hatte leicht den Kopf geschüttelt: »Es jubelt nichts mehr in mir.«

Schweigend war sie weitergegangen und bald bei der Burg, wo ihr Weg endete.

Acht Tage lang hatten sie sich beim Brunnen getroffen. Aber dann war er allein geblieben, drei Abende lang bei blutrotem Sonnenuntergang. Am Brunnenrand hatte er gesessen, Wasser geschöpft und sich die Schläfen gekühlt, dabei auf die Stimme gewartet, die vom Hochwald her kommen mußte. Vergebens! Am vierten Tag, einem Sonntag, hatte der Pfister der Burg, der aus Untergrombach stammte und mit ihm die Messe besucht hatte, Gruß und Nachricht überbracht. Was war geschehen? Einer der Pferdeknechte hatte die beiden beobachtet, Abend für Abend, dann dem Burgvogt, Herrn Dietrich Wegwart, davon berichtet. Der hatte, um Vorwürfen des Grafen zu entgehen,

Mechthild mit sicherem Geleit nach Schloß Eberstein zurückgebracht.

Von dort war sie, früher als geplant, nach Frauenalb weitergeleitet worden.

Es mußte dabei Mißhelligkeiten mit dem Faut am Bruhrain, Peter Nagel von Dirmstein, gegeben haben, denn der Burgvogt hatte bald darauf seine Ämter zur Verfügung gestellt, während der Faut geblieben war und Joß jetzt auf den Fersen war.

So war seine Jugend zu Ende gegangen.

Sommer, Herbst und Winter hatte Joß getrauert wie um eine Tote. Dann hatte er das Handgeld genommen und war gegangen.

Auf dem Weg ließ Joß sich Zeit. Er wollte zur Non beim Kloster sein, wenn in der Kirche Hymnen und Psalter gesungen wurden. Er rastete am Metzlinschwader Hof, verschwatzte einige Zeit mit einem alten Knecht, der das Gnadenbrot auf dem Hof erhielt, und machte sich wieder auf den Weg talabwärts. Er ging zögernd, fast verhalten. Die Schwermut seines Herzens zeichnete jede Bewegung des Körpers. Spannung und Erwartung beunruhigten seine Seele. Und dabei wußte er doch, daß am Ende die Enttäuschung stand, die Ernüchterung. Trotzdem wollte er sich dem Wahn hingeben, dieser Stimme noch einmal zu begegnen, um Abschied zu nehmen. Unter tausend Stimmen, dessen war er gewiß, würde er diese Stimme heraushören, sie gleichsam einatmen und den Atem anhalten, um sie nie mehr zu verlieren.

Im Wald war reges Leben. Frühlingsgezwitscher füllte das Tal. Er blieb stehen. An seine Gesellen hatte er noch nicht gedacht, für die er täglich fünf Vaterunser betete. Jetzt standen sie vor ihrem Richter, vielleicht sogar schon vor dem Henker oder Scharfrichter. Warum mußte er gerade jetzt an sie denken, wo er auf dem Weg zum Kloster war? Zwei Klänge durchwühlten ihm Herz und Seele: das Brausen des großen Sturmes, den er selbst entfacht hatte, und die glockenhelle Stimme jenes Engels, der sein Leben verändert hatte, aufgerüttelt, und dem er für wenige Stunden hatte nahe sein dürfen. Die Wiederbegegnung würde seine wunde Seele nicht heilen, aber ihm bestätigen, daß alles kein Traum gewesen war, daß es eine Wirklichkeit geben mußte, die Ketten sprengte und Getrenntes vereinte. Als er bei zager Sonne aus den Stämmen des Hochwaldes trat und über die Fichtenschonung hinweg unten im Albtal die Türme der Klosterkirche aufragen sah und die übrigen Gebäude darum versammelt hinter der schützenden Mauer, drang langsam und leise der Klang einer Orgel empor und füllte mehr und mehr das Tal, je tiefer er kam. Bald hatte er die Klostermauer erreicht. Ein wenig am Hang hoch konnte man darüber sehen. Außerhalb der Kirche war alles Leben erstorben. Kein Hämmern in den Werkstätten, kein Wiehern in den Ställen. Nur vor dem Siechenhaus saß eine alte Nonne und sonnte sich. Schweres Pelzwerk lag über der hellen Kutte.

Joß kletterte am Hang noch ein wenig aufwärts, setzte sich auf einen Baumstrunk und lauschte dem Klang der Orgel. Dann setzte das Spiel in der alten Basilika aus. Der Chor der Nonnen nahm schwebend die letzten Akkorde auf, schwoll zu jubelndem Crescendo, das der Wald auffing und ins Tal zurückschickte, wo es nach Norden und nach Süden hin über den Wiesen verklang. Joß lauschte gespannt. Aus dem großen Chor glaubte er da eine Stimme herauszuhören, jubelnd wie über dem Wiesenhang am Hickberg und doch mit leiser Melancholie. Er hielt die Hand vor die Augen, sah das gelbe Kleid, die braunen Flechten, das zarte Gesicht mit den hellen Augen. Da brach der Chor plötzlich ab. Eine zarte Stimme sprach, sang ein paar Takte vor, rief die Orgel zurück und ließ den Jubel wieder anschwellen. Sie übten.

Joß erwachte erst wieder aus seinen Träumen, als es ganz still war und die hellen Kutten im Aprilwind wehten. Nach allen Seiten strömten sie aus der Kirche, um ihr Tagewerk zu vollbringen. Die einen zierlich und schnell, die anderen geruhsam und matronenhaft. In den wehenden Gewändern waren weder Gestalt noch Gang der Einzelperson zu erkennen, von Gesichtszügen ganz zu schweigen. Und Joß begriff, mehr an Glück konnte er sich nicht erhoffen. Sicher hatte er sie gehört, vielleicht auch gesehen, aber sie war eine Stimme im großen Chor, die für ihn sang, mag sein auch betete, die wie er eine große Erinnerung in sich trug und nicht wissen konnte, daß er hier einmal gelauscht hatte.

Joß stand auf, schüttelte die Tannennadeln aus den Schlitzen der zerhauenen Hose und kletterte zum Weg zurück. Die kleine Pforte, die zum Wald herausführte und wohl für Klosterknechte oder gemeinsame Flurgänge gedacht war, lag dunkel mit regennaßem Holz hinter dem gekehlten, blassen Sandsteinbogen, der noch aus der Zeit der Klostergründung stammte. Unten, zur Linken, glänzte die Alb im Wiesengrund, ein schneller silberner Streifen. Birken, vereinzelt, und viele Erlen säumten das Ufer. Das Tal stieg leicht an. Haselbüsche begleiteten seinen Weg am Waldrand hin.

Ein Sandsteinfels ragte aus der Wiese, zu groß, als daß die Klosterknechte ihn hätten wegräumen können. Zur Waldseite hin wucherte zartgrünes Moos. Joß erkletterte den Stein und ließ sich nieder. Alle Hast der Flucht war von ihm abgefallen. Er fühlte sich frei und unerreichbar. Das Kloster, noch keine halbe Stunde Wegs in seinem Rücken, verging im Dunst. Er machte sich wieder auf den Weg. Lange schaute er sich noch um. Er hatte Zeit. Herrenalb konnte nicht mehr weit sein. Nach Süden hin hörte er talaufwärts Axtschläge und Stimmen. Er holte seine behelfsmäßige Karte aus der Tasche. Sein Finger suchte Gernsbach. Das machte den heutigen Besuch erst voll und gültig, das war er Mechthild schuldig. Dann erst war Vergangenes endgültig vergangen. Er setzte seinen Weg fort und war sich wieder sicher, daß es sein Weg war, einerlei, auf welchen Straßen er ihn zu welchen Menschen führen würde.

Das Kloster war nicht mehr zu sehen. Etwas Helles schimmerte in den Ästen des Buschwerks vor ihm. Der Wind hatte ein feines Spitzentuch – sie nannten es Fazilettlein und war mit der italienischen Mode ins Land gekommen – ins hohe Geäst verweht. Joß zog sein Schwert, bog die unteren

Äste auseinander und köpfte die Krone mit gezieltem Schlag. Ein goldener Faden durchzog die Spitze des feinen Gewebes. Der eingestickte Name war nicht mehr zu erkennen, verwaschen und verwittert. Es war noch feucht vom Tau der letzten Nacht oder von Tränen, die nicht trocknen konnten. Joß empfing es als Geschenk, steckte es in seinen Mantelsack. Dort sollte es bleiben für immer. Keiner sollte es sehen. Unendliche Begegnung mit Frauenalb.

Das Gestrüpp wucherte jetzt den Wiesenhang abwärts, so daß der Bach nicht mehr zu sehen war. Unterhalb des Weges schimmerten aus den Zweigen die bemoosten Dächer zweier Heuschuppen. Joß blieb stehen. Die Versuchung war groß, hier in der Nähe des Klosters eine Nacht zu verträumen. Aber dann mußte es schwerfallen, am nächsten Tag Eberstein zu erreichen, und schließlich wollte er keinen Tag länger im Bistum Speyer verweilen, als unbedingt notwendig war. Von Eberstein aus gedachte er nach Südosten zu gehen und enzaufwärts das Bistum Konstanz zu erreichen. Die Enz, das war das Zeichen der Grenzüberschreitung, wie er es einst seinen Gesellen in Untergrombach gesetzt hatte.

Er hatte die Kullenmühle erreicht und bald die hochragenden Sandsteinfelsen des Falkensteins über sich. Dann sah er das Kloster Herrenalb und ging geraden Wegs darauf zu. Er klopfte an der Pforte, und als man ihm auftat, bat er um ein Mahl, da er auf dem Weg nach Eberstein sei.

Er saß am Gästetisch der Gesindestube gegenüber. Der Laienbruder fragte ihn, warum er seinen Handschuh nicht ausziehe, die Stube sei doch gewärmt. Die Hand trage ein Wundmal aus der letzten Schlacht, redete sich Joß heraus, das beim Essen unangenehm anzusehen wäre. Dann stand er auf, dankte und wollte gehen. Wo er denn zur Nacht bleiben wolle, fragte der Bruder teilnahmsvoll. Er werde in Loffenau erwartet, antwortete Joß, und finde den Weg auch bei Nacht.

Er atmete tief, als die Pforte sich hinter ihm schloß. Er mied die Straße, ging das Albtal hoch am Bach aufwärts. Bei einem Brunnen am Waldrand, wo die Alb eine Inselaue bildet und von Westen her einen Seitenarm aufnimmt, traf er einen alten Mann, der erschöpft auf einem frischgeschlagenen Stamm rastete. Es war der Altmüller von der Plötzsägemühle, der seit Jahren eine Wunde am Bein hatte, die ein herabstürzender Balken ihm geschlagen hatte und die nicht heilen wollte. Von Zeit zu Zeit ging er zu den Mönchen von Herrenalb, die Salben und Öle verabreichten und die Wunde fachmännisch verbanden. Aber der Weg fiel ihm immer schwerer, und in der Mühle hatten sie keine Zeit, ihn zu fahren.

Joß half ihm auf die Beine, hakte ihn unter und führte ihn langsamen Schrittes weiter. Beim Untergang der Sonne erreichten sie die Mühle, die schon im Dunkel der Talschatten lag. Das Mühlrad stand still, das Wasser plätscherte aus der zur Seite geschobenen Rinne als ellenbreiter Wasserfall daran vorbei. Man hatte sich in der Mühle schon Sorgen gemacht um den alten Großvater. So fand Joß freundliche Gastgeber und ein trockenes Lager in der Knechtekammer. Auch diese Nacht war klar und kalt.

Als er früh aufbrach, fragte er zunächst nach dem Weg nach Loffenau, bog aber dann bewußt links ab und hielt an den Hängen entlang auf Lautenbach zu. Er sah über sich die Höhlen des Großen Lochs, wo, wie der Sägemüller ihm erzählt hatte, noch vor wenigen Jahren Bären gehaust haben sollen.

Bei Scheuern erreichte er das Murgtal und wandte sich stromauf nach Süden. Im Westen vor ihm lag im Licht der Morgensonne Schloß Eberstein. In kerzengeraden Reihen zogen die Weinreben den Hang empor bis an die Mauern der Burg. Joß blieb stehen. Aus einem dieser Fenster hatte Mechthild heruntergeblickt ins Tal und auf die Wälder und Berge. Sie hatte davon erzählt. Ihr Name war abgeschrieben dort oben. Das Leben ging weiter ohne sie.

Im Murgtal war reges Treiben. Berittene kamen vom Schloß herunter und zogen nordwärts. Kaufleute waren mit ihren Wagen unterwegs, Bauern dazwischen, die zum Markt fuhren. Und wie auf allen großen Straßen, Landsknechte, die im

Frühling einen neuen Herrn suchten. Man hätte untertauchen können in diesen Gruppen. Aber für wie lange?

So wandte sich Joß bei Hilpertsau wieder nach Osten, am Schöllkopf vorbei dem Hohloh zu. Er wollte enzaufwärts das Bistum verlassen. Erst jetzt fühlte er sich frei zur Flucht. Er konnte weitergehen wohin er wollte. Unwillkürlich sang er ein Lied vor sich hin. »… entlang der silbernen Enz …« Aber der Weg war steil, und der Atem ging ihm aus. Schneereste wuchsen im Wald zusammen, je höher er kam. Bald stapfte er knöcheltief durch eine dichte Decke bergauf. Er ahnte den Weg mehr, als daß er ihn fand. Spuren von Jägern und Hunden begleiteten ihn streckenweise, bogen rechts oder links wieder ab und verloren sich im Hang. Er mußte über die Höhe. Im Stehen griff er einen Ranken Brot aus der Tasche. Die Vorräte wurden geringer. Man mußte haushalten.

Die Bäume waren schon freigeweht, das Moor jedoch fest zugefroren. Der See lag als glatte Schneefläche vor ihm. Wieder kreuzten Wildwechsel seinen Weg, Hirsche und Sauen, dann auch Menschentritte und Hundespuren. Jäger? Wilderer? Einerlei! Es erleichterte das Gehen, einer vorgetretenen Spur zu folgen. Die führte nach Osten bergab und erreichte eine Wiese, über die ein Fahrweg gehen mußte, auf dem vor nicht allzulanger Zeit Schlitten und Reiter dahingezogen waren. Jetzt aber war kein Laut zu vernehmen. Die Jagdgesellschaft schien nach Norden weitergeritten zu sein. Er kreuzte ihre Spur und erkannte am Waldrand eine kleine Hütte. Dort hatte man irgendeinmal gerastet. Er verscheuchte alle Bedenken. Von Jägern drohte sicherlich keine Gefahr. Die lebten jenseits des Alltags in der Einsamkeit ihrer Wälder. Nur manchmal kamen Fürsten oder Herren zu Besuch, wie jetzt in Malsch.

Joß ging auf die Hütte zu. Die Knie zitterten ihm vom anstrengenden Stapfen im Schnee. Die Tür war nur verriegelt. Als Joß sie öffnete, kam ihm der kalte Geruch von erstorbenem Holzfeuer, von Schweiß und gebratenem Fleisch entgegen. Er ließ die Tür ein wenig geöffnet, damit Licht einfallen konnte, setzte sich auf die Bank und schlief ein.

Hundegebell weckte ihn, das von der Höhe aus dem Wald näher kam. Aber die Reiter ließen die Hütte unbehelligt liegen und ritten dem Enztal zu bergab. Rufen und Hundegebell erstickten bald im einsetzenden Schneefall. Joß atmete auf.

Es zog von der Tür her, aber Joß schloß sie nicht. Er wollte sich in der Hütte umsehen, ob die Männer etwas zurückgelassen hatten, woraus man schließen konnte, daß sie irgendwann wiederkamen. Es dämmerte schon, und an ein Weitergehen war nicht zu denken. Joß stocherte ein wenig in der Asche, fand noch Glut und trocknes Holz, von dem er feine Späne schnitt, die er durch Blasen zum Brennen brachte. Dann holte er draußen Scheite, die unter einem Schilfdach trocken gestapelt waren, legte nach und fühlte bald die wohlige Wärme. Vergessen hatten die Männer einen frisch erlegten Hasen, den er draußen neben einem Hackklotz fand. An der Wand hing eine alte Pfanne, mit der schöpfte er unberührten Neuschnee, brockte eine Scheibe Brot hinein und stellte sie auf die Feuerstelle. Die warme Suppe stärkte. Am nächsten Tag wollte er den Hasen im eigenen Saft braten. Wenn er die Portionen einteilte, konnte er ein paar Tage auskommen, falls das Wetter überm Land so weitertobte. In einer Ecke der Hütte lag ein Bündel Stroh. Er schob Tisch und Bank zur Seite und richtete sich ein Lager, legte noch einige Scheite Holz in den gemauerten Ofen, dessen Steine die Wärme für Stunden speicherten, zog den Mantel über sich und schlief ein.

Gegen Morgen schlugen Wind und Wetter um. Regen trommelte gegen die Hütte und wusch den Schnee hinweg. Trotzdem lud nichts zum Aufbruch ein. Es regnete zwei Tage lang, und Joß blieb. Die Wolken hingen dicht im Wald, der schwarz und düster über der Hütte stand. Das anfängliche Gefühl des Geborgenseins in den kahlen Wänden löste sich langsam auf, durchlöchert von der aufsteigenden Einsamkeit, die anfing, ihn auszuhöhlen. Er hatte schon etwas von einem Einzelgänger, aber Einsiedler war er nicht. Man brauchte die Menschen, wenn man lange genug seinen Gedanken nachgegangen war.

In Malsch hatte er einiges gehört von Verhaftungen und dem Warten auf Prozesse. Doch das war nur die halbe Wahrheit und keine beruhigende obendrein. Hatten sie ihn verraten und den Bundschuh abgetan? War sein Zögern um der Fahne willen die Schuld, die er zu tragen hatte? Was war aus Vater, Mutter und dem Bruder geworden? Schließlich: Was sollte aus ihm werden? Aufgeben konnte er nicht, den Gedanken der göttlichen Gerechtigkeit konnte er nicht verraten. Es ging nicht um persönliches Glück, es ging um seinen Auftrag!

Auch die dritte Nacht endete in der Hütte. Es regnete nicht mehr. Joß schlüpfte in die Stiefel. Das Leder war hart und spröde geworden. Man hätte Talg gebraucht, um es zu kneten. Er aß den letzten Kanten Brot und dachte an die Mühle. Dann wusch er Hände und Gesicht mit dem Wasser aus der Dachtraufe und war bereit. Er freute sich des Aufbruchs. Die Tage der Ruhe hatten ihm Kraft gegeben, doch das rauchschwarze Holz der Wände ödete ihn an. Das Feuer war heruntergebrannt. Kälte kroch durch die Tür herein. Er hängte Schwert und Mantelsack über und ging in den Morgen. In der Tasche raschelte das Papier mit den Ortsnamen, seine Karte. War er schon jenseits des Bistums Speyer? Er hatte keine Grenzen einzeichnen können. Wer konnte das auch bei dieser Verworrenheit der Besitztümer! Ziel konnte vielleicht der Bodensee sein. Der grenzte an die Schweiz. Man konnte Verbindungen herstellen, Anregungen bekommen, Zuspruch und Hilfe.

Der Schnee war bis auf Verwehungen am Wegrand weggetaut, doch Nachtfrost hatte den Boden glatt gemacht, daß man leicht fallen konnte, zumal es bergab ging. Die Wolken, die am Berg hingen, drängten mit dem Weg abwärts ins Tal. Dann und wann flog im Nebel schreiend ein Vogel vor Joß auf. Das Wasser, das am Weg sprudelte, suchte den Rombach, der in die Enz mündete. Das Tal war versunken in dichtem Nebel, der von den Bergen floß. Joß wandte sich nach Süden talauf und erreichte gegen Abend die Höfe von Gompelscheuer, die zum Enzklösterle gehörten. Als die

Bäuerin hörte, er wolle für die Übernachtung zahlen, richtete sie ihm sogar ein Bett in der Kammer.

Der Altknecht war nicht sehr gesprächig, doch vor dem Einschlafen erzählte er Joß, daß er in Wildbad Reisige getroffen habe, die einen feinen Herrn dorthin geleitet hätten und jetzt durch Dörfer und Täler streiften. Man suche einen Bundschuher vom Bruhrain, der sich, wahrscheinlich als Landsknecht verkleidet, in der Gegend herumtreiben solle. Aber er würde keinen verraten, wie hoch auch das Kopfgeld sei. Schließlich hätten die Bauern recht, wenn sie aufmuckten. Sicherlich hatte das eine Warnung sein sollen. Trotz der Sympathie für die Sache der Bauern schwieg Joß. Er hatte verstanden und war gewarnt.

Ihm war klar, wie gefährlich große Straßen und Städte für ihn sein mußten. So brach er am nächsten Morgen nach Westen auf, zurück in die Einsamkeit der großen Wälder. Durch sumpfige Wege der Hohmüsse überquerte er die Hochfläche und stieg wieder ins Murgtal hinab, das er bei Schönmünzach erreichte. Die ganze Wucht seines Auftrags schleppte er mit sich, die ihm Herz und Kopf sprengen wollte. Dieses Treiben, kreuz und quer durch Lande und Wälder: Es lag ihm eigentlich nicht! In ihm lag ein Keim zum Seßhaftwerden. Aber davor hatte Gott ein hohes Ziel gesetzt, auf das er im Zickzackkurs zusteuerte.

Er überquerte die Murg und die von Westen einmündende Schönmünz und zog mit einer Rotte von Flößern bachaufwärts. Von ihnen erfuhr er, daß am Wildsee ein Einsiedler wohnte, fernab aller Menschen, tief unten am Wasser, eingekreist von Bergen und Wäldern. Das konnte sein Ziel sein. Die Männer zogen die Schifferstraße weiter nach Langenbach.

Joß übernachtete in Schönmünz bei einem Bauern, und da starker Regen einfiel, blieb er sogar über Sonntag. Er ging dem Bauern bei kleinen Arbeiten zur Hand. Als es dann am Sonntag mittag aufklarte, machte sich Joß wieder auf den Weg. Der schlängelte sich am Osthang des Münztals zunächst nach Süden, in scharfen Windungen durch Seitentäler, bog schließlich nach Westen ab und zog sich vom Nordhang des Dürrenbergs durch das Sauloch zum Pfälzerkopf hin.

Als er das tief eingeschnittene Sauloch durchquerte, wurde es plötzlich finster im Wald. Er hatte die Schwüle empfunden, jetzt zeigte fernes Grollen das Gewitter an. Das brach bald herein, und von der Schlangenkirch herunter schüttete es Regen wie aus Kübeln. Blitze zuckten beiderseits des Tals. Joß schlüpfte unter eine alte Fichte, doch das half nicht lang. Dennoch wartete er in diesem Nest, bis der Berg die schweren Wolkenbänke abgeschüttelt hatte und vereinzelte Sonnenstrahlen durch die Äste fielen. Rundum von den Höhen rauschten die Wasser zu Tal. Ihn fröstelte. Der Regen hatte das Lederkamisol durchnäßt. Kälte lief über Schultern und Rücken. Es gluckste hell im Schlick, wenn er den Fuß einsetzte, und gurgelte dumpf, wenn er ihn wieder hob.

Nach einer Stunde stieg das Gelände nicht mehr an. Er sah hinaus in einen friedlichen Abendhimmel. Dann fiel der Weg zum See hin ab. Der lag dunkel und reglos im Schatten der Steilwand, tief unter dem hellen Abendhimmel.

Auf einem Stein am Ufer saß der Einsiedel und fischte. Er trug kein Mönchsgewand, sondern einen braunen Bauernkittel, der an der Seite geschnürt war. Erstaunt sah er auf den Wanderer in der Tracht eines Landsknechts, nickte dann aber freundlich und lud zum Platznehmen ein. Dabei achtete er sorgsam auf die Angelrute, daß keine jähe Bewegung die Fische erschrecke.

»Nach dem Regen beißen sie besser an«, entschuldigte er gleichsam den verhaltenen Empfang des Gastes.

»Ich verstehe«, ging Joß darauf ein, »das Fischen wird Eure Hauptlebensquelle sein.«

»Ja, für das äußere Leben«, bestätigte der Einsiedel. »Doch wenn du nun gekommen bist, Bruder, werde ich zwei Fische mehr fangen müssen. Etwas Brot habe ich noch.«

»Sorgt Euch nicht«, beruhigte ihn Joß, »Brot habe ich selbst, doch für einen Fisch bin ich dankbar.«

Über ihnen glühte nun der Abendhimmel und gab den Bäumen und Büschen am hohen Horizont einen blauvioletten Schein, der glitzerte noch im Wasser und versank in der Tiefe.

Sie schwiegen beide und sahen hinab, ob nicht einer anbeißen wolle. Aber nichts geschah.

»Geh hinauf in die Kapelle«, bat der Einsiedel, »und läute zum Abend. Hier den Pfad aufwärts hinter den Büschen. Ich warte noch, bis einer anbeißt oder auch zwei.«

Joß stand gehorsam auf und ging. Einsam klang das Glöckchen überm See ins Schweigen der Wälder. Wen ruft es? dachte Joß. Zaghafte Stimme, die niemand hört als dieser alte Mann. Dann kam der Einsiedel herauf, stellte den Eimer ab und trat in die Kapelle. Vor dem bescheidenen Altar kniete er nieder und bat Joß, es ihm gleichzutun.

»Wen ruft Eure Glocke?« fragte Joß nach dem Gebet.

»Ich verstehe«, antwortete der Greis. »Bei euch muß alles seinen sichtbaren Sinn haben, wenn ihr es begreifen wollt. Warum singt der Vogel? Warum summt die Biene? Warum ziehen droben die Sterne auf? Ich sage, sie ruft Gott, und sage, sie ruft auch dich. In der Ordnung der Dinge – und die Glocke gehört dazu – liegt Kraft zum Leben.«

»Ich glaube Euch zu verstehn«, sagte Joß zögernd.

»Wenn ich den Tag treiben lasse«, fuhr der Einsiedel fort, »ohne Festpunkt, ohne Ordnung des Gebets oder der Arbeit des täglichen Bedarfs, dann versanden die Tage sinnlos im Stundenglas einer erbarmungslosen Zeit. Ordnung ist dort am notwendigsten, wo sie am entbehrlichsten scheint. Ohne sie wäre der Tag nicht Tag, die Nacht nicht Nacht. Beim Verwischen des Klarbegrenzten verlören die Dinge ihr Wesen, würde aus Zeit Ewigkeit, für die noch niemand reif ist. Gott hat aus dem Chaos die Erde geschaffen und den Himmel. Sein Wesen ist Ordnen, Gestalten, Hoffen. Und jede Glocke, die nach ihm ruft, ordnet sich ein und wird zum Stein am Bau des Reiches Gottes.«

»Wenn aber die Ordnung erstarrt?« hakte Joß ein.

Sie waren stehengeblieben. Es dunkelte schon. Der Eingang zur Hütte lag schwarz vor ihnen.

»Erstarren ist Tod«, erläuterte der Einsiedel. »Ordnung aber ist sinnvolles Wachsen zu Gott hin. Sie schreitet fort und hat in Gott ihr Ziel.«

»Dann ist also das Reich tot und muß wieder lebendig werden, um ans Ziel zu gelangen«, stellte Joß fest.

»Willst du da hinaus?« wollte der Einsiedel wissen. »Nun gut, ich sehe schon, du bist ein seltsamer Wanderer, Bruder. Aber komm in die Hütte! Der Raum ist klein, doch reicht er auch für zwei, die sich einzuschränken wissen.«

Er bückte sich und ging voraus.

Nach dem Essen saßen sie auf der Bank an der Hauswand und sahen schweigend in die Nacht. Joß hatte Mantel und Schuhe am kleinen Herdfeuer zum Trocknen ausgebreitet. Er empfand die Kühle als wohltuend.

Der Mond stand groß und klar über dem See. Polternd brach ein Stein aus der schwarzen Mauer der Steilwand, von der noch der Dunst der Regennässe aufstieg, und klatschte ins Wasser. Sterne zeigten sich zögernd, spiegelten sich mit dem Mond im Wasser oder hüpften auf den Wellen, die sich verebbend ausbreiteten, wenn von Zeit zu Zeit die Fische sprangen.

»Siehst du, Bruder«, begann nach einer Weile der Einsiedel, »für den, der diese Kapelle hat bauen lassen, so erzählt man im Kloster, war alle Ordnung eingestürzt, die weltliche jedenfalls. Ich spreche von jenem unglücklichen Enkel Karls des Großen, den sie auf dem Reichstag in Tribur abgesetzt hatten. Er war krank und konnte dem Reich nicht mehr vorstehen. Hier lag er mit Schaum vor dem Mund und verrenkten Gliedern, von der Welt geächtet und enttäuscht, von den Menschen verachtet, bis er nach Sankt Gallen weiterzog, um dort zu sterben. – Nun wirst du fragen, was mich hierhergetrieben hat? Die Pest! Ich war noch ein Kind, da starb der Vater am Antoniusfeuer und die Mutter an der Pest. Ein barmherziger Mönch hat mich mit ins Kloster Allerheiligen genommen, in die Einsamkeit. Hier, meinte er, könne man vergessen. Man vergißt nicht, Bruder, man lernt nur dazu. Ich lernte leicht und habe mich mit Wissen vollgesogen, bis mir das Kloster zu eng wurde. Ich hätte die Welt sehen wollen, die großen Städte im Reich und das ehrwürdige Rom. Dann kam der Tag, der alles änderte. Hier war der alte Klausner gestorben, und sie schickten mich mit drei anderen Laienbrüdern hierher, ihn einzusargen und ins Kloster zu bringen. Bevor wir ihn zum Ruhestein hinauftrugen, läutete ich noch einmal seine Glocke zum Abschied für ihn. Doch das Echo kam aus den Wänden zurück, als riefe es nach mir. Nachdem wir ihn auf dem Klosterfriedhof begraben hatten, kam ich hierher zurück, um für immer hierzubleiben. Das war vor sechs Jahrzehnten, und in Frankfurt verkündigte damals Kaiser Friedrich die Landfriedensordnung. Zeichen einer Hoffnung.«

»Ihr habt ein ganzes Leben hier verbracht?« staunte Joß.

»Mein ganzes Leben«, der Einsiedel nickte.

Wieder hatte sich oben, wohl unter dem Tritt eines Tieres, ein Stein gelöst, polterte durch den Wald und blieb irgendwo hängen. Ein Vogel schrie ängstlich. Dann kehrte die Stille zurück. Die Nacht schritt voran.

»Wart Ihr glücklich, Vater Einsiedel?« fragte Joß teilnehmend.

»Glücklich?« sagte der Greis zögernd, als sänne er einem Wort in einer fremden Sprache nach. »Vielleicht weiß ich es nicht, weil ich nicht begreife, was du Glück nennst. Ich will es andersherum sehen: Ich war nie unglücklich. Und wenn einer oben vorbeizieht, weiß ich, daß er mir Grüße bringt aus einer anderen Welt, die ich nicht kenne, der ich mich dennoch verbunden fühle im Unwissen ...«

Joß zog das Fell, das der Einsiedel ihm geliehen hatte, fest um die Schultern. Der Abend war kühl.

»Manche sagen«, begann der Einsiedel das Gespräch wieder, »die Sterne erzeugten eine wunderbare Musik auf ihrem Weg durch die Nacht. Über uns sei das Weltall erfüllt von einer wunderbaren Melodie, die wir nicht hören und noch weniger begreifen könnten. Wenn ich hier abends so sitze und in die Stille lausche, glaube ich fest, sie haben recht. Dann schreibe ich im Dunkel Worte und Sätze in den

Sand und lasse sie stehen, bis die eigenen Fußtritte sie ausgelöscht haben oder der Regen sie verwischt. Niemand hat sie je gelesen, und ich verliere sie wieder aus dem Gedächtnis.

Aber manchmal will mir scheinen, sie wären irgendwo festgehalten, und wenn ich sterbe, müßten sie wieder um mich sein. Alles, was ich geschrieben und gedacht habe, müsse mich wie eine Wolke hinauftragen zu Gott.« Beide schwiegen. Wie brachte diese Stunde sie einander nahe, und doch wie weit, weit waren sie voneinander getrennt!

»Bruder, du kommst von draußen«, brach der Einsiedel erneut das Schweigen, »wo die Kapellen Dome sind und die Glocken lauter klingen. Ist im Schatten der Kathedralen die Welt besser geworden?«

»Mir fehlt der Vergleich«, gestand Joß, »aber ich glaube nicht. Anders vielleicht. Was die Gerechtigkeit betrifft, fällt sie immer tiefer in Schande.«

»Daß sie anders ist, weiß ich«, bestätigte der Greis, »mit jedem Tag, den man ihr fernbleibt, ändert sie ihr Gesicht. Nie kommt man dorthin zurück, wo man weggegangen ist. Ich meine das geistig. Auch im Kloster ist das so, wo doch die Zeit stillzustehen scheint. Wenn ich zur Weihnacht für ein paar Tage hinüberging, kannte ich noch fast alle, und doch lebte ich unter ihnen wie ein Wesen aus einer anderen Welt. Und seltsam: Je ferner ich den Menschen bin, um so mehr möchte ich begreifen, was mich im Letzten von ihnen trennt. Weißt du's?«

»Es ist unendlich viel«, sagte Joß, »die größte Trennwand zwischen den Menschen aber ist die Ungerechtigkeit.«

»Sie schreiben die Bücher nicht mehr«, unterbrach ihn der Einsiedel, »sie drucken sie. Sind sie wahrer geworden davon?«

»Handlicher vielleicht«, antwortete Joß, »billiger sicher. Ob wahrer vermag ich nicht zu beurteilen. Aber, was auch immer darin stehen mag, der Gerechtigkeit haben sie nicht zum Sieg verholfen. Und daran darbt das Land.«

»Du überforderst die Menschen«, sagte der Greis. »Sie können nicht vollbringen, was Gott allein vermag.«

»Nein, Vater, verzeiht«, begehrte Joß auf, »das sehe ich anders. Warum hat Gott Christus Mensch werden lassen? Als Mensch sollte er das Leid der Menschen erfahren und als Mensch das Ewige wirken. Beispiel für uns, daß nur von Menschen die Welt verbessert werden soll und kann.«

»Nur Gott kann wiedergutmachen, was der Mensch verdorben hat«, widersprach der Einsiedel.

»Der Mensch muß es tun«, beharrte Joß, »aber Gott muß seinen Segen dazu geben, und er muß es tun in Einfalt vor Gott.«

»Vielleicht sind wir im Denken näher beieinander, als es scheint«, räumte der Einsiedel ein. »Du bürdest den Menschen eine größere Last auf als ich und eine schwere Verantwortung.«

»Sollen wir alle Verantwortung auf Gott schieben?« fragte Joß. »Sind wir nicht Menschen, um Verantwortung zu tragen?«

»Bruder Landsknecht«, wehrte sich der Einsiedel, »hier scheiden sich unsre Wege. Euch fehlt die Demut vor Gottes Walten in der Welt.« Aber Joß hielt heftig dagegen.

»Nein! Ich suche den Weg seiner Gerechtigkeit, fühle mich berufen, das Tote zu begraben und das Erstarrte zu neuem Leben zu wecken. Es muß sein!« Er hatte lauter gesprochen, als der Stille der Nacht angemessen war.

Aber der Klausner blieb ruhig: »Wirbel und Wellen, die wir entfachen, können leicht zum Strudel werden und uns hinunterziehen. Du bist ein seltsamer Wandrer und sicher nicht zufällig dieses Weges gekommen. Du hast deinen Namen nicht genannt, und ich habe dich nicht gefragt, wer du bist. Du spielst mit hohem Einsatz, das spüre ich. Was aber hat dich zu mir geführt? Was erwartest du?«

»Ich habe mich für einige Zeit der Einsamkeit zugesellt«, begann Joß ausweichend. »Ich suche das Verborgene und die Verborgenheit. Jeder echte Mensch, der mir begegnet, ist Gewinn. Von Euch habe ich gehört und erfahren, daß Ihr fragt und sprecht, was Ihr denkt, ohne Umschweife und unmittelbar.«

»Du bist geschickt ausgewichen«, sagte der Einsiedel. »Ich will auch dein Leben nicht ausforschen, will nur dein Herz sehen in der Nacht, ob es leuchtet vor mir. Das ist genug. Du bist auf der Flucht, ob schuldhaft oder unschuldig, vermag ich nicht zu erkennen. Aber da du die Gerechtigkeit suchst, hast du die Ungerechtigkeit hinter dir gelassen. Falls du meinen Rat suchen solltest: Geh deinen Weg weiter! Falls du nur eine Bleibe gesucht haben solltest für eine Nacht: Hier ist sie. Falls du einen Menschen gesucht haben solltest in deiner Einsamkeit: Hier bin ich. Ein wenig sonderbar, mag sein, ein wenig weise, wie manche meinen, denn ich wünsche nichts mehr, aber mit offenem Herzen und offener Tür.«

Dunst stieg übers Wasser und zog zur Westwand hinauf. Nach langer Pause fuhr der Einsiedel fort.

»Sie haben eine große Welt entdeckt jenseits des Meeres. Ist sie besser als die unsere?«

»Ich weiß es nicht«, antwortete Joß. »Was man sich erzählt, ist abenteuerlich. Aber ich kenne keinen, der sie gesehen hat. Gold fahren sie in vollen Schiffsladungen herüber, aber unsre Welt wird nicht reicher davon. Sie horten es, aber das Volk hungert nur noch mehr.«

»Recht gesehen!« lobte der Einsiedel. »Gold macht uns nicht reicher an Herz und Seele. Aber die Habgier der Reichen wird sich rächen. Komm, es ist Zeit! Früher habe ich abends ein Lied gesungen zur guten Nacht für Mensch und Tier. Aber die Stimme ist brüchig geworden, ich kann den Ton nicht halten.«

Joß war aufgestanden, aber der Einsiedel hielt ihn zurück, nötigte ihn wieder zum Sitzen und begann zögernd: »Ich kann deinem Weg nicht folgen, will dich auch nicht davon abbringen. Doch eine große Bitte habe ich an dich. Nimm morgen deinen Weg über Allerheiligen und sag ihnen, es solle sich einer bereit machen, mich hier abzulösen. Meine Tage sind müde geworden. Es wird eine Nacht kommen, da ich die Augen nicht mehr schließen kann. Sag's ihnen! Sie sollen die Glocke des armen Kaisers nicht verstummen lassen. Die Erinnerung an das Leid eines Menschen hochzuhalten ist eine gute Tat. Einer muß sich aufmachen. Als ich dich kommen sah, hatte ich gehofft, du könntest es sein. Jetzt weiß ich, dein Ziel liegt weit draußen in der Welt. Vielleicht so weit von Menschen und so nah bei Gott, daß du es nie erreichst. Mag Gott dich führen! Aber vergiß über deinem hohen Ziel meine kleine Bitte nicht. Sag ihnen, daß ich bald gehen werde. Der Mond sinkt hinterm Wald, der See liegt schwarz. Es ist Zeit.«

Er war aufgestanden. Seine Knie zitterten. Er mußte sich auf Joß stützen, sah aber unbeirrt auf den dunklen See, als erwarte er ein Gesicht.

»Atme noch einmal die Würze der Nachtluft und die Stille«, ermahnte er Joß. Sie standen noch eine Weile und gingen dann in die Hütte. Es roch noch nach kalter Asche. Sie schliefen bald. Nichts störte die Ruhe der Nacht.

Das hölzerne Klippen eines balzenden Auerhahns weckte Joß in der Frühe. Er verfolgte den schneller werdenden Schlag bis zum knallartigen Höhepunkt und dem wetzenden Schleifen des Nachspiels, auf das der erfahrene Jäger wartet.

Am Morgen läutete er wieder die Glocke, half beim Herrichten der Fischsuppe und das Hirsebreis, schliff das Messer nach, ging zum Fischen und mahlte Körner für die Mittagskost.

Am Nachmittag verabschiedete er sich und wanderte weiter.

»Im Gehäuse eurer Uhren verwest die Zeit«, sagte der Einsiedel beim Abschied, »aber auf den Altären Christi brennen die Flammen der Hoffnung für unsre Zeit und alle Zeiten.«

Lang hielt er Joß bei den Händen, dann kehrte er um zur Hütte.

Es war eigentlich nur ein Pfad, der nach Nordosten aus dem Kessel führte. Dann erreichte Joß den Fahrweg, der am Hang des Schnurrhansenwaldes jäh nach Süden abbog. Über einer Lichtung blieb er stehen. Unten, ganz unten lag ein leuchtendes Tal in den Farben des Frühlings. Pusteblu-

mengelb die Wiesen, hellgrün die Äcker, naßgrau die
Straßen und dunkel die alten Strohdächer der Gehöfte. An
den Hängen zerstreut, ging um ihre Kamine die Einsamkeit.
Darüber zog grellweißes Gewölk auf. Bald folgte eine graue
Wolkenbank, und Sturm jagte von Westen her über den Sattel. Ein paar Reiter kamen von Baiersbronn, bogen in das
leuchtende Tal hinunter. Ihr Lachen und lautes Reden ver-
schlang der Sturm. Joß mußte sich sputen.
Unterhalb des Vogelkopfes fand er eine dürftige Schutzhüt-
te der Holzfäller. Er kroch hinein, noch ehe die ersten Tropfen fielen. Einige undichte Stellen verstopfte er mit Moos
und Ästen. Doch schon bald mußte er ins Innere flüchten.
Dumpf trommelte der Regen auf das schwere Dach. Manchmal zuckten die Blitze ganz nah, und die wuchtigen Don-
nerschläge wälzten sich samt Echo durch die Wälder talab
und bergauf. Noch waren sie nicht verhallt, als erneut Blitze
mit geisterhaftem Blau den Wald dämonisch entfremdeten,
bis der nächste Donner die Bäume erschütterte und Sturm
durch die Kronen tobte.
Es währte stundenlang. Die Wolken hatten sich am Vogel-
kopf festgebissen. Schließlich rollte ein letzter Donnerschlag fernhin ab. Der Regen fiel dünner und spärlicher und
hörte schließlich ganz auf. Joß warf den Mantel über und
machte sich auf den Weg, der bald abwärts führte. Überall
rauschten Wasser von den Hängen, sprangen über Wurzeln
und Gestein. Klar oder braungrün vom mitgeführten Erdreich hüpften und sprudelten sie herunter.
Dann lichtete sich der Wald. Gelb von Hahnenfuß und
Löwenzahn lagen Wiesen und Raine unter ihm. Er hörte ein
Läuten. Dem ging er nach. Steil fiel der Wiesenhang jetzt ab.
Von unten ragte die Spitze eines Kirchturms aus dem Dunst
empor. Er war am Ziel: Allerheiligen.
Als die Glocke verstummte, erhob sich zaghaft und leise der
Chor der Prämonstratenser. Sie feierten die Vesper. Für ei-
ne Weile verstummte der Gesang, um dann zum jubelnden
Magnifikat anzuschwellen. Glockenhelle Stimmen schweb-
ten über tiefen Bässen. Hoffnung und Lichtzeichen am

Rand aufbrechender Nacht. Konnte diese Musik vergessen machen, was draußen geschah? Konnten Menschen, die solche Chöre sangen, andere vierteilen lassen, sie rädern, Hände und Finger abschlagen? Doch die Musik spielte hinüber nach Frauenalb, und aus der Musik wuchs Verzeihen.

Er zog den linken Handschuh fester an, um sich zu erinnern, daß er ihn nicht ablegen durfte. Noch einmal verharrte er und atmete tief durch. Konnte er über diesen Schatten springen? Die Sehnsucht nach Menschen entschied. Der Gesang war verstummt. Joß trat vor die Pforte, klopfte und begehrte Einlaß.

Er ließ sich noch am Abend beim Propst melden und brachte das Anliegen des Einsiedlers vor. Der Propst nickte sehr nachdenklich und sagte mehr zu sich selbst als zu Joß: »Es wird schwerfallen, einen Nachfolger zu finden. Unter den hiesigen Brüdern wüßte ich keinen, der bereit wäre, so weit aus der Welt zu gehen, um Gott zu dienen. Auch der Mönch lebt in der Gemeinschaft, die ihn trägt und stärkt.«

Dennoch dankte er Joß für die Nachricht und ordnete an, daß ihm die Gästekammer zugewiesen werde.

Da das Kloster nach dem großen Brand nur allmählich wieder zu seiner alten Größe fand, war auch die Gästekammer erst vor kurzem verputzt und getüncht worden, so daß der Kalkgeruch noch widerlich im Raum haftete, obwohl das kleine Fenster weit geöffnet war.

Die Mahlzeit nahm Joß mit den Klosterknechten in einem Nebenraum der Küche ein. Die sahen Joß von der Seite an und erzählten freimütig, daß Bischof Albrecht von Straßburg Weisung gegeben habe, umherziehende entlassene Landsknechte des Bistums zu verweisen, da der Bundschuh im Land umgehe.

Joß nahm den Fehdehandschuh auf und verteidigte sich. Falls sie es auf ihn abgesehen hätten, müsse er betonen, daß er einen Auftrag an den Propst überbracht habe, und das legitimiere ihn doch wohl. Dann erzählte er von seiner Begegnung mit dem Einsiedel. Schließlich empfahl er sich und ging in seine Kammer.

Er lag lange wach. Eines war ihm klargeworden: Der Bundschuh war das Tagesgespräch in Herbergen und Gasthäu-
sern. Er hatte an Basel gedacht und das Fähnlein, aber es
war sinnvoller, sich in den Wäldern des Schwarzwaldes zu
verbergen.

Joß grüßte den Pförtner, trat hinaus und ging den Hang steil
aufwärts. Als er auf halber Höhe im Jungwald war, läutete
unten das Glöckchen. Es betraf ihn nicht mehr. Dieser Tag
sollte das Zwischenspiel beenden. Das Rauschen im Geäst
des Hochwaldes war ihm plötzlich vertraut. Es war, als kehre er heim, dorthin, wo der Wald auf ihn gewartet hatte.

Aus der Welt in die Wälder

Trotz Reif und Nebel kam Joß schweißgebadet auf dem
breitgezogenen Rücken des Schliffkopfes an. Schärfer
und kälter pfiff der Wind. Über das rotbraune Borstgras der
Hochheide trieben die Wellen des Windes die zerpflückten
Sumpfnebel, entrissen sie den schwarzen Lachen des Moo-
res und jagten sie nach Nordosten in die Wälder. Joß wandte sich, dem Kammweg folgend, nach Süden. Ein Grenzstein
am Wegrand lud zum Verweilen ein. Zum Sitzen war er zu
hoch und außerdem kalt. Dennoch kletterte Joß hinauf. Es
war keine lange Rast. Die Nässe durchdrang den Stoff. Als
er wieder herunterhüpfte, betrachtete er den Stein genauer.
Oben waren drei Hirschgeweihe übereinander gemeißelt,
darunter die Jahreszahl 1421. Er atmete tief und befreit. Er
war auf württembergischem Gebiet.
Beruhigter setzte er seinen Weg fort.
Der Wind hatte jetzt die Höhe freigefegt. Buschgruppen,
vereinzelte Legföhren, Strünke umgestürzter Laubbäume,
Gerippe abgestorbener Birken zeichneten sich gegen die
Nebelschwaden in den Tälern ab. Zartblaue Kuppen bewal-
deter Höhen ragten aus dem weißen Meer. Die Sonne brach

jetzt voll durch das Gewölk. Joß blieb stehen. Unter ihm das weiße Meer der Nebel, darüber die Wellen blauer Bergrücken: Weite und Unendlichkeit, wie er sie noch nie gesehen.

Er wandte sich voll der Sonne zu. Doch dann drohte ihm wieder das Markgräfler Land. Spontan bog er an der nächsten Wegkreuzung nach Osten ab, hinunter ins Tal der Rechtmurg. Mischwald schützte ihn hier vor dem Wind. Es wurde spürbar wärmer. Wenige Meter unterhalb der Quelle erreichte er die Rechtmurg. Klar floß das schmale Rinnsal, das lud zur Mittagsrast ein. Er suchte einen umgestürzten Baumstamm, füllte den Lederbecher und schnitt sich eine Scheibe Brot, das er als Wegzehrung mitbekommen hatte. Wie lange war er schon unterwegs? Es mußte um die drei Wochen sein. Und was hatte er seitdem schon alles erlebt! Zufällige Stationen der Flucht oder Fügungen fürs Leben? Frauenalb! Er zog das Fazilettlein aus der Tasche und drückte es gegen Mund und Nase. Malsch – der Einsiedler. Allerheiligen – eine bunte Welt! Wo lag der Sinn? Treiben oder Getriebensein, was stand ihm zu? Es wurde eine lange Rast. Joß nickte im Sitzen ein und erwachte erst wieder, als er talaufwärts Huftritte auf sich zukommen hörte. Er verbarg sich hinter einem mächtigen Buchenstamm und sah zwei Reiter, die den Bach überquerten und zur Höhe abdrehten. Er wanderte weiter links des Baches.

Als er das Murgtal durchquert hatte, sah er hinter sich am halben Hang den Tannenfels mit dem Burggemäuer aufragen. Eine große Anlage war es nicht. Die Fenster waren verödet, die Burg offenbar verlassen.

Er hatte vom oberen Tal aus eine dünne blaue Rauchwolke gesehen. Ein Kohlenmeiler sicherlich. Dort war man fürs erste wohl sicherer als in Bauernhäusern. Der Weg führte durchs Aiterbachtal hinauf zum Wald. In seinem Rücken stand die Sonne schon tief. Dennoch strebte er zügig dem Waldrand zu, fragte Bauern und Mägde, denen er begegnete, nicht nach dem Weg. Jeder Weg schien ihm der richtige. Oben lichtete sich der Baumbestand. Die Dämmerung verhielt einen Augenblick, wie er meinte. Legföhren, Birken und Krüppelkiefern zogen sich gespenstisch durchs Hochmoor. Heidekraut dunkelte dahin. Schneller strich der Dunst der einsetzenden Abendkühle über den Boden. Im Osten schob sich der Mond aus den Bergwäldern hinauf ins zarte Gewölk. Sichel eines weltfernen Mähers, groß und rot zwischen kahlem Geäst und voll seltsamer Magie. Wenn ziehender Nebeldunst den Boden für Augenblicke freigab, schwamm schwaches Mondlicht auf den Lachen im Moor. Irrlichter einer unendlichen Tiefe, unheimlich fast und fremd. Dann kam wieder Hochwald dunkel näher. Schneebruch lag als wahlloser Verhau über Weg und Pfad. Baumspitzen und abgebrochene Äste verwirrten sich zum ausweglosen Labyrinth, das die Braunmoorlachen unter sich verbarg.

Es war sinnlos, sich im Dunkel hier durchzuwühlen. So entschloß sich Joß, einen Unterschlupf für die Nacht herzurichten. Morgen würde man weitersehen. Er schlug mit dem Schwert Äste aus den abgebrochenen Tannenspitzen, ordnete sie zwischen zwei quer liegenden Stämmen, unten zum Lager, oben zum Dach. Übermüdet schlief er ein.

Mitten in der Nacht weckte ihn das Knacken von Ästen. Er schreckte auf und griff nach dem Schwert. Er hörte einen schnaubenden Atem ganz nah, tief und erregt, und als er sich in seinem Versteck aufrichtete, stob grunzend ein Keiler durchs Unterholz davon. Wie ein aufgebäumtes Boot hing der Mond jetzt am klaren Himmel über dem Moor. Sterne funkelten unruhig durch die Nacht, ausgestellt zwischen Büschen und Niederholz, in denen der Wind rauschte. Aber die Zeit war leise, nur am Mond meßbar und zögerte von Herzschlag zu Herzschlag, als wolle sie anhalten und stillstehen.

Das Lager war hart. Joß kletterte steif aus seinem Versteck und lief, um sich die Füße zu vertreten und sich aufzuwärmen, mit blankem Schwert den Weg ins Moor zurück.

Im Osten stieg über dem Wald eine fadendünne Rauchfahne auf, die das spärliche Mondlicht schwach aufleuchten ließ. Ein Meiler. Durch die Nacht schimmerte Hoffnung. Er war auf dem richtigen Weg, ging zurück und legte sich wieder ins Geäst der Tannen.

Dämmerung hing noch im Nebel, als er aufbrach. Es war zunächst ein mühseliges Klettern im unabsehbaren Verhau. Dann fand er den Weg wieder und konnte frisch ausschreiten. Schatten kamen ihm entgegen, die sich zu Gestalten klärten und wieder zerrannen. Holzfäller mit geschulterten Äxten, die nicht eben freundlich grüßten. Was tat auch ein fremder Landsknecht in ihrem Wald? Aber sie kümmerten sich nicht weiter um ihn, sondern trotteten schweigend und verschlafen ihrer Arbeit zu. Der Weg blieb auf der Höhe des Kammes, fiel für ein paar hundert Meter leicht ab, um ebenso wieder anzusteigen. Rote Sandsteinblöcke markierten den Verlauf. Man konnte sich auf sie verlassen. Waldameisen zogen eine Spur quer über den Weg. Joß blieb stehen. Du kreuzt ihre Bahn, aber sie beachten dich nicht. Sie haben keine Zeit, sie haben ein Ziel, dem sie hastig zustreben. Du aber treibst vergessen durch die Tage, von keinem erwartet, von keinem vermißt. Wo du ankommst, bist du eine Last, wo du weggehst, bleibt keine Lücke. Deine Hoffnung wächst aus dem kleinen Funken der Erinnerung an Gespräche über Not, Freiheit und Glück der Menschen. Aber du hoffst eben nur, weißt nicht, ob er je zur Flamme wird oder erlischt. Du bist allein, so unendlich allein in einer fremden Welt, die deiner nicht bedarf, dich vorübergehend vielleicht vor der Vernichtung, dem totalen Scheitern rettet. Aber Sinn gibt sie deinem Leben nicht. Er sann lange vor sich hin.
Kehr um! sagte eine monotone Stimme in ihm. Wer war diese Stimme? Er lachte sarkastisch. Umkehren? Wohin denn? Er ging weiter. Wenn es eine Zukunft für ihn gab, lag sie vor ihm! Überall, wohin er sich auch wandte, lag Zukunft. Der Gedanke bestärkte ihn. Das war die eigene Stimme wieder. Dann stand er nach einer Biegung über der Kohlplatte, wo der Köhler mit seiner Frau bei der Arbeit war. Der Salbeofen lag etwas oberhalb und war offenbar kalt. Joß trat zö-

gernd zu den Arbeitenden hin. Der Köhler, der ihn erst jetzt bemerkte, legte die Axt beiseite und kam ihm freundlich entgegen. »Grüß Gott!« erwiderte er den Gruß und musterte Joß ausführlich. Wann kam schon einer zu ihm!

»Ich habe mich im Wald verirrt«, erklärte Joß sein Kommen. »Ich wollte …« Es fiel ihm keine Ausrede ein. Der Köhler kam ihm zu Hilfe: »Du mußt ewig keinem Menschen begegnet sein.«

»Kann ich für einen Tag bei euch bleiben?« fragte Joß.

»Eine Herberge haben wir nicht. Aber wer mir hilft, dem will ich auch helfen«, entgegnete der Köhler unmißverständlich.

»Zwei starke Arme sind immer gefragt. Das ist Kathrin, meine Frau«, fügte er hinzu. Joß ging auf sie zu und begrüßte auch sie.

Der Köhler war dabei, den Gartenzaun zwischen den Pfosten mit Flechtwerk zu verkleiden, während seine Frau Beete anlegte. Joß war gefordert. Er grübelte nicht lang, legte Mantel und Rock ab und faßte an. Der Köhler richtete die Äste, Joß flocht sie ein. Sie arbeiteten, ohne viel zu reden, ein jeder still vor sich hin, als hätten sie nie anderes getan. Das gefiel Joß. Man sah, was man arbeitete, der Zaun wuchs, der Garten bekam Gesicht. Dann rief die Tochter von der Hütte her zum Essen. Sie hatte Joß natürlich längst wahrgenommen und für vier Personen gerichtet.

Am Tisch machte der Köhler sich und die Familie bekannt. »Ich heiße Kilian, meine Frau Kathrin, die Tochter Margret.«

Joß zögerte einen Augenblick, dann gab er nach: »Nennt mich Joß«, sagte er. »Ich komme vom Rhein.«

Schweigend, wie sie gearbeitet hatten, aßen sie auch. Das war gut. Wer nicht gefragt wurde, brauchte nicht Rede und Antwort zu stehen. Die warme, kräftige Suppe tat überaus wohl. Nach der Mahlzeit gab der Köhler Joß ein Zeichen, ihm zu folgen. Er ging zögernd ein paar Schritte auf den Meiler zu, blieb dann jäh stehen, daß Joß fast aufgelaufen wäre. Sie standen dicht bei dicht einander gegenüber. Der Köhler sah vor sich auf die Erde. Dann begann er zögernd: »Das ist nämlich so. Ich habe dich nicht gefragt, wo du herkommst, und nicht gefragt, wohin du willst. Ich habe auch nicht gefragt, warum du kommst, und noch weniger, wer du eigentlich bist.«

Er machte eine Pause und sah Joß fast flehentlich an. »Aber ich frage dich, ob du bleiben möchtest.«

Er glaubte, es sei noch zu früh für eine Antwort, und fuhr schnell fort: »Ich habe dich beobachtet. Du kannst zupacken, und du packst zu. Hier ist Arbeit für drei, aber ich bin allein. Da sind die Meiler, der Salbeofen, das Haus, das ich demnächst anfangen will und vielleicht noch vor Winter fertigstellen. Für all diese Arbeit sind zwei Arme zu wenig und die Tage zu kurz. Bis vor drei Wochen war mein Sohn noch hier. Er konnte arbeiten, daß einem das Herz aufging. Aber er war ein Hitzkopf. Wir bekamen Streit wegen einer nichtigen Sache, und er ist im Streit gegangen. Er wird nie wiederkommen. Nun suche ich nach Helfern, sooft ich unter Menschen gehe. Doch keiner will hierher. Sie fürchten den Wald und die Einsamkeit. Aber du, denke ich, bist allein durch den Wald gekommen. Du fürchtest nicht Wald noch Einsamkeit und hast starke Arme wie er.

Weißt du, was ich zu Kathrin gesagt habe? Den hat Gott geschickt, habe ich gesagt. Der ist wie ein Engel, den man nicht fragen darf, woher er kommt, der eine Weile bei einem bleibt und dann weiterzieht, wenn er geholfen hat.«

Joß sah nach dem dampfenden Meiler hinüber. Er zögerte. War es Einfalt oder Verschlagenheit, was aus diesem Mann sprach? Er überflog blitzschnell seine Lage. Hatte es ihn nicht hierhergetrieben? Die Arbeit im Wald verbarg ihn vor seinen Häschern, die auf den Straßen und in den Städten nach ihm fahndeten. Hier würde ihn niemand vermuten. Und hier konnte man leicht entkommen, wenn einer ihn aufstöbern sollte. Man konnte den Spieß auch umdrehen: Vielleicht war der Köhler der Engel, der ihn vor der Welt abschirmte. Er lächelte über seine Gedanken, aber in ihrer Einfalt lag etwas Überzeugendes.

»Darüber läßt sich reden«, räumte er ein.

»Das ist schon eine halbe Zusage«, stellte der Köhler erleichtert fest und schlug ihm kräftig auf die Schulter.

»Du kannst Hose und Kittel meines Buben tragen. Er hat alles hiergelassen. Kathrin wird's im Tonbach waschen. Unter dem Balkendach dort drüben kannst du schlafen. Das Lager selbst ist in die Erde gegraben, das kühlt im Sommer und wärmt im Winter. Aber bis dahin werden wir mit deiner Hilfe das Haus unter Dach und Fach haben. Dann kriegst du eine Kammer. Du wirst essen, was wir essen, und arbeiten, was ich arbeite. Von dem, was übrigbleibt, sollst du die Hälfte haben.«

Er streckte Joß die Hand hin. Der schlug ein.

»Für ein Jahr«, sagte Joß.

»Für ein Jahr«, wiederholte Kilian. »Oder machen wir's rund. Bis Pfingsten nächsten Jahres.«

Joß nickte zustimmend. Ein klares Ziel! Er war zufrieden.

»Aber nennt mich besser Friedrich, wie die alten Kaiser, so ist es mir lieber. So heiße ich nämlich auch.«

Kilian nahm ihn am Arm und führte ihn zur Hütte zurück.

»Wir nennen ihn Friedrich, und er bleibt.«

Als die Sonne hinter dem Dommersberg verschwand, war der Gartenzaun fertig und konnte Hirsche, Rehe und Wildschweine schon abhalten. Kilian tauschte die Axt mit dem Spaten und führte Joß zu der Stelle, wo er mit dem Aushub für das Wohnhaus begonnen hatte. Der Platz lag in der Nähe eines mit Steinen gefaßten Brünnchens, dessen Wasser von der Dietersquelle herabkam und eine tiefe Schrunde in den Zinkenrücken geschürft hatte. Hier führte der Fahrweg nach Baiersbronn vorbei, den Kilian an der Beladerampe mit Steinen bestückt und verbreitert hatte, so daß ein Wendehammer entstanden war.

In der Nähe des Wohnhauses sollte auch die neue Riese enden, weil auf ihr Steine für das Kellergewölbe und die Grundmauern zu Tal befördert werden konnten. Dieser Transport war natürlich gefährlicher, weil Steine nicht wie Stämme rutschten, sondern rollten und sprangen und sich überschlugen.

118

Am nächsten Morgen stiegen sie den Hang hinauf. Joß hatte die Kleider gewechselt und trug wie Kilian eine Axt und ein Bündel geschälter Pfähle auf der Schulter. Kilian war stolz, Joß mit dieser besonderen Arbeit in seine neue Tätigkeit einführen zu können.

Oben, vor dem Schonwald, der von Moor umgeben war, wartete der Forstwart vom Ailhof, um ihnen die Schläge zu markieren, in denen sie Stämme für den Meiler fällen konnten. Er wollte den Bereich der Kleemisse mit anderen Beständen aufforsten.

»Hast einen neuen Knecht?« fragte er Kilian.

»Nein, keinen Knecht«, sagte Kilian schnell, »einen Helfer. Heißt Friedrich und hat heute angefangen.«

Da reichte der Forstwart Joß die Hand und nickte zufrieden.

»Willkommen im Wald«, sagte er, und zu Kilian gewandt: »Ein stattlicher Kerl. Wirst ihn brauchen können.«

Sie gingen durch den Schonwald bis zur Kante des Seelochs, wo die Wand steil abfiel zum Huzenbacher See, der tief unter ihnen lag und wie ein magisches Auge aus der Schattenwelt heraufsah.

»Einen Fahrweg gibt es hier nicht?« erkundigte sich Kilian.

Der Forstwart schüttelte den Kopf. »Den Knüppeldamm mußt du dir selbst bauen, aus Ästen nehme ich an, die du fürs Meilerholz nicht brauchen kannst. Wo wir stehen, führt so etwas wie ein Fahrweg entlang; ihr könnt die Rinnen sehn, aber der führt in eine andere Richtung. Zwischen hier und der Riese, die du bauen willst, ist der Boden nicht befahrbar. Du mußt Äste und Stämme durch den Wald schleifen lassen. Du kannst stark auslichten, aber laß ein paar gute Stämme stehen. Die Abteilung heißt nicht umsonst Schonwald. Wenn wir zuviel schlagen, reißt der Wintersturm den ganzen Hang ein. Ich werde gelegentlich heraufschauen.«

Er verabschiedete sich und ging hinunter zum See, wo der Knecht mit den Pferden wartete.

Joß und Kilian gingen zurück bis zu der Stelle, an der sie die geschälten Pfähle abgelegt hatten, und markierten mit ihnen von oben herab den Verlauf der Riese.

»Wo kommst du eigentlich her?« fragte am Abend Kathrin Joß.

Das war Kilian nicht recht, denn er hatte bemerkt, daß Joß nicht viel gefragt sein wollte. Der gab zögernd Auskunft.

»Vom Rhein«, sagte er wieder, »aber zwischendurch bin ich als Landsknecht in Frankreich gewesen. Daher mein schwarzer Rock.«

»Dann kannst du aber viel erzählen«, stellte Margret begeistert fest. »Später, vielleicht später«, bremste Joß das Gespräch.

Am nächsten Tag begannen die Männer mit dem Bau des Auslaufs der Riese. Unterhalb des Auswurfs stachen sie die Erde des Hangs senkrecht ab, daß die Stämme im Bogen auf den Sammelplatz herunterstürzen mußten. Oberhalb hoben sie eine Rinne aus, auf deren Sohle zwei Stämme zu liegen kamen als Unterlage für das gleitende Holz, und beiderseits wurde je ein weiterer Führungsstamm gelagert, mit Astgabeln und Pfählen verankert. So entstand eine zwei Ellen breite Rinne, in der das Meilerholz heruntergleiten konnte. Mit Brechstangen und untergeschobenen Rundhölzern schafften sie die erste Lage heran. Sie erhöhten beiderseits um einen Stamm und hatten so den Auslauf der Riese fertig. Mit der Axt glätteten sie noch einige Stellen nach und machten die Probe. Kilian warf einen starken Ast in die Riese, der darin polternd nach unten donnerte, sich überschlug und bis zum Lagerplatz weiterrollte.

»So«, sagte er befriedigt, »der Anfang ist gemacht. Aber bis dort oben hin ist noch ein gutes Stück Arbeit.«

Kilian hatte bemerkt, daß Joß bei der Arbeit wortkarger war als am Vortag. Als sie eine Pause machten, legte er ihm die Hand auf die Schulter und sagte beruhigend: »Du mußt dir nichts daraus machen. Ich weiß es nun und hatte es vorher schon geahnt. Ich weiß, was am Bruhrain geschehen ist. Wenn du von dort kommst, bist du bei mir gut aufgehoben. Nimm an, du bist bei einem Gleichgesinnten. Aber ich weiß damit auch, daß du nicht hierbleiben wirst. Mein Leben kreist um die kleinen Dinge des Waldes, deines um die großen draußen. Kannst du dir denken, daß ich weiß, wie es um die Welt steht, und deshalb hier leben will, weil ich die Freiheit liebe?«

»Danke!« sagte Joß. »Ich spüre, daß man sich auf dich verlassen kann. Freiheit hat viele Gesichter. Lebe du die deine!«

Kilian nickte vor sich hin.

»Lassen wir es gut sein«, schlug Joß vor. »Zorn ist ein guter Antreiber bei der Arbeit, aber man kann ihn nicht ein ganzes Leben lang ertragen.«

Kilian schulterte die Axt und ging bergauf, ohne zu antworten. Er kerbte die nächsten Bäume an, die gefällt werden sollten, und wies Joß mit kundigem Blick, wie der Stamm jeweils fallen sollte, und sie begannen. Er schlug von unten, Joß von oben im Zweiertakt.

Nach der Mahlzeit am Abend saßen sie todmüde beim flackernden Feuerschein. Die Hütte war notdürftig hergerichtet. Der Raum war eng, und die schrägen Wände hinderten beim Aufstehen besonders Joß, der Kilian um einen halben Kopf überragte. Die Hütte war ein einfaches Bauwerk. Vier ungeschälte Eichenstämme endeten in einer Gabel, in die quer ein Firstbalken gelegt war. Armdicke Stangen waren gleichlaufend mit dem First zu einer Dachwand hochgezogen. Mit ihnen verkerbt waren die Stangen der Rückwand. Moos und Lehm dichteten die Fugen. Durch einen ausgesparten Rauchfang, der von außen abgedeckt werden konnte, zog ständig ein dünner Rauchfaden, der vom Herdfeuer aufstieg, das meist lustig flackerte. Der Herd war fachmännisch aus Steinplatten geschichtet, die Wand am Eingang war um sechs Spannen zurückversetzt, daß ein Wind- und Regenfang entstand. Die Tür aus schweren Eichenbrettern konnte von innen durch zwei Querstreben verrammelt werden. Die Sitzbänke längs der Wände waren Betttruhen und Schränke zugleich.

Im Stall nebenan, der ebenfalls als Erdhütte gebaut war, brüllte der Ochse, der tagsüber meist im Wald weidete. Im

Pferch dahinter drängte sich ein Dutzend Schafe mit ein paar Ziegen. Auch sie weideten im Wald, von Kathrin und Margret versorgt. Frau und Tochter mähten das Gras in der Talwiese und fuhren das Heu für den Winter ein, das sie im Schober lagerten. Die ganze Anlage wirkte wie ein Gehöft aus uralten Zeiten oder Vorzeiten.

Als sie Brot mit Schafkäse gegessen und Ziegenmilch getrunken hatten, schenkte Kilian noch einen Schluck Heidelbeerwein ein, den er selbst angesetzt hatte. Während die Frauen abwuschen und aufräumten, begann Kilian aus seinem Leben zu erzählen. Er war nach dem Tod des Vaters der Leibeigenschaft des Klosters St. Blasien entflohen. Im Hotzenwald hatte er das Handwerk des Köhlers gelernt. Sein Lehrmeister sei ein sogenannter Schrammer gewesen, also ein ehemaliger Bergknappe, der zu alt für den Bergbau geworden war und dann von der Köhlerei lebte. Mit dem sei er hierher übersiedelt und geblieben. Von ihm habe er eine Menge vom Bergbau erfahren. Nachdem die »Königswart« bei Hutzenbach verlegen, das heißt außer Betrieb sei, habe er neue Absatzmöglichkeiten suchen müssen. Nun liefere er bis Straßburg und wisse sich zu ernähren. Man habe neuerdings im Forbachtal am Finkenberg Metalladern gefunden, Kupfer und Silber. Das schaffe Hoffnung für den Bergbau und die Köhlerei. Im Sommer wolle er Joß alles zeigen.

Der hatte nur mit halbem Ohr zugehört. Hatte er sich nicht doch zu weit preisgegeben? Kilian war ein vertrauenswürdiger Mann. Aber schließlich kannte er ihn zu kurz.

Doch Kilian war froh, einen Gesprächspartner gefunden zu haben, dem er seine Erfahrungen und Pläne mitteilen konnte, denn Kathrin hörte ihm schon lange nicht mehr zu und schalt ihn einen hoffnungslosen Träumer. Das tat weh.

Aber eins mußte er Joß noch sagen: »Du wirst dich heute nacht mit uns in die Meilerwache teilen. Ein Meiler ist nämlich etwas Besonderes. Er will gehütet werden wie ein wildes Fohlen oder ein kleines Kind ... Einmal nicht aufgepaßt, und alle Arbeit war umsonst. Die Kopflöcher müssen bei Beachtung der Windrichtung allmählich nach unten verlegt werden, die oberen abgedichtet. Der Quandelschacht in der Mitte braucht ständig Nachschub an Holz. Treten Risse und undichte Stellen im Erdmantel auf, muß man sie verschließen, vielleicht sogar die ganze Schicht mit Wasser besprengen. Wenn aber erst Regengüsse die Erde durchfeuchten und ganz und gar verkleben, bist du machtlos. Dann staut sich unter Umständen das Gas im Innern. Im schlimmsten Fall entzündet sich der ganze Meiler und fliegt auseinander. Deswegen Meilerwache bei Tag und Nacht. Du siehst also, Köhlerei ist mehr als Arbeit allein: Sie ist Handwerk.«

Im Stall nebenan brüllte der Ochse. Kilian gab ihm Wasser. »Es ist das Wetter«, sagte er, als er zurückkam. »Zu schwül für einen Abend vor den Eisheiligen. – Gehen wir schlafen! Margret wird die erste Meilerwache übernehmen und dich dann wecken. Du gibst mir Bescheid und ich dann Kathrin. Die kann dabei schon die Morgenkost richten.«

Joß stand auf und ging zu seinem Lager. Schwarz stand der Himmel über dem Wald. Ein erster Donner grollte fern über dem Tal. Joß kam noch einmal zurück: »Und woher weiß ich, daß meine Wache abgelaufen ist?«

»Ach so«, sagte Kilian und ging auf die Bank zu, auf der Margret saß. Sie wachte auf und sah Joß erschrocken an, und er erkannte, daß sie schön war und voller Einsamkeit. Neben ihr auf der Bank standen zwei übereinandergeschichtete Eimer. »Das ist unsre Wasseruhr«, erklärte Kilian, »denn Wasser ist hier besser zu beschaffen als Sand. Der obere Eimer hat im Boden ein feines Loch. Bis das Wasser durchgelaufen und der untere Eimer gefüllt ist, könnte eine Stunde vergangen sein. Für uns jedenfalls ist es das Maß. Unter der Bank steht ein dritter Eimer, den tauschst du gegen den gefüllten aus und schüttest das Wasser wieder sorgfältig in den oberen mit dem Abflußloch. Wenn der obere Eimer zweimal leergelaufen ist, weckst du mich. Schlaf gut! Wir haben es verdient.«

Joß streckte sich aufs Stohlager und schlief sofort ein. Er merkte nicht, wie draußen der Sturm aufkam, daß Äste und

Stämme sich aneinander rieben und girrten. Ein gewaltiges Rauschen kam vom Tal hoch, Sturm drückte die Rauchsäule des Meilers herunter und jagte sie in Fetzen über den Boden, daß Margret schlucken mußte und sich abwandte. Der Wind rüttelte an den Dächern der Hütten und Verschläge und war voller Stimmen. Auch die Tiere mischten sich ein.

Joß erwachte erst, als eine Hand ihn berührte und eine ängstliche Mädchenstimme ganz nah an seinem Ohr flüsterte. »Die Gräfin!« Er richtete sich auf. Margret umschlang seinen Arm und schmiegte sich an seine Schulter.

»Was für eine Gräfin«, fragte Joß, »und was ist mit ihr?«

»Die Gräfin von Eberstein rast durch den Wald«, sagte Margret zitternd. »Sie findet im Grab keine Ruh', weil sie einen falschen Eid geschworen hat, und ist zur Unrast verdammt in alle Ewigkeit.« Das Tosen des Sturmes erzwang eine Pause.

»Was hat sie geschworen?« wollte Joß wissen. Aber ein Blitz zuckte auf, und der Donner ließ keine Stimme neben sich zu. Als das Grollen verhallt war, begann Margret zu erzählen. Sie ließ seinen Arm los und schaute unentwegt nach draußen.

»Sie ritt mit ihrer Jagdmeute vom Badischen herüber in unseren Wald und schwur vor ihren Begleitern, so wahr der Schöpfer über ihr sei, habe sie badischen Boden unter den Füßen. Sie trieb mit dem Schöpfer ein falsches Spiel, denn sie hatte einen Schöpflöffel ins Haar gesteckt und Erde von der Burg Eberstein in ihre Schuhe gefüllt. Zur Strafe jagt sie Gott bei Sturm und Wetter mit Roß und Hunden durch den Wald. Hörst du das Bellen und Klappern der Hufe?«

»Nein«, sagte Joß, »ich höre nur den Sturm und den Wald. Aber ist es schon Zeit zur Ablösung?«

»Ich habe die Zeit vergessen«, gestand Margret, »ich sehe nach.«

Der Meiler war in der Dunkelheit nur als schwacher Kegel zu erkennen. Manchmal zuckte eine kleine Flamme aus einem der Kopflöcher und beleuchtete den abziehenden Rauch des Quandelschachtes. Wie Irrlichter, ging es Joß durch den Sinn.

Margret kam zurück und räumte schüchtern ein: »Die Wasseruhr ist nicht abgelaufen.« Zaghaft rückte sie an Joß heran und lehnte den Kopf an seine Schulter. Er rührte sich nicht. Sie war ein Kind. Schön in ihrem dunklen Haar, vorsichtig in Gebärde und Bewegung. So sollte es bleiben.

»Das Wasser im Eimer nimmt gar nicht ab«, stellte Margret fest. »Mag sein«, stimmte Joß zu. »Was unten abfließt, füllt der Regen oben wieder auf. So steht für die Wasseruhr die Zeit still. Wir gleichen es aus.«

Sie schwiegen wieder und sahen in die Nacht.

»Die Einsamkeit ist es«, wisperte Margret dann, »was Mutter so traurig macht und mich so furchtsam. Für Vater ist es Freiheit, für uns Abgeschiedenheit.«

»So«, erwiderte Joß tonlos, »die Einsamkeit also.«

»Wo wir auf Menschen stoßen«, fuhr Margret fort, »sind wir die Wäldler, die Fremden, die anderen, mit denen man nichts anzufangen weiß, fast schon Verstoßene. Verstehst du das?«

»Ich glaube schon«, antwortete Joß.

»Auch ich werde fortgehen«, sagte Margret entschlossen, »irgendwann mit einem Mann, den ich liebe.«

Sie rückte fester heran. Aber Joß wich aus, stand auf und sagte: »Wir müssen das Wasser doch umfüllen. Die Zeit steht nicht mehr still. Deine Wache ist abgelaufen.«

Aber Margret blieb unbeweglich sitzen.

Joß machte eine Runde um den Meiler. Blau stand der Wald in dieser fremden Nacht. Stunde der Einsamkeit, dachte Joß, in jedem Menschen eine andere.

Margret saß noch immer und starrte in die Nacht. Auch Joß hatte sie nicht verstanden. Eines Tages würde auch ihr nichts übrigbleiben als kopflose Flucht in das, was sie Leben nannte. Zögernd ging Joß zurück. An ihrem Reden hatte er erkannt, daß Margret aufgehört hatte, Kind zu sein.

Aus Sturm war wieder Wind geworden. Auch der ließ jetzt nach, und das Gewölk zog ab. Margret war im Sitzen eingeschlafen. Er rüttelte sie an den Schultern wach.

»Geh noch ein paar Stunden schlafen«, riet er ihr, »hier draußen wird es zu kalt.« Sie folgte willig und wortlos.

»Die Gräfin von Eberstein ist vorbeigeritten«, hörte Joß sie noch einmal von weitem sagen. Da war sie wieder Kind. Einsamkeit, grübelte er noch einmal, eine unheimliche Macht des Waldes. Für ihn war sie jetzt Leben, aber nicht das Leben.

Er füllte die Wasseruhr nach, ging wieder zum Meiler und stach mit der Kohlstange im Windschatten die Kopflöcher nach, die der Regen verklebt hatte. Eine helle Rauchfahne stieg aus dem Quandelschacht auf und zeigte an, daß der Brand sich dem Ende näherte. Als er dann den Köhler weckte, meinte der, der Meiler würde nun bald einsinken, man erkenne es an Farbe und Geruch des Rauches. Dann beginne die schmutzigste Arbeit. Aber es dauerte dann doch noch bis zum Mittag.

Sie harkten die ausgetrocknete Abdeckschicht von dem zusammengesunkenen Kegel. Das Gestübe von Kohlenstaub und Erde fiel weitgehend nach innen durch und erstickte die Glut. Sie mußten bei der Arbeit Holzpantinen tragen, weil die heiße Erde das Stiefelleder ausgedörrt oder gar verbrannt hätte. Die verkohlten Stücke bildeten einen Kreis um den Restmeiler. Schließlich blieb nur die Kohle des Quandelschachtes zurück, die nicht verkäuflich war. Sie wurde von Kathrin im Hüttenherd verwandt und deshalb ausgesondert.

Die heiße Kohle wurde zum Schutz gegen Regen zum Abkühlen unter ein Schutzdach gerecht, das Kilian aus Tierhäuten gespannt hatte. Gegen Abend war die Arbeit beendet. Kilian sah zufrieden auf ihr Tagewerk. Er konnte morgen dem Schmied in Baiersbronn ein paar Fuhren bringen. Die Arbeit hatte sich gelohnt.

Dann war Sonntag. Sie vereinbarten, daß Kilian mit den Frauen zur Messe nach Reichenbach gehen sollte, während Joß sich bereit erklärte, das Anwesen zu hüten.

Vom Gesang der Vögel erwachte Joß in der Frühe. Der ganze Wald schwirrte von vielerlei Stimmen, die sich einreihten ins Spiel der Töne, denen die Amseln das Leitmotiv gaben. Aber Wehmut und Traurigkeit erstickten in ihm die Stunde des Jubels. Hatte die Welt ihr Tor vor ihm verschlossen?

Da überdeckte das klagende Gurren eines Taubers das helle Gezwitscher. Joß hob aufmerksam den Kopf. Von der Kleemiß her rief eine dunkle Stimme, und vom Steinmäuerle antwortete eine andere im selben Rhythmus dieselben Laute: Agathe, du Gute, sieh her, ich verblute! Joß richtete sich auf.

War es Bernhard Wendel, der nach seiner Frau rief? Es klagte und klagte und wollte kein Ende nehmen. Joß schlief noch einmal ein. Aber draußen gurrte und gurrte es: Agathe, du Gute …

Am Morgen gab es Bienenhonig, den Kilian selbst geschleudert hatte. Kathrin klagte über Kopfschmerzen und bat, zurückbleiben zu dürfen. Da lud Kilian Joß ein, mit nach Reichenbach zu kommen. Der sah keinen Grund abzuschlagen und stimmte zu. Es war ein junger Frühlingsmorgen. Margret lief den Männern voraus und mischte sich singend und trällernd in den Vogelsang ein. Sie liebte die mächtige Klosteranlage, sah voller Ehrfurcht das gewaltige Kirchenschiff. Schon wenn sie durch die Vorhalle, das Paradies mit seinem mächtigen Gewölbe, zu den schweren Portalen kam, deren bronzene Türzieher ihr als aufgerissene Löwenmäuler entgegenschrien, empfand sie eine Verwandlung. Wenn dann der Chor der Brüder das Te Deum sang und die wohlabgestimmten dunklen und hellen Klänge das Kirchenschiff füllten, wollte sie am liebsten nie mehr zurückgehen in die Einsamkeit des Tonbachtals.

Am Hochaltar flackerten unruhig zwei weiße Kerzen und ließen das mit Korallen besetzte Silberkreuz aufblitzen, als zucke darin ein glühend heißes Leben, das nach Befreiung schrie. Joß war in der letzten Reihe zurückgeblieben, wo fremde Pilger und Fahrende ihren Platz hatten.

Es war der Sonntag Kantate. Einer der Brüder las einen Psalm in Lateinisch. Der Prior übersetzte und hielt eine kurze Predigt in Deutsch. Aus all dem Lob Gottes hörte Joß ein paar Stellen heraus, die ihn angingen. »… der Herr läßt sein Heil verkünden, vor den Völkern seine Gerechtigkeit offenbaren … Er wird den Erdboden mit Gerechtigkeit richten und die Völker mit Recht … Im Reich dieses Königs liebt man das Recht.«

Während die Frauen nach der Messe noch einen Schwatz vor der Paradieshalle hielten, trafen sich die Männer zu einem Becher Wein in der Gastmeierei. Den Forstwart vom Ailwaldhof trafen sie dort wieder, der von Tonbach war ebenfalls da, Handwerker, Bauern und Knechte. Auch hier sprang ein feuriger Funke ins Gespräch, wenn es um Abgaben, Frondienste, Recht oder Unrecht ging. Joß hielt sich zurück. Es war nicht seine Zeit. Am Weihertor trafen sich die Familien wieder und verließen den Klosterbezirk der Benediktiner. Dann verloren sich die Gruppen in der Reichweite des Klosters. Kilian schloß sich dem Forstwart von Tonbach an. Sie hatten den weitesten Weg vor sich. Dessen Frau und die beiden Töchter nahmen Margret in ihre Mitte. Die Männer folgten.

Der Forstwart, ein Mann in mittleren Jahren, war nicht sehr gesprächig. Dennoch fühlte Joß sich zu ihm hingezogen. Sein nüchternes, sachliches Wesen sprach ihn an. Sie folgten dem Paradiesweg am Hang des Wiedenberges hinüber ins Tonbachtal. Zuletzt kam der Jagdhund gesprungen, den die Mädchen freigelassen hatten, beschnupperte jeden und nahm neben seinem Herrn Platz. Sie trennten sich.

Am Nachmittag führte Kilian Joß durch »sein Revier«, wie er es nannte, zeigte ihm die Bienenstöcke, Harzbäume, an denen die Eimer für den Salbeofen hingen, die Plätze, an denen er Meilerholz geschlagen hatte und die nun wieder aufgeforstet wurden. Joß schlief die Nacht abgrundtief ohne Traum und trübe Gedanken. Dann weckten ihn die Tauben. Sie vervollständigten die Riese bergauf, schickten schon erstes Meilerholz und waren stolz auf ihr Werk.

Gegen Ende der Woche bereiteten sie den neuen Meiler vor, richteten die Kohlplatte, karrten und trugen Holz zusammen.

128

Sie legten das getrocknete Hartholz griffbereit im Kreis um den späteren Meiler. Kilian erklärte alles ausführlich.

»Eine Kohlplatte«, sagte er, »muß möglichst zugfrei sein, das heißt im Windschatten eines Berges oder Hochwaldes liegen. Starker Wind ergibt bekanntlich starkes Feuer, das brennt den Meiler aus und mindert den Wert der Kohle. Hast du aber einmal schlechte Ware geliefert, bleibst du für immer auf deinen Meilern sitzen.« Dabei schlug er eine Quandelstange in die Mitte des Platzes, knotete ein Seil daran, an dessen anderem Ende ein Pfahl befestigt war, und zog damit eine Kreisfurche, damit der Meiler seine genaue Form erhielt. Dann wurde der Boden vom Quandelpfahl nach außen so abgerecht, daß ein leichtes Gefälle entstand, damit die Holzfeuchtigkeit, die immer noch im Trockenholz steckte, abfließen konnte.

Die Woche darauf wurde der Meiler aufgebaut. Zunächst der Quandelschacht aus drei Fichtenstangen, die acht Ellen lang waren. Wiedenringe aus Hainbuchenzweigen befestigten die Stangen, daß sie dem Druck der Holzscheite standhalten konnten. Dann wurde der Meiler darum geschichtet. Als der oberste Teil zum Dach abgeflacht war, stand der Mond schon am Himmel, und sie gingen zur Hütte. Am nächsten Morgen harkten die Frauen im Wald Eichenlaub zusammen, das sich für den Mantel am besten eignete, da Eichen die Blätter erst kurz vor dem neuen Austrieb abwerfen. Sie waren dadurch gut ausgetrocknet und qualmten nicht. Als der Meiler mit Laub- und Farnfutter bedeckt war, schickte Kilian die Frauen ins Haus und begann mit Joß den Aufwurf des Gestübemantels. Das Anzünden war für den nächsten Tag geplant, damit man den Verlauf des Brandes über Tag besser verfolgen konnte.

Am Nachmittag wechselten sie die Arbeitsstätte. Kilian wollte den Bau des Wohnhauses vorantreiben. Die Arbeit mit Hammer und Meißel war für Joß ebenfalls neu, aber das Behauen der roten Bruchsteine für das Mauerwerk machte ihm Freude. Er spürte das Heilende, das Tröstende, das von diesem Tun ausging. Es war ein Schaffen über den Tag hinaus, das in die Zukunft ragte. An einem Haus gearbeitet zu haben gab einem Leben Sinn, auch dann noch, wenn man wußte, daß der Schutz, den es gab, einen selbst nicht mehr betraf. Hier konnte Leben überwintern. Hier konnte Zeit reifen.

Die Arbeit am nächsten Morgen begann mit dem Stechen der Kopflöcher. Da der Wind von Südwesten wehte, wurde die Kohlstange von Nordosten her in die Haube gestoßen. Dann füllte Kilian den unteren Teil des Quandelschachtes mit Holzkohle und Splitterholz, warf fünf Schaufeln glühender Holzkohle hinterher, dann wieder ausgekühlte Holzkohle und Späne und wieder Kohlenglut. Schließlich verschloß er den Schacht mit Rasensonde und dichtete den Mantel darum ab. Kurz darauf quoll dunkler Rauch aus den Kopflöchern. Der Meiler brannte.

Als Joß Meilerwache hielt, stand der Halbmond über der Lichtung. Er grübelte viel. Im Wachen wird die Zeit uns bewußt, im Traum stürzen wir durch die Zeit, oder sie stürzt durch uns, Vergangenes wird gegenwärtig, Zukünftiges klopft an. Dann weckte er Kilian.

Er konnte nicht sogleich einschlafen. Jockgrimm fiel ihm ein, der Gang mit dem Antonitermönch, die vielen Gespräche an Winterabenden, die schmähliche Stunde der Flucht. Geplant, gehofft, verloren: Bilanz seines Lebens!

Am nächsten Tag brannte auch der Salbeofen. Kathrin und Margret hatten von den angezapften Kiefern die Gefäße abgenommen und das restliche Harz abgekratzt, das nun gesotten wurde.

Damit wurden später die Ledereimer gefüllt und danach zum Abtransport nach Straßburg bereitgestellt.

»Eine mühsame Arbeit«, sagte Joß im Vorübergehen.

»Was ist nicht mühsam auf dieser Welt?« fragte Kathrin mutlos.

»Man rackert sich ab vom Sonnenaufgang bis zum -untergang, daß einem die Kleider am Leib schlottern. Man macht's, weil man's immer gemacht hat, und sieht kein Ende.«

Joß schwieg. Er wußte keine Antwort. Aber Kilian sprang ein:

»Man muß es mit Freude tun. Das ist der Lohn.«

Zwei Welten! Sie gingen wortlos auseinander, jeder an seine Arbeit. Es kam die Zeit der Eisheiligen. Die Nächte waren kalt und hell. Bei den nächtlichen Meilerwachen im leisen Rauschen des Waldes und angesichts der Sterne über dem Wald spannten Erinnerungen ihren weiten Bogen. Aus den Kopflöchern stieg der Rauch. Wolken zogen über die Sterne und gaben sie wieder frei. In der Klappermiß weinte ein Vogel, und vom Steinmäuerle herab schrie der Kauz sein scharfes Kiwitt, Kiwitt. Die Wasseruhr tropfte hörbar und erinnerte an die Zeit. Vom Tauberruf wachte er am Morgen auf. War diese Klage Botschaft an ihn? Wurde jetzt in der Frühe in Udenheim oder Kislau ein blutiges Urteil vollzogen?

»Wo kommen nur auf einmal die Tauben her?« fragte er beim Morgenbrei. Kilian überlegte.

»Sie haben den Winter über geschwiegen. Ab jetzt wirst du sie den ganzen Sommer über hören, bald näher, bald ferner, bis in den späten Herbst.« Joß stand wie versteinert.

»Man gewöhnt sich daran«, tröstete ihn Kilian.

Mit ein paar verregneten Tagen ging das Frühjahr zu Ende. Dann begann ein mächtiger Sommer. Über der Arbeit im Wald war auch das Werken am Steinbau nicht vergessen worden.

Oft kamen Kathrin und Margret am Abend, um das Wachsen zu bewundern. So saßen sie auch am Abend eines heißen Augusttages alle vor der kühlenden Mauer des Neubaus, plauderten und schwiegen und freuten sich des Schattens. Da machte das Krächzen der Eichelhäher sie aufmerksam. Es kam von Westen her näher und störte den Frieden des Waldes. »Vielleicht ein Tier?« vermutete der Köhler. »Oder ein Mensch?« wähnte Joß. Er selbst war diesen Weg gekommen.

Als das Geschrei der Häher verstummt war, hörte man von weitem das müde Tappen eines Mannes. In der Biegung erschien eine schwerfällige Gestalt. Joß erkannte sofort das geistliche Gewand, stand auf und ging dem Mann entgegen. Der späte Wanderer war überrascht, erschrak und blieb stehen.

Joß sprach ihn an, beruhigte ihn, und da er ihn am Ende seiner Kräfte sah, stützte er ihn und führte ihn zur Hütte. Auch Kilian und die Frauen folgten.

An der Sprache erkannte Joß, daß der geistliche Herr aus der Gegend des Bruhrain kommen mußte. Erschöpft sank der Gast auf der Bank vor der Hütte nieder. Joß war klug genug, sich mit Fragen zurückzuhalten. Kathrin erquickte den Fremden mit einem Schluck Wein, und Margret kühlte ihm die geschwollenen Füße.

»Habt Dank, liebe Leute!« stammelte er. Dann sank ihm der Kopf auf die Brust. Die Männer trugen ihn aufs Lager. Er schlief neben Joß.

Am Morgen wurde der Gast gesprächig. Er war vor Tagen in Speyer aufgebrochen, wo er als Domherr in Diensten stand. Sein Ziel war Kloster Reichenbach, dessen Prior Johannes Kopp er kennengelernt hatte, als er noch Prior in Schönrain war. In Speyer ging die Pest um, und der Bischof hatte im Einverständnis mit dem Domkapitel die Geistlichen bis Allerheiligen beurlaubt, um dem großen Sterben entgehen zu können. So wollte er den Rest des Sommers und den Herbst in Reichenbach verbringen, bis er seinen Dienst in Speyer wieder antreten konnte. Er war mit Pferd und Diener aufgebrochen, bis dieser ihn dann in den Wäldern des Schwarzwaldes allein gelassen hatte – vielleicht aus Furcht, sein Herr schleppe schon die Pest mit sich – und mit den Pferden verschwunden war. Ein Fuhrmann hatte ihm am Ruhestein einen Abkürzungsweg empfohlen. Aber er hatte sich im Windbruch auf der Höhe verlaufen, war ins Moor geraten und hatte sich schließlich am Ende seiner Kraft hierhergeschleppt. Und nun danke für die Aufnahme.

»Ihr seid in der Kleemiß gewesen«, erklärte Kathrin, »und dort im Kreis gegangen. Jeder geht dort im Kreis, weil er Stimmen hört, denen er folgen will. Aber die Stimmen führen ihn nicht irr, sie bewahren ihn vor dem Absturz an der Steilwand überm Huzensee. Erwartet Euch der Prior, ehrwürdiger Vater?«

»Nein«, sagte der Geistliche, »dazu war nicht Zeit. Am Tag des Pantaleon hat man uns zusammengerufen und beurlaubt, bis kühlere Tage der Seuche Einhalt gebieten.«

»Um Gottes willen, Vater!« Kathrin bekreuzigte sich. »Tragt Ihr den Tod mit Euch durch den Wald?«

»Nein«, beruhigte der Gast, »ich hätte diese beschwerliche Reise sonst nicht überstanden.«

Am Mittag, als sie bei Tisch saßen, wagte Joß das Fragen: »Habt Ihr am Rhein und Bruhrain den harten Winter gut überstanden? Wie lange ist die Pest schon dort?«

»Der Winter war hart«, antwortete der Kanoniker, »das Frühjahr unruhig. Es gab einen Aufstand, oder besser: hätte beinahe einen gegeben. Aber der Faut schlug rechtzeitig zu und erstickte das Feuer im Glimmen. Bundschuh. Davon werdet ihr gehört haben.«

»Nein«, sagte Kilian und sah regungslos in seine Schüssel, »wir sind hier zu fernab.« Er befürchtete, Joß sei zu weit gegangen mit seiner Herausforderung. Der Geistliche aber war unbefangen mitteilungsfreudig und fuhr fort: »Viele wurden gefangen und vor Gericht gestellt. Der Kaiser selbst hat die Bestrafung angeordnet und die Strafen festgelegt.«

»Sind's viele gewesen?« fragte Joß wie nebenbei, und keiner sah ihm an, wie sein Blut siedete.

»Es mag ein knappes Dutzend in Kislau enthauptet und geviertteilt worden sein«, berichtete der Geistliche. »Anderen wurden die Schwurfinger abgeschlagen, andere des Landes verwiesen oder an Hab und Gut bestraft. Wenn es nach dem Kaiser gegangen wäre, stünden die Dörfer um Bruchsal und Udenheim heute leer. Er wollte alle, die zum Bundschuh geschworen hatten und mindestens sechzehn Jahre alt waren, hinrichten lassen, indem sie lebend geviertteilt worden wären. Ihre Habe hätte man eingezogen und die Kinder des Landes verwiesen ...«

Joß ging ein Stich durchs Herz. Konnte der Mann, dem er die höchste Macht im Staat zugedacht hatte, so grausam sein?

»Unser Bischof ließ jedoch menschlich richten«, fügte der Gast beruhigend hinzu. »Aber lose Zungen im Land sehen in der furchtbaren Seuche, die jetzt in Speyer umgeht, eine Strafe Gottes für das vergossene Blut.«

»Ihr seid also auf der Flucht vor dem Tod«, stellte Kilian fest. »Urlaub vom Tod«, korrigierte der Geistliche lächelnd. Doch Joß schaltete sich noch einmal ein. »Warum«, fragte er, »wollten die Bauern sich erheben?«

Der geistliche Herr sah verlegen unter sich. »Warum?« wiederholte er. »Gibt es einen Menschen, der mit seinem Schicksal zufrieden ist?«

»Wenn es so ist«, folgerte Joß, »was wird der Bischof tun, um es zu ändern?«

Der Gast sah ihn unmittelbar an. »Es gibt scharfe Denker in diesem verlorenen Wald«, stellte er fest. »Der Bischof hat einiges getan. Man will allgemein die Reformen im Land beschleunigen, auch erwägt er, demnächst das Ungeld zu erlassen. Aber er ist ein gebrochener Mann. Die Verschwörung hat ihn hart getroffen.«

Joß sah auf seine blanken Arme. Das schwarze Muttermal war vom Schwarz der Kohle überdeckt. In ihm hämmerte es. Namen, Namen wollte er hören! Wen hatten sie geviertelt, wem die Schwurfinger abgeschlagen, wen vertrieben?

»Übrigens«, fügte der geistliche Herr noch hinzu, »suchen sie den Rädelsführer im ganzen Land. Er heißt Joß Fritz und trägt ein Muttermal am Arm. Der war der Ursächer.«

Er stand auf, um seine Füße noch einmal im Tonbach zu baden, bevor er sich auf den Weg machte. Als er zurückkam, waren die Männer schon wieder bei der Arbeit. Die Sonne stand heiß über dem Land. Sogar im Schatten der Bäume war es schwül und drückend. Der Tag mußte mit einem Gewitter enden, und den Gast trieb es zur Eile. Kathrins Züge erhellten sich, als er ihr beim Gehen ein Zehrgeld in die schwieligen Hände drückte. Margret begleitete ihn noch über die Sonnenhalde hinaus, bis der Weg nach Osten abbog und man über eine Schonung das Kloster mit den beiden Türmen des Münsters erkennen konnte. Dann sprang sie leichtfüßig zurück. Sie fühlte den Sommer beglückend.

Joß hatte die Begegnung mit dem Gast aus Speyer beunruhigt. Kilian hatte keine Fragen mehr gestellt, und die Frauen kannten die Zusammenhänge nicht. Da konnte er beruhigt sein. Aber die Nähe dieses Mannes in Reichenbach!

Als sie beim Abendbrot saßen, gurrte der Tauber wieder von der Höhe: Agathe, du Gute ... Eine endlose Mahnung! Aber er lebte, und das Blut von Kislau durfte nicht umsonst geflossen sein! Da fiel ihm das Fähnlein ein. Noch wartete es in Basel in der Hinterstube eines Malers. Das brauchte er. Am Abend saß er mit Kilian nach der Arbeit auf einem Stamm am Waldrand. Der Mond kam früh über dem Tonbachtal herauf und zog durch ihr Schweigen. Geduldig sahen sie dem blauen Rauch der Kopflöcher zu. Da begann Joß auf Kilian einzureden:

»Für drei Meiler haben wir Holz eingeschlagen. Am Haus kannst du für eine Weile allein weiterarbeiten, zum Herrichten der Balken brauchst du mich nicht unbedingt ...«

»Willst du mich im Stich lassen?« unterbrach ihn Kilian erschrocken.

»Nein, nein!« beruhigte ihn Joß. »Ich habe nur noch eine wichtige Erledigung in Basel. Dann kannst du wieder mit mir rechnen.«

»Wie lange wirst du wegbleiben?« forschte Kilian.

»Wie lange braucht ein Fuhrmann bis Freiburg?« fragte Joß zurück.

Kilian zögerte einen Augenblick. »Bis Freiburg ...? In drei Tagen wird er es kaum schaffen«, überlegte er, »sagen wir vier.«

»Und von dort bis Basel?« fragte Joß weiter.

»Vier bis fünf Tage werden das auch sein«, antwortete Kilian.

»Gut«, sagte Joß, »morgen früh ums Morgengrauen breche ich auf. Spätestens in drei Wochen kannst du wieder mit mir rechnen.«

Kilian willigte ein. »Abgemacht!«

Der Weg folgte den Ausbuchtungen des Tals. In Girlanden ging es weiter um die Klappermiß, den Weitengrund, den Hasen- und den Leimengrund zu den Höfen der Bauern hin. Joß trug wieder den schwarzen Rock und die zerhauene Hose. Noch war der Morgen kühl. Eine Katze saß am Wegrand und putzte sich. Sie gehörte offenbar dem Freienhofbauern, dessen Gehöft am Wiesenhang unterhalb des Wegs lag. »Bist schön genug!« sagte Joß dem Tier und strich ihm über das braunmelierte Fell. Die Katze miaute, stand auf und folgte ihm, überholte, wartete, blieb zurück und hüpfte erneut nach vorn. »Komm nicht mit!« sagte Joß eindringlich zu ihr. »Du suchst Geborgenheit und Heimat. Ich habe keine mehr, und meine Spuren zerfließen im Sand.«

Auf dem Fernweg nach Alpirsbach, der von Dornstetten herkam, traf er einen fahrenden Schüler; der schloß sich ihm an, bis sie nach vier Tagen Freiburg erreichten. Dann setzte Joß seinen Weg allein fort. Durchs Schwabentor war er gekommen, durchs Lehener Tor verließ er die Stadt.

Am achten Tag erreichte er die Rheinbrücke, ging über den steinernen Kleinbasler Teil und wechselte zur hölzernen Großbasler Seite in die Stadt. Die Straße führte mit einer leichten Biegung zum Kornmarkt hinauf, an der Baustelle für das neue Rathaus vorbei und wurde zur »Freien Straße«. Dort erfragte er die Herberge der Kaufleute und wurde an das Haus »Zum Schlüssel« verwiesen. Wollte man Neues erfahren, mußte man in die Zunfthäuser der Kaufleute gehen. Ein paar feine Herren setzten sich zu Joß an den Tisch und redeten von ihren Geschäften, die sie in Frankfurt gemacht hatten. Sie bezogen ihn nicht ins Gespräch ein, und so konnte er um so besser verfolgen, was die Fuhrknechte am Nachbartisch miteinander sprachen. Während er seine Linsensuppe aß und auch die Herren bei der Mahlzeit zulangten, waren die Knechte schon beim Wein, der die Zungen löste. Es ging ums Mehr-Verdienen und Weniger-arbeiten-Müssen. Ein Thema, das in keiner Wirtsstube fehlte.

»Ich weiß, wie man's anstellen kann«, sagte einer sehr gewichtig in badischem Tonfall. »Nach dem gescheiterten Auf-

stand in Speyer sind fünftausend Gulden auf den Kopf des
Joß Fritz gesetzt.«

»Nein, zehntausend!« unterbrach ihn ein anderer. »Sie
haben erhöht!«

»Um so besser!« lenkte der erstere ein. »Das wäre es:
kassieren, ohne einen Finger krumm zu machen!«

Joß ließ den Löffel sinken. Fast hätte er sich verschluckt.
Sein Herz klopfte bis zum Hals. Also auch in Basel, das doch
zur Schweiz gehörte! Erst jetzt wurde er sich seines Wagnis-
ses bewußt. Da beruhigte ihn ein Zuruf vom anderen Ende
des Tisches. »Judaslohn!« schrie einer empört und veräcnt-
lich. »Pfui Teufel! Wollt ihr ehrliche Fuhrleute sein?«

Joß zahlte und ging, indem er den Kaufleuten noch zunickte. Er schlenderte den schmalen Schlüsselbergweg hinauf
und stand bald auf dem Münsterplatz. Gebannt betrachtete
er die Reiterstatuen an den Türmen, den heiligen Georg am
Nordturm und den heiligen Martin am Südturm, an dem
auch die beiden Uhren angebracht waren, über dem Reiter-
standbild im zweiten Sockelgeschoß die runde Uhr mit dem
Schlagwerk, darüber das aufgemalte Rechteck der stummen
Sonnenuhr mit dem Zeiger.

Als Joß so stand, trat ein Junge zu ihm. Er hatte erkannt, daß
Joß ein Fremder war, und begann selbstgefällig zu erklären.
»Bei uns gehen die Uhren anders als bei euch im Reich.«

»So«, sagte Joß, »und warum?«

»Wir sind halt jetzt Schweizer«, sagte er, »aber das war eigentlich schon vorher so. Wenn es Mittag ist, steht dieser
kleine Zeiger auf eins, weil die zwölfte Stunde abgelaufen ist
und die erste das Nachmittags beginnt.«

»Eure Zeit ist also die gleiche wie anderswo«, stellte Joß
fest, »nur die Uhren gehen ein wenig vor.« Der Bursche
nickte.

»So ist das wohl!«

Er kam übrigens Joß sehr gelegen. Man konnte ihn unauffällig nach einem Maler fragen. Da Joß den Namen seines
Mannes nicht kannte, wollte er auf gut Glück irgendwo anfangen.

Der Bursche führte ihn vor das Haus des Jos Langweller, der die Theobaldskapelle zu Sankt Leonhard ausgemalt hatte, erhielt einen Rappen und verschwand laut pfeifend.

Der Meister arbeitete an einem Tafelbild, das der Ammeister in Auftrag gegeben hatte und das dessen Familie, um die Heilige Familie versammelt, darstellte. Meister Jos, den Spötter auch Hans Langweiler nannten, weil er mit großer Sorgfalt und sehr bedächtig arbeitete und sich Zeit ließ, ein Werk zu vollenden, wußte von keiner Fahne, war auch nie darum angegangen worden. Er war ein Mensch ohne jeden Argwohn und verwies Joß an seinen Zunftbruder Rudolf Harri, der heraldische Motive liebte, aber gerade in Solothurn arbeitete, wo er auf Bestellung des Rates die »Dornacher Schlacht« malte. Er könne ruhig nachfragen. Die Meisterin sei da, vielleicht könne sie ihm helfen.

Sie empfing Joß zurückhaltend. Sie habe von der Speyrer Fahne gehört und wisse, daß Meister Rudolf sie noch nicht gemalt habe, besonders weil der Bundschuh darauf vorkommen solle, aber auch, weil er Wichtigeres zu tun habe.

Das mit dem Bundschuh verstehe er sehr wohl, antwortete Joß, aber sein Vater sei nun einmal Schuhmacher gewesen und hätte den Bundschuh als Wappen geführt. Dafür könne er ja nun nichts. Er sehe aber ein, daß der ehrenwerte Meister das Fahnentuch bei soviel Arbeit nicht bemalen könne, und erbitte das Tuch zurück. Es habe sich eine andere Möglichkeit ergeben.

Die Frau zögerte. Ob er sich irgendwie ausweisen könne.

Das sei nicht nötig, da er ja der Auftraggeber selbst sei.

Doch die Meisterin zögerte noch immer, sie sei nicht befugt, in die Geschäfte ihres Mannes einzugreifen. Da müsse er sich schon in Solothurn beim Meister selbst die Genehmigung holen.

Er habe aber keine Zeit hinzuzusetzen, antwortete Joß, da er unter Vertrag stehe und baldmöglichst zurück müsse ins Reich. Die Meisterin blieb ungerührt hart.

Zwar sei er nicht reich, fuhr Joß dann fort, aber ein paar Plapparte wolle er schon springen lassen. Vielleicht auch …

Er vollendete den Satz nicht, kramte aber in seiner Tasche. Griesgrämig bewegte sich die Meisterin zur Kammer. Joß schlug das Herz höher. Er war fündig geworden. Dann kam sie wirklich mit einem Päckchen, hielt es Joß hin und faltete es auseinander. Liebevoll strich Joß über das Blau und Gelb des Seidentuches, gab der Frau drei Plapparte, die sie eigentlich nicht nehmen wollte, barg das Fahnentuch sorgsam unter seinem Rock, dankte sehr und ging. Schnell verließ er Basel.

Zwei Wochen später am Sonntagabend traf er wieder bei Kilian ein. Vor dem Einschlafen hörte er den Tauber wieder rufen, dachte an das Kopfgeld, die Gefangenen von Kislau, zumeist aber an das Fähnlein, das neben dem Fazilettlein ruhte: sein einziger Besitz.

Übergänge

Wo der Tag zum Alltag wird, zerfließen seine Konturen und gehen ein in die Kette des Unmeßbaren, das wir Leben nennen. Man horcht im Schlaf dann und wann auf oder fragt sich zwischen zwei Träumen, was Trug, was Wahrheit ist, was Sinn oder Unsinn in unserem Tun. Joß grübelte: Den Augenblick bejahen, weil er so sein muß, und ihn doch im Schatten dessen sehen, was sein wird. Nur so kann man überleben.

Draußen brannte der Sommer ab wie eine Fackel, die Funken und Feuer versprüht. Die Frucht stand ausgedorrt, das Vieh lechzte auf den Weiden nach Gras und Wasser. Die Teuerung verzehrte in den geschundenen Händen der Bauern den letzten Heller.

Joß arbeitete im Wald. Die Rinde war angeschnitten, das Harz konnte hervorquellen. Der Boden unter seinen Füßen federte. Weiter ging es von Baum zu Baum. Er kratzte mit dem Messer das Harz von den Schnittstellen, sammelte es im Eimer und trug es zum Salbeofen zurück. So ging der Sommer hin.

Die Meiler rauchten, das Harz im Kessel duftete über die Lichtung hin bis zum Wald. Dort leuchteten zuerst die Spitzen der Ahornbäume, das Gelb der Birken dazwischen und das Rot der Ebereschen davor. Der Tauber rief nicht mehr: Agathe! Dafür röhrten die Hirsche von der Elme her, daß der Wald erdröhnte und das Tal erzitterte.

Stein um Stein wuchs das Haus. Kilian trocknete die Kellergewölbe, daß er schon Wintervorräte dort einlagern konnte. So verging Tag um Tag.

Herbstnebel folgten und einsames Arbeiten im Schonwald. Wie Steine fielen die Tage vom Himmel, bleiern schwer mit dumpfem Einschlag wie im Moor und ohne Widerhall. Dazu tickte der Axtschlag, scharf im Rhythmus für eine Weile, dann wieder zusammenhanglos und willkürlich.

Kürzer wurden die Tage und trüber. Ins Dunkel der Winterstunden tropfte die Zeit, zäh, langsam und ohne Glanz. Schnee fiel, taute wieder und ließ den Wald dunkler zurück als zuvor. Dann deckte er endgültig Hütten und Wald. Manchmal heulten Wölfe vom Höllkopf herunter ins Tal. Dann hielten Kilian und Joß bei der Arbeit inne und sahen sich an. Der Bär kam einzeln, bei Wölfen wußte man es nicht.

Sie richteten das Gebälk für den Dachstuhl. Kilian verstand sich darauf, als habe er sein Lebtag dieses Handwerk betrieben. Joß fragte sich wiederholt, warum ein so vielseitig begabter Mensch hier abseits der Welt die Erfüllung seines Lebens suchte. Nie war er mißmutig oder jähzornig. Das machte den Umgang mit ihm so leicht. Seine Ruhe bannte alle Zwietracht.

Zum ersten Advent rauchte zum erstenmal der Schornstein, zum zweiten zogen sie ins neue Haus. Sie trugen ihre Armseligkeiten in die eiskalten Kammern. Joß hatte eine Kammer für sich, einen Strohsack darin und sogar ein Bettuch darüber. Zum Sitzen und für sein Gepäck diente eine alte

Truhe, die Kilian in Baiersbronn erstanden hatte. Darin barg Joß das Fähnlein. Da sich Kilian in der Heiligen Nacht nicht wohl fühlte und Fieber hatte, ging Joß mit den Frauen zur Mette nach Reichenbach. Beim Forsthaus schloß sich ihnen der Forstwart mit Frau und Knecht an. Die Kinder waren zurückgeblieben.

Joß trug die Fackel und schritt voran. Die vom Kohlwald waren schon aufgebrochen, und Joß konnte ihrer Spur im Neuschnee folgen. Es war kalt, und Joß sah seinen Atem im flackernden Licht der Fackel tanzen. Die Schatten der Bäume wanderten in rötlichem Schein im Halbkreis um sie herum und lösten sich hinter ihnen in Nacht wieder auf. Neue schlugen den Kreis.

Die alte Basilika war erfüllt vom unruhigen Schein der Kerzen, deren Duft im Raum schwebte. Prior Johannes Rapp zelebrierte selbst die Messe. Der schwarze Chor der Mönche gruppierte sich um den Hochaltar. Sie sangen das »Adeste Fideles« mit volltönenden, dunklen Stimmen, und das ausklingende »Dominum« quoll aus dem Chorgewölbe durch den Triumphbogen ins Langhaus, zitterte und summte unter der flachen Holzdecke aus.

Erfüllt von der Feier und der Musik der nächtlichen Stunde, sangen sie noch auf dem Heimweg, bis ihnen beim Anstieg zum Wiedenberg der Atem ausging. Scharfer Westwind trieb ihnen jetzt Schnee ins Gesicht. Nur Margrets Stimme jubelte noch, vom Wind zerpflückt, durch den Wald. Sie folgte Joß dichtauf und wischte lässig Funken der Fackel von Gesicht und Mantel. Die vom Kohlwald hatten sich ihnen angeschlossen und verabschiedeten sich zuerst. Dann wünschte der Forstwart frohe Tage, schließlich waren sie zu dreien allein. Zur hohen Mitternacht erreichten sie das Köhlerhaus, wo Kilian unter einem umgehängten Fell vor dem Feuer kauerte.

Es schneite noch zwei Tage, und Joß hatte zu tun, den Weg zu den Ställen freizuschaufeln. Auch dieser Winter war hart und zog sich endlos hin. Sie hockten, da es früh dunkel wurde, abends beim Feuer am Herd und sangen viel. So vergaßen sie die Einsamkeit, in die sich niemand verlor. Nur der Forstwart schaute auf seinen Gängen durch den Wald manchmal herein.

In der Nacht zu Maria Lichtmeß splitterte der Jetterzaun unter mächtigen Prankenschlägen. Das drohende Gebrumm eines Bären, der sich mühsam durch das widerstrebende Astwerk drängte, ließ keinen Zweifel, was draußen geschah. Joß faßte das Schwert, das er blank neben seinem Lager aufbewahrte. Kilian riß die Saufeder von der Wand und stürmte ebenfalls hinaus.

Das wütende Brummen verriet, wo der Bär sich aufhielt. Er wühlte sich durch den Schnee zum Schafstall. Die Tiere blökten voller Angst, und der Ochse brüllte wild. Als die Männer ihm im Dunkel entgegenstürmten, bäumte der Bär sich drohend auf. Den ersten Angriff Kilians mit der Saufeder wehrte er mit einem Prankenschlag ab. Aber der Schaft aus Eschenholz überstand. Und als Joß ihm mit dem scharf geschliffenen Schwert die Pranke zerschlug, daß er vor Wut und Schmerz aufwimmerte, konnte Kilian ihm das Blatt der Saufeder ins Herz stoßen. Der tödlich getroffene Koloß torkelte noch ein paar Schritte auf die Männer zu, die geschickt rückwärts auswichen, bis ihn die Kraft verließ und er mit dumpfem Fall in den Schnee schlug. Die Nacht war jetzt voller Aufruhr. Der Ochse brüllte und tobte, die Schafe blökten, und die Hühner kreischten.

Joß und Kilian beobachteten eine Weile den sterbenden Bären und näherten sich erst zögernd, als ein letztes Röcheln durch den gewaltigen Körper ging. Der Kopf ruckte noch einmal hoch und fiel kraftlos zur Seite. Langsam kehrte die Stille zurück.

»Ich muß es dem Forstwart melden«, sagte Kilian. »Vielleicht darf ich das Fell behalten und eine Keule.«

Die Frauen warteten furchtsam an der Tür. Kathrin klammerte sich an Kilian, Margret lehnte sich an Joß.

»Dankt Gott!« sagte Kilian. »Es hätte uns schlimm treffen können.« Sie schliefen erst gegen Morgen wieder ein.

Kilian machte sich in der Frühe sofort auf den Weg zum

Forstwart. Der mußte dem Vogt in Reichenbach seine Meldung machen. Erst dann herrschte Klarheit. Sie weideten das Tier am Mittag aus. Kilian erhielt Keule und Fell. Das übrige Fleisch brachte Joß auf mühsamer Schlittenfahrt mit dem Ochsen nach Reichenbach ins Kloster.

Nach dem Entladen gönnte er sich und dem Ochsen eine Rast. Er band den Ochsen samt Schlitten am Ring im Hof fest und ging zur Klosterschenke. Während er sich nach einem Platz umsah, sprang an einem hinteren Tisch einer auf. »Joß!« rief er. Der blieb stehen, machte ein undurchdringliches Gesicht und sagte gelassen: »Du irrst, Freund. Ich bin der Friedrich und Köhlerknecht bei Kilian im Tonbachtal.« Dann lachten sie beide ausgelassen. Lotterholz führte Joß an seinen Tisch. Wein hielt die Stimmung wach, bis Joß todernst fragte: »Bist du in Bruchsal oder Grombach gewesen?«

»Nein«, räumte Lotterholz ein. »Im Bistum Speyer ist für uns nicht gut sein. Die Herren sind sehr mißtrauisch.«

»Wie bist du mir auf die Spur gekommen?« wollte Joß wissen. »Weiß ich doch selbst kaum, wo ich bin.«

»Im Haus des Vogelsbergers bei Loßburg habe ich gehört, daß der Köhler Kilian einen Knecht habe, der so gar nicht in den Wald passe, die Sprache des Bruhrains spreche und dessen Herz für die Bauern schlage«, erklärte Lotterholz. »Du siehst also: meine Wünschelrute!«

»Nun glaube ich es selbst«, gestand Joß nachdenklich, »daß wir in einer fast magischen Weise miteinander verbunden sind und diese Bindung alle Trennungen des Lebens überdauern wird.«

Lotterholz streckte die Hand über den Tisch und legte sie auf die des anderen. »Auf mich kannst du zählen. Zeig mir den Weg, den du ziehen wirst!«

»Du fragst nach meinem Weg?« sagte Joß. »Vielleicht ist es so: Ich weiß ihn, aber ich kenne ihn nicht. Es gibt einen Weg da drinnen und einen draußen. Beide wollen noch nicht zueinanderfinden. Bis Pfingsten bindet mich mein Wort an Kilian. Dann denke ich an den Bodensee. Es zieht mich mit

143

seltsamer Kraft dorthin.« Er sah den Freund um Verständnis bittend an. Doch Lotterholz erklärte ohne Umschweife den Weg zum See.

»Durchs Heckengäu hinüber nach Horb«, schlug er vor, »den Neckar aufwärts und hinunter in den Hegau. Da bist du schon am See und an der Schweizer Grenze. In Stockach werde ich dich vielleicht treffen, um die Sonnenwende. Frag in der ›Krone‹ nach mir. Jetzt aber muß ich weiter. Der Hüttenmeister von der ›Königswart‹ gibt die Hoffnung nicht auf. Ich soll mit der Wünschelrute neue Gänge aufspüren.« Sie trennten sich.

Joß erzählte Kilian von diesem Vorhaben. »Mit der Wünschelrute«, sagte der nachdenklich. »Ich habe es auch schon versucht, aber bei mir schlägt sie nicht aus, doch habe ich Spürsinn genug, es auch so zu ertasten. Nächstes Jahr will ich mit dir nach dem Forbachtal gehen. Dort glitzert es im Gestein. Neue Bergwerke sollen entstehen. Die Adern zeigen Silber, Kupfer, Fahlerz und Feuerstein. Das ist unsre Zukunft!«

»Kilian«, unterbrach ihn Joß lachend, »ich glaube, wir beide sind unverbesserliche Träumer. Deine Träume gehen in die Tiefe der Erde. Du willst das Geheimnis der Natur ergründen und vielleicht Schätze bergen. Ich träume davon, den Mächtigen ihre ungerechte Macht zu entreißen und dem Volk die Freiheit zu erkämpfen.«

Sie schwiegen. Draußen tropfte Tauwasser vom Dach.

Aufbruch und Einkehr

Kilian hatte zu Mariä Lichtmeß in Baiersbronn einen Knecht ausgemacht, der schon nach Ostern eintraf. Der Schnee war weggetaut. Da brach Joß auf. Das Kind Margret, das kein Kind mehr sein wollte, lief noch ein Stück mit durch den Wald und wäre am liebsten mit hinausgezogen in die Welt. Aber Joß schickte sie zurück: »Du bist noch zu jung«, erklärte er ihr. »Ich weiß nicht, welche Straße ich ziehe, nicht, wo ich bleiben werde, wenn es dunkelt, nicht, wo ich ankomme, wenn ich aufbreche. Und ich bin nirgendwo zu Haus.«

Da wurde sie nachdenklich, blieb stehen und kehrte um. Es mußte etwas geben, das noch schlimmer war als Einsamkeit.

Joß schritt weit ausgreifend den Tonbach entlang talab. Er wollte den Vogelsberger aufsuchen in Loßburg. Der Rainbauer kam ihm mit dem Hund entgegen und nickte ihm im Vorübergehen freundlich zu. Vom Rinken herunter hallten die Axtschläge der Holzfäller. Sie schlugen den Winterbruch. Bald lag Baiersbronn hinter ihm, er folgte dem Weg am Schöllkopf entlang, vor dessen Mooren Kilian ihn gewarnt hatte, und erreichte den Ödenwaldhof. Er saß mit der Familie und dem Gesinde an der langen Tafel. Nach der Mahlzeit stand der Bauer noch einen Augenblick bei ihm. Joß erkundigte sich nach dem Vogelsberger. Es ergab sich, daß die Männer befreundet und Gesinnungsgenossen waren. Schwer litten sie unter den Lasten des Klosters Alpirsbach. Als sich aber Joß als Freund des Bundschuh zu erkennen gab, drängte der andere zur Arbeit und wünschte einen guten Erfolg seiner Sache.

Als Joß aus dem Vogteiwald ins offene Feld trat, zogen die Höhen des Schlehengäus in dunklen Wellen nach Norden. Tiefblauer Himmel darüber nahm die strahlende Sonne in die Mitte und jubelte vor Weite und Grenzenlosigkeit. Die Einsamkeit des Tonbachtals hatte Joß freigegeben. Er wanderte nach Süden. Aber auf dem Vogelsberghof wohnte der Hans Mayer nicht. Man schickte ihn weiter. Er fing an, müde zu werden, und rastete am Rand des Bärenwaldes unter dem Steinkreuz. Der schnelle Abschied vom Ödenwaldhof hatte Zweifel ausgelöst. Vielleicht empfand der Vogelsberger seinen Besuch nicht anders. Doch Lotterholz hatte ein untrügliches Gespür für Menschen.

Eine alte Bäuerin, die nach Rodt unterwegs war, bekreuzigte sich, als sie vorbeiging. Ach so! Das Steinkreuz mit dem toten Jäger und dem toten Hund. Er stand auf. Die Rückseite stellte den Bären dar, der die beiden, selbst schon tödlich getroffen, überwältigt hatte. Joß ging ins Dorf, trat in die kleine Kirche, in der der Loßburger Kaplan über seiner Predigt meditierte. Er sah fragend herüber, nickte dankend, als Joß wieder ging. Eine Schar Bauernbuben drängte zur Tür herein. Nach einer Weile hörte er von weitem ihre glockenklaren Stimmen. Er fragte einen Schusterjungen, der mit Stiefeln unterwegs war, wo der Hans Mayer wohne. Basel fiel ihm ein, das mit dem Jungen, der Uhr und der Zeit. Wenn er den suche, solle er nur mitkommen. Dorthin wolle er auch. Sie gingen eine Weile. Der Junge sah verstohlen zu ihm herauf. Hatte er halblaut geredet? Hatte die Einöde ihn zum Sonderling gemacht?

»Kennst du den Vogelsberger?« fragte der Junge.

»Nein«, sagte Joß, »aber ich habe von ihm gehört.«

»Wgen der Geschichte damals?« hakte der Junge nach und erzählte: »Ich war noch klein damals, da sagten sie, daß der Großvater des Thomas Mayer auf seinem Acker bei Kielbühl einen Eber, der seine Saaten aufgewühlt hatte, mit dem Spieß erstochen habe. Als der von Brandeck auf Sterneck dazugekommen sei, habe er ihn als Wilderer festgenommen und ihm wegen Jagdfrevels die Augen ausstechen lassen, damit er nicht mehr sehen müsse, wie das Wild seine Äcker verwüste. Im Hof ging tatsächlich früher noch ein alter Mann um mit schlohweißem Haar und einer Binde vor den Augen. So. Und das ist das Haus. Ihr müßt hier klopfen, ich gehe durch die Küche.«

Er wies den Hofhund zurecht und verschwand.

Als es klopfte, versammelte sich die Familie gerade am Abendtisch. Hans Mayer ließ einen Stuhl holen, und Joß war eingeladen. Er hatte am Namen erkannt, wer sein Gast war. Nach der Mahlzeit ging er mit Joß und Thomas, seinem ältesten Sohn, in die Stube nebenan. Sie war frisch gescheuert und wohnlich.

»Ich fühle mich geehrt, daß du gekommen bist«, sagte der Vogelsberger und fuhr fort: »Wir denken in weiten Räumen.

Einer vermag nichts darin und viele nur wenig, wenn sie nicht einer führt, der seine Sache versteht. Was meinem Vater geschehen ist – du hast davon gehört?« Joß nickte. »Thomas wird es rächen. Man muß sie mit ihren eigenen Waffen schlagen. Darum geht Thomas zu den Landsknechten, um das Handwerk zu erlernen. Wir werden, wenn es soweit ist, Bauern und Kriegsvolk werben. Sterneck wird als erste Burg fallen, Mantelberg und andere folgen.«

»Gut«, stimmte Joß zu. »An Ort und Stelle muß der Bauer das Unrecht erkennen, das er bekämpfen will. Aber er muß auch begreifen, daß der Erfolg im Nahbereich nur ein Anfang ist. Wenn das große Ziel nicht erreicht wird, war er umsonst. Ums Ganze geht's!«

Der junge Thomas sah ihn mit großen Augen staunend an.

»Das Reich?« murmelte er.

»Ja«, sagte Joß, »es geht ums Reich.«

»Das ist ein hoher Anspruch«, stellte der Vogelsberger fest.

»Sicher«, räumte Joß ein, »aber ein örtliches Feuer treten sie aus mit Lässigkeit. Wenn das Ganze brennt, reichen Füße und Hände nicht aus zum Löschen.«

»Was hast du vor?« fragte der Vogelsberger.

»Es gärt rundum«, führte Joß aus. »Das ist ein guter Nährboden. Aber die Männer sind unwissend. Wir müssen ihnen erst die Augen öffnen, was zu tun ist. Von unten her müssen wir die neue Ordnung aufbauen, sonst ist nichts erreicht.«

»Du hast recht, aber sei vorsichtig!« mahnte Hans Mayer. »Du weißt, sie haben einen hohen Preis für deinen Kopf gesetzt. Es gibt viel Gesindel, das für Geld alles tut, und dein Name geht unter dem Volk um wie ein Losungswort.«

»Ist es so?« fragte Joß mit leichtem Lächeln zurück.

Dann stand er unwillkürlich auf, ihm war plötzlich klargeworden, welche Gefahr er unter dies Dach gebracht hatte.

»Dann will ich gehn«, sagte er, »und es ist ein anderer bei dir gewesen.« Aber Hans Mayer wehrte ab.

»So war es nicht gemeint. Ich wollte dich nur unterrichten. Du wirst bei Thomas in der Kammer schlafen. Aber wenn du morgen deines Weges gehst, sagst du mir nicht wohin.

Trotzdem will ich nicht, daß ein anderer bei mir gewesen sei. Du verstehst?«

Joß verstand und folgte schweigend Thomas in die Kammer.

Das Frühjahr war warm und trocken. Die Bauern, die in der Not des Winters teils ihre Strohdächer verfüttert hatten, warteten sehnsüchtig auf Regen. Acht Tage vor Pfingsten, das war schon im Juni, zog eine schwarze Wolkenwand von den Vogesen her auf. Als die ersten Tropfen fielen, sah Joß die Stadt Horb schon ganz nahe vor sich. Bis das Gewitter sich mit lautem Donner entlud, hatte er knapp das Altheimer Tor erreicht und stellte sich beim Pförtner unter.

Am Abend saß er im Gasthof »Zum Goldnen Schaft« mit Horber Handwerksmeistern zusammen. Joß hielt sich zurück, bis er merkte, daß Kürschnermeister Lotzer, der ihm gegenübersaß, einer war, der durchblickte und die Mißstände beim Namen nannte. Das löste auch Joß die Zunge, und sie fanden schnell zueinander. Am nächsten Tag arbeitete Joß in der Kürschnerei und fand bald in der Stadt einen Kreis Gleichgesinnter. Am engsten schloß sich ihm Sebastian an, der bei seinem Vater als Lehrling arbeitete. Stundenlang saß Joß oft abends mit ihm zusammen, manchmal kam auch der Vater dazu.

Zu Meister Lotzer kamen viele Herren, Bürger und begüterte Bauern, die sich Pelzfutter in die Mäntel einarbeiten ließen mit prächtigen Kragen obenauf. Joß half nach Anleitung des Meisters beim Veredeln der Felle oder besorgte bei Schäfern, Schlächtern und Jägern Häute von Lämmern, Schafen, Mardern, Füchsen, Wieseln, Kälbern und Fohlen. Das brachte ihn mit vielen Menschen ins Gespräch. Und Gespräche waren es, die Joß suchte. Besonders die Freundschaft mit dem jungen Sebastian bewirkte, daß er noch über Winter blieb.

Dann zog er weiter. Zum Bodensee, dachte er. Aber es trieb ihn kreuz und quer durchs Land. Er fand vielerorts Sympathie, aber nirgends eine Stätte, wo er bleiben konnte. Immer wieder holte ihn nach kurzem Verweilen das Gerücht ein, daß für ihn ein hohes Kopfgeld ausgesetzt sei.

So gingen Frühjahr und Sommer dahin, und Joß mußte sehen, wie er sich für den Winter verdingen konnte. Die Zeit war flüchtig wie er. Er trieb sich nicht herum – er war getrieben.

Im Spätherbst kehrte er noch einmal in Horb ein. Nur so und um gleich weiterzuziehen. Aber Meister Lotzer wollte nichts von Weiterziehen wissen. Seine Arbeit war im Winter am meisten gefragt, und Joß hatte sich gut eingearbeitet. Er hatte geschickte Hände. So blieb er einen zweiten Winter. Die Gespräche mit Vater und Sohn überschritten das Maß des Gewöhnlichen. Er fühlte sich selber reifen und an dem Jüngeren wachsen, dessen heller Geist nach Wissen drängte und alles hinterfragte, was ihm begegnete.

Im April brach er wieder auf. Er wollte Lotterholz aufspüren. Irgendwo traf er zwei Fuhrleute, deren Sprache ihre Heimat am Bruhrain verriet. Joß selbst hatte sich der Mundart des Schwarzwaldes angepaßt, um sich nicht zu verraten. Die beiden wollten Konstanz anfahren, dort verladen und neue Ware übernehmen. Sie kamen aus Udenheim, und Joß fragte, was es in Bruchsal Neues gäbe. Sie erzählten gern und standen noch ganz unter dem Eindruck vom Tod ihres Bischofs. Er sei ein so gutmütiger und beliebter Mann gewesen. Das ganze Land trauere ihm nach. Er habe den Udenheimern die Ehre gegeben, in ihrer Stadt zu sterben, an einem Sonntag, frühmorgens im späten August. Man habe ihn in bischöflichem Ornat in der Pfarrkirche aufgebahrt. Am Nachmittag habe man den Sarg auf einen schwarzverkleideten Wagen geladen und nach Speyer gebracht, wo Magistrat und Bürger ihren toten Bischof empfangen hätten.

»Hat er nur Freunde gehabt?« horchte Joß den anderen aus.

»Du spielst auf den Bundschuh an«, meinte der Erzähler. »Sicher, kein Mensch kann es allen recht machen. Aber wie gutgläubig er von der Treue seiner Bauern überzeugt war, siehst du daran, daß er den Lux Rapp, der den Aufstand ver-

riet, zuerst weggeschickt hat, weil er ihm kein Wort glaubte.«
»War Lux Rapp ein Bauer?« fragte Joß.
»Nein«, antwortete der Fuhrmann, »ein fremder Lands-
knecht.«
Joß beließ es dabei.

Nach Weihnachten erhielt Joß Nachricht durch einen Fahrenden, Lotterholz wolle sich mit ihm zu Mariä Lichtmeß
bei Lenzkirch treffen, und zwar in Saig im »Ochsen«. Er ha-
be wichtige Botschaften.
Mitte Januar war Tauwetter eingetreten. Nun schlug der
Winter zurück, zuerst mit Frost, dann auch mit Schnee.
Trotzdem brach Joß auf. Treibschnee strich übers Land und
stach ins Gesicht. Er mußte den Kopf nach vorne senken,
um die Augen zu schützen. Vor Abend noch erreichte er
Furtwangen. Er erwachte erst spät, kam dennoch über
Neukirch zu Mittag zur »Kalten Herberge« auf der Höhe.
Dort lag über dem Schnee eine Dunstdecke, die alles ver-
barg. Man konnte erblinden.
Joß war der einzige Gast, und der Wirt plauderte gern mit ihm.
Seine Herberge liege an einer bedeutsamen Stelle. Die nörd-
liche Dachseite leite das Wasser über Wildgutach und Rhein
zur Nordsee. Dagegen führe die südliche es über Breg und
Donau zum Schwarzen Meer. Ein Professor, der hier über-
nachtet habe, sei dem nachgegangen und habe es bestätigt.
»Ein Haus auf der Wasserscheide ist schon etwas Besonderes«, stellte der Wirt mit Stolz fest.
Von der »Kalten Herberge« fuhr ein Schlitten nach Hin-
terzarten. Joß durfte aufsitzen. Am Schweizerhof hielt der
Knecht die Pferde an und deutete auf einen verwehten
Pfad, der ins Tal führte. Joß folgte einer kaum auszuma-
chenden Spur in den tiefverschneiten Grund. Der Josbach
war zugefroren. Im Josahof fand er dann Herberge. Es dämmerte früh, und er freute sich der gastlichen Geborgenheit
im Familienkreis. Bleiben können, dachte Joß vor dem Einschlafen. Irgendwo wieder zu Hause sein. Es war Sonn-
abend.

150

In der Früh brach er mit den Wirtsleuten auf, die nach Neustadt zur Messe gingen, trennte sich bei Hölzlsbruck von ihnen und stieg den Glasbergweg hinauf zum Saiger Kreuz. Nach Mittag betrat er den »Ochsen«. Stimmengewirr empfing ihn. Er hängte den Mantel hinter den Ofen. Sie rückten ein wenig zusammen und sahen Joß fragend an. Aber Lotterholz war nicht unter ihnen.

Melchior Kohler, ein Bursche, dessen vorlautes Wesen ihm schon aufgefallen war, drängte sich neben ihn und flüsterte ihm zu, daß Lotterholz nicht kommen könne, da er krank in einer Herberge in Freiburg liege und dann nach Roggenhausen zurückkehren wolle. Eine andere Botschaft habe er nicht.

Als Joß nach einer Herberge im Gasthaus fragte, wehrte Melchior ab. »Du kommst mit mir. Ich lebe allein. Bei mir bist du sicher.«

Sie gingen als letzte. Joß zahlte für beide. Heulend empfing sie der Schneesturm. Es dunkelte schon, und Melchior stapfte voran. Von der Stadt war nichts zu sehen.

»Wir müssen nicht nach Lenzkirch«, schrie er. »Meine Hütte liegt draußen!« Dann waren sie da. Melchior rüttelte die Glut. Wärmend knisterte die Flamme und gab karges Licht.

»Lotterholz hat mir in Freiburg aus deiner Flugschrift vorgelesen«, begann Melchior das Gespräch. Joß horchte auf.

»Du sagst, daß wir alle Kinder Adams sind und Brüder. Das ist gut. Daß dem Treiben der Wucherer und Ausbeuter ein Ende gemacht werden müsse, daß keiner mehr leibeigen sein dürfe und altes göttliches Recht gelten solle, das ist noch besser, dafür könnte man sein Leben wagen.«

»Ich muß dich enttäuschen, Melchior. Lesen und Schreiben habe ich zwar gelernt, aber ich bin auf der Flucht. Und doch machst du mich neugierig. Da ist also einer irgendwo, der schreibt, was ich denke und sage. Das macht Hoffnung und beunruhigt zugleich. Könnte das die Botschaft sein, die Lotterholz hatte?«

»Da war auch von Geld die Rede«, brummte Melchior.

Das Gespräch erlosch.

Joß blieb, bis der Schnee im April wegschmolz, um Lotterholz zu suchen und jenen anderen, der schrieb, was er, Joß,
sagte. Aber das Nest in Roggenhausen war leer. Joß erfuhr,
daß Lotterholz schon nach dem Bodensee aufgebrochen
war, um für die Bauhütte des verstorbenen Meisters Böb-
linger Bodenuntersuchungen anzustellen. Über den Schreiber der Flugschrift erfuhr er nichts.
Er machte sich auf, um ins Hegäu zu ziehen. Er hatte Zeit
und war doch innerlich gedrängt. Er plante, und die Straßen
führten doch alle ins Offene. Immer bist du allein, dachte er,
allein mit Wind und Regen, Sonne, Wolken, Nacht und Sternen. Allein auch mit der Einsamkeit, die dich verhöhnt.
So kam er von Orsingen her, hatte den schwarzen Wald verlassen und die Abendsonne im Rücken. Den See konnte er
nicht mehr erreichen, darum wollte er in Nenzingen eine
Bleibe suchen für die Nacht. Der Bodensee hatte ihn immer
schon angezogen mit unwiderstehlicher Gewalt. Jetzt wollte
er Lotterholz treffen.

Hinter einer Biegung des Weges, der leicht abfiel, kam ein
Mädchen den Hang herab. Freude nach getaner Arbeit
leuchtete aus ihren Augen und beschwingte den Gang. Sie
hatte oben auf der Wiese Heu gewendet. Wo der Pfad in den
Weg einmündete, trafen sie sich. Joß grüßte und fragte, ob
nun Feierabend sei.
»Ja«, bestätigte sie, »für heute.«
Sie gingen eine Weile ohne ein Wort nebeneinander her. Joß
stimmte seinen Schritt auf den ihren ab.
»Woher kommst du?« brach sie schließlich das Schweigen.
»Diese Frage zielt weit ins Land«, wich Joß aus. »Heute von
Tuttlingen, gestern von Villingen, vorgestern vom Breisgrau,
davor vom Sundgau und endlos weiter von Land zu Land.«
»Bist du denn nirgendwo daheim?« fragte sie erschrocken.
»Ich bin am Bruhrain geboren«, sagte Joß, »aber es gibt Zei-
ten, da leidet uns unsre Heimat nicht mehr.«
Sie schluckte das Warum. Schließlich war er ein Fremder.
Ein Streifen Ahornjungwald berührte den Weg, Buschwerk

zog sich hangwärts. Dann lag das Dorf in der Abendsonne: Nenzingen. Dahinter erhob sich dunkel die Nellenburg.

»Wo finde ich hier Herberge?« erkundigte sich Joß.

»Herberge?« fragte sie zurück. »Wenn du willst, kannst du mit mir kommen. Unser Großknecht ist im Frühjahr gestorben, und einen neuen haben wir noch nicht. In seiner Kammer kannst du schlafen. Und wenn du Zeit hast … Auf einem Hof ist immer Arbeit für einen, der zupacken kann.«

Joß sah in das strahlende Gesicht und nahm an.

Vater Hans Schmid hatte nichts gegen den fremden Gast, den Els ins Haus gebracht hatte, zumal er bald erfuhr, daß der Bauernsohn war und sich in der Arbeit auskannte. So folgten der ersten Übernachtung weitere, und bald war es, als sei er schon immer auf dem Hof gewesen.

Eines Sonntags nach dem Mittagessen stand Joß auf, um an den See zu gehen. »Nimmst du mich mit?« fragte Els, und so gingen sie. Joß trug den Mantel über dem Arm. Es war zwar glühend heiß, aber zum Abend konnte man mit einem Gewitter rechnen. Els führte. Sie nahmen die Straße nach Stockach, bogen aber nach der Zollbruck ab. Die Sonne stand sengend über den Feldern der Hart, so hielten sie auf den Wald unterhalb des Krottenbühls zu. Dessen Schatten beglückte. Der Weg war schmal und grasverwachsen. Plötzlich faßte Els Joß ängstlich bei der Hand. »Das Heidengrab!« flüsterte sie und deutete mit der anderen auf einen kleinen, von Buschwerk überzogenen Hügel. Er hielt ihre Hand fest und ließ sie nicht mehr los.

»Sie schlafen«, beruhigte er, »und sind schon lange tot.«

Es bedurfte keiner Worte mehr. Sie hatten sich gefunden.

Beim Guggenbühl verließen sie den Wald wieder und hatten den Kirchturm von Espatingen vor sich. Dann lagerten sie am Seeufer auf dem ausgebreiteten Mantel. Schiffe mit weißen Segeln zogen dahin, bunte Kähne am Ufer und draußen. Bodman lag zur Rechten und Buchhorn zur Linken, Sipplingen und Überlingen dahinter und dann die mächtigen Schneeberge der Schweiz über dem See.

»Immer«, sagte Joß, »hat es mich zum Bodensee gezogen.

Ich habe gemeint, es wäre die Nähe der Schweiz. Jetzt weiß ich, daß es etwas anderes war: das Glück, neben dir im Gras zu liegen, den hellen Himmel überm See zu sehen und die weißen Berggipfel darüber. Es gibt nichts Schöneres!«

Er zog sie an sich. Möwen strichen schreiend über sie hin, Rohrdommeln riefen dumpf im Schilf. Mücken sirrten über dem Wasser. Der Sommer fing an zu singen.

Als die Ernte eingebracht war, richtete der Schmidbauer die Hochzeit seiner Tochter Els aus. In der Tenne waren die Tische mit reichlich Essen schwer beladen. Die Gäste feierten das schöne Paar mit guter Laune und frohem Gesang.

»In Konstanz drüben tafelt jetzt Maximilian, unser Kaiser«, sagte der Schmidbauer stolz, »hier feiern wir!«

Joß zog aus der Kammer des Großknechts ins Haus des Bauern. Sie hatten dort eine Stube für sich.

Noch während der Ernte hatte Joß eine Botschaft an Lotterholz nach Konstanz geschickt. Der Bote kam ohne Erfolg zurück.

Für Joß hatte ein anderes Leben begonnen. Losgelöst von der Last des Gestern, schwebten die Tage durch den Sommer.

Im Gasthaus des Langhans Schweiger zu Lehen saßen zu dieser Zeit der Altvogt Enderlin, Hans Stücklin und Kilian Meiger zusammen. Lotterholz hörte am Nachbartisch ihrem Gespräch zu. Sie brauchten einen neuen Bannwart. Er hörte aus dem Gespräch, wes Geistes Kinder sie waren. Bundschuhgedanken schwirrten im Raum. Lotterholz rückte zu ihnen. Er wußte ihnen einen Rat. Sie vereinbarten, Joß Fritz als Bewerber zu Kasper von Blumeneck zu schicken.

So geschah es, daß Lotterholz auf der Dorfstraße von Nenzingen einzog. Die Sonne brannte. Eine Magd zeigte ihm den Hof. Er klopfte am Tor. Der Kettenhund schlug wütend an. Els ließ ihn im Schatten der Kastanie auf der Bank neben der Haustür warten. Die Männer waren im Feld. Dann holte sie einen Becher Wein und legte Brot und Äpfel dazu. Gegen Abend schwankte ein hochbeladener Erntewagen durchs Tor. Ein zweiter folgte. Joß hatte Lotterholz sofort erkannt, winkte ihm zu, unterbrach jedoch die Arbeit nicht, denn die Schwüle des Abends ließ ein Gewitter ahnen.

Nach dem Essen saßen sie allein im Hof. Joß fragte, wie Lotterholz ihn gefunden habe. Die Konstanzer hätten ihn unterrichtet. »Hans Enderlin, der Altvogt von Lehen, schickt mich«, berichtete er weiter, »denn in Lehen ist ein junger Bannwart gefragt.«

»Und was verschafft mir die Ehre, das zu erfahren?« fragte Joß.

»Wenn ich dir sage, daß der Altvogt einer der Unseren ist, wirst du verstehen, weshalb ich hier bin«, erklärte Lotterholz.

»Und du erwartest«, sagte Joß zögernd, »daß ich mich bewerbe?«

»Die Zeit ist reif, meint der Altvogt, und er möchte noch erleben, daß die Ketten fallen. Seine Fürsprache vermag viel.«

»Du weißt, was du von mir verlangst?« forschte Joß. »Ich bin durch Städte, Länder und Wälder geirrt. Jetzt hat mein Herz Wurzeln geschlagen, und die Füße könnten es auch. In Eigeltingen liegt der Schwager des Schmidbauern krank. Wir tun seine Arbeit mit. Ich könnte den Hof übernehmen und wäre weniger Herrendiener als bei den Blumenecks.«

»Joß«, hielt Lotterholz dagegen, »war das deine Stimme, die ich eben gehört habe? Ich habe einen gekannt, der hat uns gesagt: Wohin sich der Bauer auch wenden mag, er tappt von einer Unfreiheit in die andere. Solang wir die Wurzeln der Knechtschaft nicht ausgerissen haben, gibt es keine Freiheit im Reich. Hast du den auch gekannt?«

Joß war aufgesprungen.

»Du kommst immer zur rechten Zeit!« rief er aus. »Bald glaube ich an die Magie deiner Wünschelrute.« Aber Lotterholz wehrte ab: »Das hat sie mir nicht verraten.«

»Und wo liegt dieses Lehen?«

»Bei Freiburg«, berichtete Lotterholz erleichtert, »und wie ich dich kenne, liegt es für dich goldrichtig.«

Sie arbeiteten noch ein paar Tage in der Ernte, halfen auch

in Eigeltingen aus, dann zog Lotterholz weiter nach Tuttlingen, wo unterhalb des Jennung Brunnen gebohrt werden sollten.

Am Abend desselben Tages bereitete Joß den Aufbruch vor. Er packte die Satteltaschen voll Proviant, überprüfte noch einmal die Hufeisen des Braunen, den der Schmidbauer ihm geschenkt hatte, und studierte seine selbstentworfene Karte. Nun hatte ihn doch das Fieber gepackt. Am liebsten wäre er noch in der Nacht losgeritten. Els trat zu ihm. Sie hatte einen Vetter in Uffhausen bei Freiburg. Den wollte sie schon immer gern besuchen. Nun stand der Aufbruch ins Unbekannte wie ein riesiger Berg drohend vor ihr. Schweigend sah sie Joß beim Hantieren zu. Schließlich legte er den Arm um sie und führte sie hinein. »Ich muß fort«, sagte er, »doch wenn ich wiederkomme, dich zu holen, werden wir ein eigenes Haus haben und ein neues Leben beginnen.« Sie gingen schlafen.

Am Morgen sprach keiner beim Essen. Danach stand Joß schnell auf, herzte und küßte seine junge Frau, zog den Sattelgurt fest und ritt davon. Els begleitete ihn ein Stück. Vor dem Orsinger Wald winkte er ein letztes Mal. Dann tauchte er im Schatten der Frühe zwischen den Bäumen unter. Er spürte seine neuen Stiefel, die er in Stockach erworben hatte. Sie drückten noch ein wenig, aber man würde sich gewöhnen.

Er hatte Bonndorf noch erreichen wollen, aber der Braune war müde, so richtete er am Waldrand ein Lager, wo das Pferd weiden konnte. Vollkommene Ruhe des Sommerabends.

Am drittend Abend traf er in Lehen ein. Enttäuscht begrüßte ihn der Altvogt. Am nächsten Morgen hatte ein Bote zu Joß abreiten sollen. Der Blumenecker hatte die Stelle schon besetzt. Müde und schweren Gangs kam der Braune am siebten Abend in Nenzingen an. Els hielt im Scheuern des Tisches inne, ließ Bürste und Eimer stehen und lief ihm entgegen.

»Was ist?« rief sie. Joß richtete sich auf, dann stieg er ab.

»Nichts ist's, die Stelle ist besetzt.« Der Kleinknecht nahm die Zügel.

»Nun bist du sehr enttäuscht?« vermutete Els beim Gang ins Haus.

»Ein wenig schon«, gab Joß zu. »Aber wenn ich mein Leben recht verstehe, ist viel Raum für Warten darin.«

»Warten worauf?« fragte Els teilnahmsvoll. Er küßte sie. Auch Els wartete geduldig. »Deine Gedanken«, sagte sie drinnen, »sind so weit weg, daß ich sie nicht erkennen noch erraten kann, schon gar nicht ihnen folgen.«

»Um glücklich zu sein, bedarf es der Nähe«, tröstete Joß. »Halte fest an mir, was dir nahe ist, und laß mir ein Stück Einsamkeit und Ferne. Selbst unser erfülltes Leben läßt eine Stelle offen in mir. Gott hat mich eben so gewollt.«

»Du verschweigst mir etwas, das du mit Lotterholz teilst. Hast du kein Vertrauen? Ist er dir mehr als ich?«

»Du bist eine Frau«, wich Joß noch immer aus. Aber Els nahm das Stichwort auf: »Ich bin deine Frau, nicht irgendeine. Und so frage ich dich: Wer bist du?«

Joß schloß sie in die Arme. »Verzeih mir«, bat er. »Ich habe dich unterschätzt. Ich will dir alles bekennen, nur schwöre mir zuvor, daß du mich niemals verraten wirst.«

Els warf ihren Kopf an seine Brust, stemmte sich dann zurück und sah ihm fest in die Augen. »Nie!« betonte sie mit Nachdruck.

»Meinen Namen weißt du«, begann Joß, »daran ist nichts zu deuten. Woher ich komme, weißt du auch. Aber weshalb ich weggegangen bin, weißt du nicht. Ich bin der Bundschuhhauptmann Joß Fritz aus Untergrombach. Ich hatte den Aufstand gegen den Bischof von Speyer vorbereitet. Er wurde verraten – ich wurde verraten. Ich werde verfolgt und bin auf der Flucht. Wenn sie mich greifen, ist mein Leben keinen Pfifferling mehr wert.«

Er machte eine Pause, während Els sich enger an ihn schmiegte.

»Du hast nach meinem Ziel gefragt: dem Unrecht auf der Welt wehren, dem Kaiser das Reich und dem Reich das

Recht wiedergeben, die Hoffart des Adels und der Pfaffen brechen, dem Bauern die Freiheit erkämpfen. Von seiner Hände Arbeit leben sie alle, der Lohn, den sie ihm dafür zahlen, ist erbärmlich, die Steuer zu hoch, der Lebensunterhalt kaum erschwinglich.«

»Und du willst das ändern?« fragte Els.

»Einer kann es nicht«, sagte Joß, »es müssen alle sein.«

Els trat einen Schritt zurück und sah ihn lächelnd an. »So habe ich dich gewollt!« strahlte sie, »... ganz so!«

Es wurde Herbst und wurde Winter. Sie gingen oft der sinkenden Sonne entgegen, und einmal sagte Joß, und er sagte es gültig und für alle Zeit: »Wenn Zeit und Welt uns einmal trennen sollten, und du lebst hier und ich anderswo, wollen wir uns begegnen bei jedem Untergang der Sonne. Beim Betrachten des Abendrots wollen wir uns nahe sein und unverlierbar.«

Ein andermal sahen sie die Schneeberge der Schweiz über dem See im Abendrot glühen, während Schatten die Wasser bedeckten. »Dort drüben«, sagte Joß, »wohnt die Freiheit. Aber sie geben sie nicht frei.«

Der Winter ging still über Nenzingen hin. Unter dem Schnee sproßte die Wintersaat. In den Lichtstuben versammelten sich Frauen und bereiteten die Masken für die »Fasnet« vor. Mit unglaublicher Sorgfalt verwandelte Els sich in ein »Besewib«, eine Hexe. Joß stand dem Treiben fremd gegenüber. Erst als am Funkensonntag die Feuer auf den Bergen und Hängen rings um den See und die talwärts rasenden brennenden Radscheiben den heidnischen Bann lösten, kehrte das Leben in seinen ruhigen Alltag zurück.

Joß spann seine Fäden wieder. Die Gegend um Bodman war totes Land für sein Anliegen. Die Bauern liebten ihren Herrn und hielten zu ihm. Auf der anderen Seite des Überlinger Sees war man aufgeschlossener, und bald fand Joß in den Dörfern seine Gewährsleute.

So ging der Sommer dahin, der Herbst, der Winter, der

Frühling und noch ein Sommer und noch ein Herbst. Da kam Lotterholz als Bote des Altvogts. Der Bannwart war gestorben, die Stelle wieder frei. Es eilte.

Lehen

Es war der Tag nach Hubertus, da brachen sie auf. Dunkles Gewölk hing über dem hohen Schwarzwald, und bald wirbelte Schnee. Am dritten Tag erreichten sie Lehen. Es dämmerte schon. Joß hielt geradewegs auf das Haus des Altvogts zu. Der begrüßte sie freudig und schickte seinen Sohn Konrad mit, der sie ins Bannwartshaus brachte. Es lag einige Schritte hinter der Kirche dem Lehener Berg zu, wo die Weinberge begannen. Der junge Enderlin öffnete ihnen Hoftor, Haustüre, Stall und verabschiedete sich. Als Joß den Braunen versorgt hatte und ins Haus kam, flog ihm Els entgegen: »Unser Heim!« jubelte sie. Er schaute sich nicht um, wie dürftig der Vorgänger alles hinterlassen hatte, las draußen Holz zusammen, machte Feuer und hockte neben Els auf der wackligen Bank nieder.

In der Nacht pfiffen die Schneestürme noch einmal vom Kaiserstuhl her. Dann kam der Föhn von Basel herunter. Im Dorf jaulten die Hunde. »Das Wetter schlägt um«, beruhigte Joß.

Als er am nächsten Morgen nach Freiburg aufbrach, leuchtete das Land in seltener Klarheit. An der Brücke blieb Joß stehen. Die Dreisam rauschte. Schmelzwasser schäumte und trieb Holzstämme und Äste gegen die Brückenpfeiler, daß der Bau erzitterte. Dann schritt er rüstig aus. Die Stadt lag breit vor ihm und düster. Die roten Dächer milderten einiges, doch der Münsterturm stieß voller Widerspruch, leicht und gelöst in der Form, aber schwer wuchtend mit regennassem Gesicht, in das zarte Violett der Schneewälder darüber.

Am Predigertor fragte Joß nach der »Vorderen Wolfshöhle«, wo im Haus »Zum Schöttlin« Balthasar von Blumeneck wohnte. Der Stadtknecht wies ihm den Weg. Um die Martinskirche herrschte buntes Treiben. Händler schlugen ihre Stände zum Martinimarkt auf, klopften, hämmerten und schrien. Fahrendes Volk, Gaukler, Musikanten und Possenreißer, auch Bauersfrauen dazwischen schoben und drängten oder behaupteten ihren Platz. Die Stadtknechte hatten ihre Mühe. Sie schimpften und wurden beschimpft.

Joß ging zielstrebig dem Münsterturm zu, fand die »Wolfshöhle« und das Haus »Zum Schöttlin«. Balthasar stand am Fenster und sah auf die Gasse. Er war nicht überrascht, als Joß eintrat und seinen Gruß darbrachte. Er war Joß an Gestalt ebenbürtig, hatte breite Schultern, trug einen kurzen Bart, der wie das Haar von grauen Strähnen durchzogen war. Das Gesicht war aufgedunsen und glatt. Die Augen funkelten wie von mühsam zurückgehaltenem Zorn. Er sah Joß mit gespielter Ruhe prüfend an, als könne er über dessen Auge in die Tiefe schauen. Das hatte er vom Kaiser übernommen. Sein weiteres Verhalten war eigener Stil. Er begann jedes Gespräch mit einem Untergebenen mit einer Rüge. Das fördere, wie er meinte, die Dienstbereitschaft.

»Warum kommst du erst jetzt?« fragte er barsch. »Ich hatte dich vor Hubertus erwartet, der Spätlese wegen.«

»Wie mir berichtet wurde«, rechtfertigte sich Joß, »war Martini vereinbart. Das wäre morgen.«

»Merke dir«, sagte der von Blumeneck ungeduldig, »du mußt tun, was ich erwarte, nicht, was du meinst.«

Joß schwieg. Es wäre unklug gewesen, auf so viel Anmaßung zu antworten.

»Der alte Bannwart war ein kranker Mann«, erklärte Balthasar. »Ich hätte ihn rechtzeitig davonjagen sollen. Man ist halt auch ein Mensch. Er hat nicht nur vieles durch die Finger gesehn, er hat die Dinge schleifen lassen. Der Felddiebstahl nimmt zu, die Lieferung des Zehnten wird vernachlässigt, und die Bauern mucken auf obendrein. Das wird ab heute anders!«

Er trat einen Schritt näher und sah Joß wohlwollend an. »Du

wirst es ändern. Du bist Kerls genug.« Er ging auf und ab. »Was deine Amtspflichten angeht, wende dich an den Altvogt. Der weiß Bescheid. Den jungen Vogt hat ein Pferd geschmissen. Mißstände auf der ganzen Flur. Ich brauche deinen Zugriff.«

Er streckte Joß die Hand hin: »Schlag ein!« Aber Joß zögerte. »Ach so! Du bekommst sieben Gulden, ein Haus mit Garten, einen Acker und einen halben Weinberg dazu. Nach der Ernte von jedem Hof eine Garbe Frucht.«

»Acht Gulden waren mir angeboten«, beharrte Joß.

»Bei guter Leistung auch acht«, räumte Balthasar ein. Da schlug Joß zu.

Els hatte inzwischen das ganze Haus geräumt und gesäubert.

Am Abend saß Joß in der Wirtsstube des Langhans Schweiger bei den Bauern. Sie musterten ihn mißtrauisch, als er eintrat. Aber der Altvogt wischte alle Zweifel weg, der neue Bannwart sei ein Mann wie sie. Sein Wort galt.

Joß ließ einen Krug mit Rotem aus der Bettinger Steingrube füllen und schickte ihn in die Runde. Der Altvogt trank zuerst, dann Thomas Müller, dann Kilian Meiger und Hans Studlin, der junge Jakob Huser, Hieronymus, der Bäckerknecht aus Tirol, Hans Heitz und der Schneider Hans Hummel. Die Namen der anderen konnte Joß nicht mehr verstehn. Er hielt sich im Gespräch zurück, brach mit dem Altvogt bei den ersten auf, drehte sich aber im Gehen noch einmal um und sagte mit fester Stimme: »Ihr schindet euch ohne Unterlaß. Die andern verschlemmen und verprassen, was ihr um einen Bettellohn verkaufen müßt, werden dabei fett, faul und aufgedunsen. Das wär's für heut. Nur damit ihr wißt, woran ihr mit mir seid!«

Am Morgen, dem Martinitag, saß er mit Els in der Frühmesse. Johannes Schwarz, der Pfarrer, war ein Mann von mittlerer Größe. Das scharfe Profil mit der feingeschwungenen Nase und dem schmal gezogenen Mund, dessen Lippen die Worte klar und unmißverständlich formten, spiegelte das Wesen einer Persönlichkeit, die glaubte, was sie sagte, und nur sagte, was sie glaubte. Offenbarer Einklang von Erscheinung, Geste und Sprache.

Er hielt eine kurze deutsche Predigt und betonte, daß der Tag ein doppeltes Gesicht trage. Den Armen solle er Mut machen, an die Mildtätigkeit der Reichen zu glauben, und die Reichen ermahnen, Herzen und Hände den Armen zu öffnen. Armut sei keine Schuld, sondern ein Anruf Gottes an alle, Barmherzigkeit zu üben. Unter den Heiligen gebe es drei große Reitergestalten. Den Erzengel Michael, der kraft des Geistes die Mächte der Finsternis bezwinge, Sankt Georg, der die Menschen von der Bedrohung durch das Tierische befreie, und Sankt Martin, der mit seinem Mantel auch sein Herz teile. Darin liege Anspruch und Forderung an die Reichen. Darum treffe dieser Tag sie am meisten. Aber jeder von uns sei irgendwo reich und habe zu prüfen, wovon er seinem Bruder oder seiner Schwester abgeben könne, sie vor dem kalten Wind der Welt zu schützen.

Als sie nach der Messe durch die spitze Pforte gingen, zog Els die Blicke aller auf sich. Sie fühlte es und hängte sich bei Joß ein. Wie von selbst bildete sich eine Gasse. Sie schritten hindurch, und Joß nickte huldvoll nach allen Seiten.

»Ihr Gruß hat dir gegolten«, sagte Joß, »und ich habe mich für dich bedankt. Ich bedanke mich auch bei dir, denn ich glaube, sie haben mich über dich angenommen.«

Am Nachmittag des zweiten Advent verspürte Joß eine seltsame Sehnsucht nach verschneitem Wald. Es hatte in der Nacht ein wenig geschneit, und er stapfte durch den feuchten Grund. In ihm schwirrten Stimmen: die Heilige Schrift, Kaiser Friedrich, Johannes Schwarz, er selbst. Unten die Dreisam, dann über den Dietenbach, am Frohnholz entlang, die Hartmatte zur Rechten, den Wald zur Linken: Er erkundete das Revier. Joß blieb stehen. Der Ort erinnerte an den Grombacher Wald. Dort hatten sie niedergekniet ... Ein Satz durchzuckte ihn wie ein Blitz: »Wer die Hand an den Pflug legt und schaut zurück ...« Er hatte die Hand an den Pflug gelegt. Beim Mundenhof bog er ab und ging nach Lehen zurück.

Es dunkelte schon, als er mit starker Hand am Pfarrhaus klopfte. Johannes Schwarz öffnete und erkannte den Bannwart. Am Tisch nahmen sie einander gegenüber Platz. Gebannt sah Joß die vergeistigten Züge aus der Nähe. Schwarz klappte das aufgeschlagene Buch zu. »Ich störe doch nicht?« forschte Joß.

»Nein«, entgegnete Schwarz, »einer, der Gott sucht, stört nie einen andern, der ihn auch sucht.« Joß sah ihn fragend an.

»Ihr meint vielleicht«, sagte Schwarz erklärend, »ein Geistlicher besitze Gott und könne ihn zuweisen oder zuteilen nach Belieben. Wir sind als Menschen unvollkommen, und unsre Unvollkommenheit drängt zum Fragen. Wenn ich ein Buch aufschlage, frage ich. Ich frage auch, wenn ich einem Menschen begegne.«

»Ihr habt gesagt«, begann Joß unmittelbar, »euch soll aufgehen die Sonne der Gerechtigkeit. Ich frage: Wann wird das sein?«

»Gerechtigkeit«, erwiderte Schwarz, »ist eine Sache Gottes und der Menschen. Wir müssen unser Teil dazu tun und Gott den Rest überlassen. Gerechtigkeit ist eine Grenze, so fern wie der Orion da draußen. Einen Zeitpunkt weiß ich nicht.«

»Unser Tun muß Gerechtigkeit bewirken, das können wir aber nur, wenn wir die Macht haben, die wir denen nehmen, die der Gerechtigkeit widerstreben.«

Schwarz sah ihn überrascht an: »Ihr seid ein scharfer Denker. Ihr seid aufgebrochen, um belehrt zu werden. Nun lerne ich von Euch.«

»Ich habe Eurer Predigt gelauscht, als hörte ich mir selber zu«, stellte Joß fest. »Wir suchen die göttliche Gerechtigkeit.«

»Weißt du genau, was das ist?« fragte Schwarz zurück.

»Vielleicht zeichnet sie sich dort ab«, sagte Joß, »wo man erfahren muß, was nicht göttliche Gerechtigkeit sein kann.«

»Das wäre die untere Grenze«, räumte Schwarz ein. »Die obere zu erfahren, wird die Weisheit der Weisen nicht ausreichen.«

»Wenn aber die Mächte des jetzigen Reiches«, begann Joß

noch einmal, »ihre Macht in Willkür ausüben, welchen Auftrag gibt uns dann das Wort Gottes?«

Schwarz schüttelte sich vor innerer Erregung: »Laß mir Zeit!« stammelte er. »Das ist die Frage, an der mein Leben fast zerbricht.«

Joß stand auf. »Die Zeit wird uns zusammenführen«, sagte er. »Gute Nacht!«

Die Begegnung mit Johannes Schwarz hatte Joß verändert. Das Bruchsaler Losungswort »Wir können von den Pfaffen nicht genesen« galt nicht mehr.

Am nächsten Mittag begegnete Joß dem Altvogt. Als sie den Dorfzaun hinter sich hatten und niemand mehr ihr Gespräch hören konnte, sagte Enderlin: »Ich habe nach dir geschickt, weil Lotterholz dich empfohlen hatte. Aber dein Name hätte genügt.«

»Trotzdem wollen wir es wagen?« fragte Joß.

»Die Menschen sind vergeßlich, und der Blumenecker erinnert sich wohl nicht. Nur wer auf der Seite des Bundschuh steht, vergißt den nicht, der sein Leben einmal dafür eingesetzt. Ich habe Einfluß in Lehen und in dem Pfarrer einen guten Freund. Aber ich bin nicht der Mann, der einen Aufstand führen könnte. Jetzt weiß ich: Du bist's!«

Joß war stehengeblieben. Der Augenblick überwältigte ihn. »Ich frage mich«, sagte er bescheiden, »wer hier wen gefunden.«

»Wir haben auf dich gewartet«, gestand Enderlin. »Von Niederlage zu Niederlage reift die Zeit des Bundschuh. Du kannst reden, du kannst planen, du kannst kämpfen. Lehen ist deine Stunde!« Joß streckte ihm die Hand hin.

»Mit diesem Handschlag«, unterstrich Enderlin die Bedeutung des Augenblicks, »wollen wir einander geloben, uns nie zu verraten.« Joß nickte: »Nie!«

»Es wird ein großer Bann sein, dessen du zu warten hast!« sagte Enderlin beim Abschied. Dann setzte Schneetreiben ein.

Es bahnte sich ein harter Winter an. Die Bauern gingen früh schlafen. Nur in der Gaststube des Langhans Schweiger saßen sie oft länger als sonst. Nie hatten sie dem Pfarrer Johannes Schwarz andächtiger gelauscht als jetzt Joß Fritz. So deutlich, wie er die Dinge beim Namen nannte, hatten sie die Worte des Pfarrers nie betroffen. Je öfter sie seine Gedanken hörten, desto tiefer drangen sie in Herz und Bewußtsein ein.

Besonders aufgeschlossen war der Bäckerknecht Hieronymus, der von der Etsch heraufgekommen war. Er war nicht nur viel gewandert, er war auch bewandert, ein fähiger Kopf mit guter Auffassungsgabe. Er hatte Lesen und Schreiben gelernt und war bald die rechte Hand bei Aufbau und Durchführung der Pläne, die Joß bis ins einzelne mit ihm besprach. Mit Enderlin, Meiger, Hieronymus und Joß bildete sich schnell eine Führungsspitze. Der Altvogt verwahrte auch das Fähnlein, hielt sich sonst jedoch bei Versammlungen zurück. Fähnrich sollte Jakob Huser werden, ein stattlicher Bursche. Auch der Vogt vom Glottertal gehörte zum Bund, ebenso der eifrige Michel Hanser aus Schallstadt sowie Bürger aus Freiburg. Der Schweiger war's zufrieden.

Das Fähnlein lag Joß am Herzen. Noch war es nicht bemalt. Er sammelte bei den Verschworenen, doch das war ein hartes Unterfangen. Da schien eine Wendung nahe.

Im Sommer entschloß sich Pfarrer Schwarz, die Kirche renovieren zu lassen. Es ging um die Wandmalereien. Er wählte den Freiburger Maler Theodosius, der bald die Arbeit begann.

Ein heißer Sommertag ging zu Ende. In der dämmrigen Kirche saß der Meister allein und grübelte. Er hatte Gesellen und Lehrbuben nach Hause geschickt, um letzte Hand an die Fresken zu legen. Das vollkommene Lächeln der glücklichen Maria war die große Aufgabe, die den Meistern der Zeit gestellt war. Sosehr er auch angesetzt und überarbeitet hatte, es gelang ihm nicht, die Schwermut des ersten Entwurfs zu besiegen. Immer wenn er glaubte, das Gütige und Liebliche vereint zu haben, Reinheit und Erlöstsein in vollendeter Hülle, stahl sich beim Trocknen der Farbe aus der

Tiefe des Gemäuers wehmütiger Schmerz an die Oberfläche. Er stieg vom Gerüst, müde, enttäuscht, und schlenderte durchs Kirchenschiff zur Turmtreppe. Wenn Wollen und Können so grausam auseinanderklafften, suchte er die Einsamkeit. Die Dielen der alten Treppe knarrten. Turmfalken flogen erschreckt davon. Beim Glockenraum machte er halt, schlug mit dem Knöchel gegen das rauhe Metall, daß ein silberner Ton aufperlte. Blau lag die Weite im Abendschein.

Irgendwer mußte ihm gefolgt sein. Er rief hinunter, wer da sei. Seine Stimme mußte kläglich geklungen haben, denn Joß antwortete beruhigend: »Ich bin's, der Bannwart!«

Dann saßen sie auf einem Querbalken des Glockenstuhls und schauten durch das schmale Fenster.

»Ich wollte Euch bei der Arbeit zusehen«, sagte Joß, »aber ich komme zu spät.«

»Die Kunst verschließt sich mir«, begann Theodosius zögernd. »Ich werde auf ewig Handwerker bleiben. Wie sehr ich auch Form und Farbe zu beherrschen glaube, wenn ich das fertige Werk anschaue, ist das Letzte, das ich geben wollte, verflogen, zerronnen. Das Ganze schaut mich fremd an und meinem Geist nicht zugehörig. Ich sehe hinein, was nicht zurückkommt.« Er wandte sich zu Joß herüber: »Versteht Ihr das?«

»Sind wir nicht alle wie Maler?« fragte Joß. »Wir malen uns ein Bild von der Welt und sind enttäuscht, wenn etwas anderes dabei herauskommt. Denkt an die da unten, aus deren Kaminen jetzt der blaue Rauch aufsteigt. Die Sorge sitzt mit am Tisch, sie vergrämen und altern früh. Das Leben der hohen Herren aber ist ein Spott auf unser klägliches Sein.«

Eine Fledermaus sah ihre Stunde gekommen und huschte dicht über den Köpfen der Männer hinaus ins Freie.

Theodosius war aufgestanden und prüfte genau den unerwarteten Besucher. Kein gewöhnlicher Bauer. Ein Mann, wie er in den Räten der Städte sitzen konnte oder den Kammern der Fürstenhöfe.

166

»Kommt heute abend in die Schenke des Langhans Schweiger, dort wollen wir unser Gespräch fortsetzen«, lud Joß ihn ein. Theodosius sagte zu. Es konnte seiner Sache nur dienen. Sie warteten in der Schenke am Abend: Hans Enderlin, Kilian Meiger und Joß. Der Maler kam. Erst spendete Enderlin eine Runde, dann Joß, und der Maler bereute nicht, daß er in Lehen geblieben war. Als ihn gar Joß ansprach, er solle ihm eine Fahne bemalen, freute er sich über den Auftrag und alles, was er auf die Fahne malen sollte. Doch als so nebenbei und ganz zuletzt das Wort Bundschuh fiel, sprang er entsetzt auf, als sei ihm ein böser Geist erschienen. »Nein!« schrie er. »Keinen Bundschuh!«

Joß faßte ihn am Arm und zog ihn in die Bank zurück. »Bei deinem Leben«, sagte er, »nie darf ein Wort von dem, was ich dir gesagt habe, über deine Lippen kommen! Hebe die Hand und schwöre!«

Theodosius hob die Hand zum Schwur und ging aschfahl davon. Er schwieg um seiner Arbeit in Lehen willen.

Enderlin erbot sich, einen pfiffigen Jungknecht nach Freiburg zu einem Maler zu schicken, der hinter dem Schlaghaus wohnte.

Der breitete am nächsten Morgen dem Maler das Fahnentuch aus, erklärte, was Joß ihm aufgetragen hatte. Zuletzt nannte er den Bundschuh, weil der feine Herr von Bauern abstamme und sich seiner Herkunft nicht schäme.

Da sprang der Maler entsetzt auf, das sei wider die Ordnung der Stadt, das müsse er dem Magistrat melden. Blitzschnell ergriff er Hut und Stab und eilte davon, ohne auf den Jungknecht zu achten. Der raffte das Seidentuch zusammen, verbarg es unter seinem Wams und entwich durch die Seitentür. Während der Maler stadtwärts eilte, entkam der Jungknecht durchs Martinstor.

Derweilen trug der Maler Friedrich erregt dem Stadtschreiber sein Anliegen vor. Der nahm ihn gar nicht ernst. Das brauche er erst gar nicht weiterzugeben. Solche Meldungen gingen alle paar Tage ein. Er solle den Mann bringen, dann könne man weitersehen. Der war verschwunden, und Friedrich kehrte niedergeschlagen, beinahe in seiner Ehre getroffen, zurück.

Joß und Enderlin waren enttäuscht. Sie versteckten das Fähnlein noch besser. Der Jungknecht ließ sich einen Bart wachsen, hinter dem er sich verstecken konnte. Sie berieten hin und her. Da erschien Lotterholz. Der wußte einen Maler in Metz. Dort bestehe kaum Verdacht.
Joß sattelte den Braunen und ritt davon. Sonntag abend kam er in Nanzig an, am Dienstag gegen Mittag in Metz.
Alles lief, wie Lotterholz ihm geraten hatte. In den heißen Sommertagen trocknete die Farbe schnell. Joß kehrte am Tag nach Mariä Geburt nach Lehen zurück. Vorsicht war geboten. Er zeigte das Tuch Meiger und Huser und natürlich Enderlin. Und da war eine weiße Seite mit dem Wappen des Kaisers und dem Reichsadler, dem Wappen des Papstes mit der Tiara, dazwischen die Kreuzigungsgruppe mit Maria und Johannes. Darunter kniete ein Bauer, über dem die Inschrift schwebte: »Herr, steh deiner göttlichen Gerechtigkeit bei!« Dann war da die blaue Seite mit dem weißen Kreuz und dem Bundschuh.
Das Gespräch mit Hans Schwarz hatte in Joß die Erkenntnis gereift, daß die alte Parole »Wir können von den Pfaffen nit genesen« zu kurz gegriffen war. So erweiterte er: »Der arme Mann kann auf der Welt nit mehr genesen!« Die Grenze war weiter gesteckt. Die ganze Christenheit, betonte er immer wieder. Er wußte, was er sagte, und er wollte es auch. Rastlos war er unterwegs, listete die Orte auf und die Zahl der Mitglieder. Nur die Zahl! Keine Namen.

Els hatte es schwer, in Lehen Wurzeln zu schlagen. Wohin sie kam, stieß sie auf Zurückhaltung bei den Frauen. Ihre Schönheit war ihr im Weg. So hielt sie sich zurück und litt unter dem Alleinsein, wenn Joß über Land ging.
Der konnte nun sicherer auftreten: Er hatte das Fähnlein.
Wie damals im Hardtwald versammelte er sechs Tage vor Michaelis die Männer auf der Hartmatte. Es sollte ein Tref-

fen des Planungsstabes sein, Joß ging es um Grundsätzliches. Sie hatten vereinbart, nach Sonnenuntergang von zu Hause aufzubrechen. Joß traf sich mit Hieronymus und bewunderte im Gespräch dessen Schärfe des Denkens und die Geradheit seines Wesens. Ein Mann für die Landschaftsräte, die er bilden wollte.

An der Spitze des Waldstreifens, der schmal in die Hartmatte vorstieß, trafen sie Kilian Meiger und Jakob Huser. Bald stießen andere dazu, und als Joß zwölf Männer zählte, schien es, als ob keiner mehr erscheinen werde. Er wartete nochmals eine Weile und begann dann. »Wir sind unsrer zwölf. Darauf hat Christus seine Kirche gebaut ...«

Als er fortfahren wollte, raschelte von der Fahrstraße her das Laub. Aus dem Dunkel des Waldes kamen sechs Männer: die beiden Enderlin, die denen von Betzenhausen den Weg gezeigt hatten, und Joß fuhr fort: »Wir haben im Gespräch jedem von euch gesagt, worauf unser Bund sich gründet.« Er hieß sie näher treten und sprach mit gedämpfter Stimme. Von Kaiser, Papst und Reich sprach er, von Gerichten und Gerechtigkeit, von Steuern und Abgaben an Klöster, von Wald, Weide, Wasser und der Freiheit, die sie der ganzen Christenheit bringen wollten.

»Und nun«, beendete er seine Rede, »da ich das Fähnlein habe, ist der Augenblick gekommen, es öffentlich zu zeigen. So hört gut her. Übermorgen in vierzehn Tagen ist der Tag des Dionysius und Kirchweih in Biengen. Dort wollen wir uns zur Mittagszeit treffen. Bei zweitausend Mann! Dann wollen wir die Fahne aufwerfen, daß sie öffentlich weht, und uns um sie scharen. Viel hundert werden zu uns stoßen, und unser Zug wird beginnen. Schweigt, aber laßt eure Herzen brennen für diesen Tag!«

Dann wählten sie: Joß zum Hauptmann, Jakob Huser zum Fähnrich, Weibel wurden Hans Stüdlin aus Lehen und Hans Giger aus Betzenhausen. Hieronymus wurde Joß als Schreiber und Herold beigegeben. Kilian Meiger sollte Neulinge vereidigen und die Einnahmen verwalten.

Zur selben Zeit saß Hans Schwarz über seinen Büchern. Er

war Nachtarbeiter und hatte den Propheten Jesaja aufgeschlagen. Er las, übersetzte und schrieb: »Ich wartete auf Rechtsspruch – siehe ich fand Rechtsbruch. Ich wartete auf Gerechtigkeit, aber ich fand Schlechtigkeit. Weh denen, die ein Haus an das andere ziehn und einen Acker zum anderen bringen, bis daß kein Raum mehr da sei.«

Er hielt inne und sah in die Flamme der Kerze. Da stand Gottes Wort klar und unmißverständlich. Dann begann er seine Predigt niederzuschreiben: »Mehr als zweitausend Jahre ist das Wort des Propheten alt, aber …«

Als ihn Joß am Nachmittag besuchte, um ihm vom Treffen auf der Hartmatte zu berichten, saß er wieder bei dem Propheten und las Joß seine Übersetzung vor: »Wehe den Schriftgelehrten, die unrechte Gesetze machen und unrechtes Urteil schreiben, auf daß sie die Sache der Armen beugen und Gewalt üben am Recht der Elenden unter meinem Volk, daß die Witwen ihr Raub und die Waisen ihre Beute sein müssen.«

»Wenn's nicht hier stünde«, sagte er lächelnd zu Joß, »könnte es von dir sein.«

»Dann finde ich mich in guter Gesellschaft«, stellte Joß fest, »also noch einer, der schreibt, was ich denke und sage.«

Er verabschiedete sich und ging.

Der Termin war gesetzt, und plötzlich fing die Zeit an zu rasen. Joß schickte Werber ins Elsaß und den Sundgau und ließ wissen, er werde bei Breisach über den Rhein ziehen, wenn der Aufstand hier Boden gewonnen habe; sie sollten bereit sein.

Der zweite Verrat

In einer Kammer des Wirtshauses zu Eimeldingen wälzte sich der flüchtige Michel Hanser aus Schallstadt, der in Biengen bei einem Großbauern gedient hatte, hin und her. Er hatte die Schweizer Grenze nicht mehr erreicht und mußte die Nacht hier verbringen, weil er am Ende seiner Kräfte war. Ausgerechnet hier, wo draußen die Straße nach Rötteln anstieg. Dort oben residierte zur Zeit der Markgraf. Wenn sie ihn fingen, war sein Leben verwirkt.

Warum war er auch so unbeherrscht gewesen? Er hatte den anderen, diesen … diesen … einerlei wie er hieß, schon gleich nicht leiden mögen. Warum hatte der sich auch in seine Angelegenheiten einmischen müssen. Einen Fremden habe er unangemeldet zum Bauern geführt, warf er ihm vor. Der Bauer war jedoch kein Fürst, bei dem man erst um Audienz bitten mußte. Außerdem hatte er, Michel, den Boten des Joß Fritz gekannt. Aus Wolfenweiler stammte der. Aber das hatte er diesem Hitzkopf doch nicht sagen können! Und als der Bursche beim Dreschen immer noch keine Ruhe gab, da hatte er den Flegel genommen und zugeschlagen. Er war halt auch nur ein Mensch! Aber das konnte er nicht sein Leben lang mit sich herumschleppen. Das … das … würgte ihn, das vernichtete sein Leben!

Michel setzte sich jäh auf. Der Bundschuh war letztlich sein Verderben gewesen. Plötzlich sah er klar: Hatte der Bundschuh ihn zu dieser kopflosen Tat getrieben, mußte der Bundschuh ihn auch davon befreien. Auge um Auge! Das war die Lösung, war Rettung. Den Landgrafen hatte der Herrgott just zur rechten Zeit dort oben hingeschickt. Es ging um seinen Kopf. Er mußte etwas tun. Er wollte die Entscheidung, jetzt, hier und auf Biegen oder Brechen. Er stand auf und ging hinüber in die Gaststube, wo der Wirt gerade ein paar Reitern des Markgrafen, die sich mit Würfeln die Zeit vertrieben, den Wein kredenzte.

Michel wartete geduldig, dann bat er den Wirt auf ein Wort hinaus. Der sah ihn verwundert an und folgte zögernd. Er hörte mißmutig zu. »Ich glaube nicht«, sagte er, »daß du mit deinem Bericht Erfolg haben wirst. Ich habe als Wirt die Nase im Wind. Ich weiß, daß der Bundschuh umgeht. Doch wo man zupacken will, wird man ins Leere stoßen. Dann hast du deinen Kopf umsonst zu Markte getragen. Man wird dir nicht glauben. Ich warne dich!«

Jetzt wurde Michel mißtrauisch. Er hatte sich preisgegeben. Wenn der Wirt ihn wegen Totschlags den Reitern auslieferte, hatte er vielleicht Vorteile.

»Vergiß«, sagte der Wirt beruhigend, »was du mir erzählt hast. Ich meine es gut mir dir. Geh morgen über die Grenze!«

Michel gab sich einen Ruck, ging geschlagen und müde in seine Kammer und schlief bald ein.

In seiner Stube in Lehen versammelte an diesem Abend, es war der 3. Oktober und ein Montag, Joß Fritz die Schar seiner engsten Getreuen. Els schenkte den Wein, und im Herd knisterte das Feuer. Joß entzündete daran einen Span und steckte ihn in die Halterung an der Wand. Er zögerte mit dem Beginn. Er wartete auf Michel Hanser, der von Biengen hatte kommen wollen und den er als Boten brauchte. Aber er konnte nicht ewig warten, denn der Abend schritt fort und die Männer mußten am Morgen wieder an ihr Tagewerk. Els setzte sich auf den Platz, der auf Michel wartete. Joß erhob sich und schmetterte förmlich den ersten Satz in den Raum: »Wir haben das Fähnlein!«

Jubel ging durch die Runde. Sie stießen mit den zinnernen Bechern an, und Joß gab ihnen Bescheid. Sie wollten es sehen. Aber Joß winkte ab: »Am Sonntag in Biegen werden wir es aufpflanzen, am Nachmittag, wenn das Gedränge um die Kirche am dichtesten ist. Und es soll ein Sturm ausbrechen, daß alle Dörfer, die ganze Ebene, der Kaiserstuhl, der Tuniberg, die Schwarzwaldhöhen davon erdröhnen. Ich spreche jetzt zu euch, den Altbewährten, den Auserwählten. Am Sonntag wollen wir alle aufrütteln und mitreißen: die Verschworenen, die Zögernden, die Unentschlossenen und die Ängstlichen auch.«

Er machte eine Pause, holte aus der Schublade ein gerolltes Blatt und hielt es mit der Rechten hoch, ohne es zu öffnen.

»Wir haben einen Plan«, fuhr Joß dann fort, »den wollen wir in Biegen beginnen und nicht rasten, bis der Breisgau, die Ortenau, das Markgräfler Land, der Sundgau, das Elsaß, der Schwarzwald und darüber hinaus alle Bauern sich mit uns erheben – sie warten nur auf unser Zeichen –, um das Reich neu zu bauen, damit die Gerechtigkeit Gottes unsre Gerechtigkeit werde, aus der wir alle leben können, wie Kaiser Friedrich uns verheißen hat. Alle Bundschuher stehen bereit, und die Freiheit steht vor der Tür. Es gibt kein Zögern und Warten mehr. Kommt wohlausgerüstet. Es gilt! Achtet auf unsre Erkennungszeichen, daß nicht Leichtsinn oder Vertrauensseligkeit uns verraten. Lebt wohl!«

Er schüttelte ihnen zum Abschied die Hände. Sein Griff war fest, als wolle er die Verpflichtung erneuern.

Als die Stube leer war, folgte ihnen Joß nach draußen, ging noch einmal ums Haus, schloß das Außentor und kam bald zurück. Els stand mitten in der Stube und erwartete ihn. Ihr blondes Haar war umflossen vom rötlichen Lichtkranz, den der Kienspan über sie goß. Joß blieb wie geblendet an der Tür stehen. »Els im Heiligenschein«, sagte er lächelnd.

»Kinder haben wir nicht und werden auch keine mehr bekommen«, schluchzte sie. »Ich möchte ein Mann sein, deine Fahne tragen und schützend neben dir gehen oder reiten auf dem Weg ins Land der großen Freiheit, von der du träumst und sprichst.«

»Bin ich ein Träumer?« fragte Joß erschrocken.

»Ja und nein«, beschwichtigte ihn Els. »Alles Neue will wohl erträumt, erdacht und auch erlitten sein. Die einen halten es für einen göttlichen Traum, die andern für eine Ausgeburt der Hölle. Du bist auf dem rechten Weg. Ich möchte dir zuhören und helfen ein Leben lang. Und ich gestehe, daß es mir einerlei ist, ob hier im Bannwarthaus zu Lehen oder irgendwo weit weg in deinem Land der göttlichen Gerechtigkeit.«

Joß drückte sie fest an sich, drehte sie sanft um und führte sie behutsam in die Kammer. »Schlaf schon ein wenig«, sagte er, »schlaf der Freiheit voraus. Es werden schlaflose Tage und Nächte kommen. Ich habe noch ein wenig zu tun.«

Er holte ein Blatt aus dem Regal, breitete es auf dem Tisch aus und beugte sich darüber. Als bereite er seine Rede für den Kirchweihtag in Biengen vor, fuhr er mit der Hand über das Blatt und murmelte halblaut dazu. »Freiburg, Basel, Schweiz, Sundgau, Mühlhausen, Ensisheim, Schlettstadt, Straßburg, rheinab nach Bruchsal und Speyer – als Sieger wiederkehren, wo man als räudiger Hund davongelaufen ist, als Sieger oder nie habe ich mir geschworen ...«

Er sah nach der Kammertür, die sich leise geöffnet hatte. Dort stand Els, wie Gott sie geschaffen hatte. Er ließ das Blatt sinken und eilte ihr entgegen.

»Du bist das einzige, was Gott mir geschenkt hat«, flüsterte er, »alles andere habe ich mir erkämpfen und erleiden müssen.«

Draußen, vom Dorf her, blies der Nachtwächter sein Horn. Den Spruch, den er sagte, verwehte der Nachtwind.

In der Früh stand der Wirt am Lager des Michel Hanser. Er hatte es sich anders überlegt. Wenn der Mann recht hatte und er ihn auf den Berg vor den Markgrafen brachte, mußte auch er einen Hauch der fürstlichen Gnade verspüren. Doch wollte er sichergehen. Er rüttelte Michel, der noch übermüdet war, und hieß ihn aufstehen. »Was du mir gestern erzählt hast«, fragte er nachdrücklich, »stehst du dazu?«

Michel begriff und nickte schlaftrunken mehrmals.

»Dann heb die Hand und schwör, daß es die reine Wahrheit ist, sonst ist dein Kopf keinen Pfifferling mehr wert.«

Michel hob schwerfällig die Hand und lallte mit zitternder Stimme: »Es ist die Wahrheit, die reine Wahrheit. Ich schwöre!« Ihn fröstelte, und die Schwurhand zitterte stärker.

»Auf Tod und Leben?« beharrte der Wirt.

»Auf Tod und Leben«, stammelte Michel. Und als stünde er schon vor seinem Herrn, fügte er bittend hinzu: »Nur eines sollt Ihr mir gewähren: Vergebung und freies Geleit.«

Der Wirt war ein rüstiger Mann und schritt wacker aus. Michel mußte sich sputen, um Schritt halten zu können. Der Wirt drängte rücksichtslos und ungeduldig. Er wollte ans Burgtor klopfen, bevor der Markgraf ausritt oder gar weiterzog. Es wurde ihnen warm beim schnellen Gehen, aber der Wirt trieb unerbittlich bergan. Sie erreichten die Hohe Straße, die in den Röttelner Wald hinaufführte und auf der anderen Seite abwärts nach Weil und Basel. Doch der Wirt nahm den kürzeren Weg über den Weiler und die Kirche von Rötteln. Die lag auf einem Vorsprung des Tüllinger Berges und beherrschte mit der wuchtigen Kirchhofmauer die Höhe.

»Die ist uralt«, sagte der Wirt, »und viele Markgrafen liegen darin begraben.«

Aber Michel hatte anderes im Kopf. Er schaute gar nicht erst hin. Rostrot lag der Weg unter ihnen. Plötzlich hielt der Wirt an und schaute zurück in die Ebene, aus der sie gekommen waren. Unter ihnen lag das Tal. »Ein schönes Land«, sagte er nachdenklich, »und zu schade, um vom Bundschuh zertreten zu werden.« Michel schwieg. Vielleicht hatte der Wirt recht.

Steilauf am Hang entlang führte der schmale Weg zur Burg, die sich jetzt schon zum Greifen nah gewaltig und trutzig über dem Steilhang nordwestlich der Wiese erhob. Michel verspürte ein mulmiges Gefühl im Magen. Was hatte er sich da vorgenommen! Nie im Leben hatte er eine so gewaltige Anlage gesehen, geschweige denn betreten.

Sie hatten den Hauptweg, der von der Hohen Straße herunterführte, erreicht, bogen rechts ab und standen nach nochmaliger Biegung des Wegs vor der Zugbrücke am unteren Burgtor.

Der Pförtner schaute mißtrauisch drein, rief aber doch einen der Knechte und wies ihn an, die beiden zur Landschreiberei zu bringen, dort möge der Landschad entscheiden.

Die Landschreiberei lag am Ende der Unterburg, und sie mußten den ganzen langen Hof durchqueren. Roßknechte, Reitersleute und feine Herren gingen achtlos an ihnen vorüber. Vor der Kammer des Schreibers mußten sie warten. Schließlich öffnete ein Lakai die Tür und hieß sie eintreten. Wer sie geschickt habe, fragte der Schreiber unwirsch. Er fühlte sich gestört. Niemand, antwortete der Wirt, sie kämen aus eigenem Antrieb und hätten dem Markgrafen eine wichtige Meldung zu erstatten.

»Wichtige Meldung!« Der Schreiber wiederholt es amüsiert. »Was die Leute schon so für wichtig halten! Sagt deutlich, was Ihr wollt. An mir führt kein Weg vorbei!«

Der Wirt fühlte sich gekränkt. Er wußte, wer er war, trat einen Schritt vor und richtete sich auf. Er war ein stattlicher Mann. »Hört zu!« sagte er fast befehlend. »Was wir zu vermelden haben, ist nur für die Ohren des Markgrafen bestimmt. Es könnte Euch den Kopf kosten, wenn Ihr uns abweisen solltet. Unser Begehr ist, den Markgrafen zu sprechen und nicht seinen Schreiber! Haben wir uns verstanden?«

»Gemach«, beschwichtigte der Schreiber, »wir wollen nicht mit Köpfen spielen. Ihr müßt mir …«

»Hier wird mit Köpfen gespielt!« donnerte der Wirt. »Und ich verlange, daß man uns zu Seinem Herrn führt!«

Noch bevor der Schreiber antworten konnte, wurde die hintere Tür der Stube geöffnet. Im Rahmen stand die schlanke Gestalt des Blicker von Steinach. »Was geht hier vor?« fragte er. Der Wirt und Michel verbeugten sich ehrfürchtig.

»Die beiden«, erklärte der Schreiber, »wollen den gnädigen Herrn Markgrafen sprechen, aber sagen nicht warum.«

»Wenn Ihr nicht alles sagen wollt, so müßt ihr doch andeuten, was eure Botschaft enthält.«

»Gnädiger Herr«, nahm der Wirt das Wort, »wir begehren nichts, als dem Markgrafen Philipp eine Nachricht über den Bundschuh vortragen zu dürfen.«

Der Landschad hob den Kopf und trat einen Schritt vor. Er sah sie nacheinander mit durchdringlich prüfendem Blick an. Diese Denunzianten waren wahrscheinlich üble Beutelschneider, eine raffinierte, hinterlistige Spezies der Elsaßbrüder vom Kohlenberg bei Basel. Bettler mit Manieren! »Wer seid ihr?« fragte er barsch.

»Ich bin der Wirt von Eimeldingen und bringe den Großknecht Michel Hanser aus Schallstadt, der dem Markgrafen dringend vom Treiben des Bundschuh berichten will. Die

Zeit drängt, und darum bin ich stehenden Fußes mit ihm zur Burg gekommen.«

Das eigentliche Anliegen Michels verschwieg er zunächst. Mochte der dann sehen, wie er damit zu Rande kam.

»Vom Bundschuh«, wiederholte der Landschad nachdenklich. »Und ihr meint, es drängt?«

»Es geht um Tage, Herr!« bestätigte der Wirt.

»Und wo?« wollte der Landschad wissen.

»Im Breisgau«, wagte jetzt Michel sich zu Wort.

»Verdammt nah!« stellte Blicker fest. »Dann kommt also!« Er ging zügigen Schrittes voraus, eilte flink die Treppe hinunter, wartete unten, bis die beiden nachkamen, und führte sie hinauf zur Oberburg, wo der Markgraf seine Gemächer hatte. Unter- und Oberburg waren durch eine Schlucht getrennt. Hohe Pfeiler ragten als Träger aus der Tiefe empor. Auf ihnen ruhte die Zugbrücke, die heruntergelassen war. Hell hallten die Schritte der Männer auf den festen Bohlen. Hinter dem Pförtnerhaus umgingen sie links den Altbau mit Weinkeller und Rittersaal darüber, kamen an der Zisterne vorbei zum Neubau am Ende des Hofs, in dem die große Stube mit dem Kamin Aufenthaltsraum des Markgrafen war. Zur Burganlage hin verkantet, ragte vor ihnen der gewaltige Bergfried auf.

Auf dem schmalen Gang vor dem Zimmer des Fürsten mußten sie im Zwielicht warten. Ein Lakai beobachtete sie aufmerksam, bis Blicker von Steinach seinen Bericht vorgetragen hatte, die Tür öffnete und sie hereinließ. Der südliche Teil des Raumes war überflutet von Licht, und sie senkten die Köpfe vor seinem Glanz. Markgraf Philipp stand am Fenster und schaute hinüber, wo die Berge des Schweizer Jura und dahinter die Alpen in scharf geschnittenen Umrissen gegen den blauen, wolkenlosen Himmel strebten. Um seine Gestalt spielte die Helligkeit des Morgens, die Teppiche und Wände mit warmem Schein überzog. Er hatte die Hand ans Kinn gelegt, und seine Augen hingen wie versonnen an der Ferne. Er ließ sie einen Augenblick warten, als sei er mit wichtigeren Dingen beschäftigt. Dann drehte er sich gemächlich um und sagte im Widerspruch zu seiner beherrschten und ausgewogenen Gestik: »Ich habe es eilig. Also!«

Michel Hanser faßte sich ein Herz, trat ein paar Schritte vor, sank mitten im Raum auf die Knie, hob die gefalteten Hände beschwörend hoch und stammelte: »Erbarmen, Herr, ich habe im Zorn einen Menschen getötet. Aber wenn Ihr mir freies Geleit zusichert, will ich Euch erzählen warum und Kunde geben von einem Ansinnen wider Euch und das ganze Land.«

Er schwieg und wartete auf ein Zeichen, fortfahren zu dürfen. »Du erwartest also Vorleistungen von mir«, stellte der Markgraf fest, zog sich einen Stuhl in die Fensternische und nahm Platz. »Was du da sagst, ist ungeheuerlich. Dessen bist du dir im klaren«, fuhr er fort. »Aber ich kann meine Gnade nicht im voraus erweisen, das verstehst du. Erst muß ich deinen Bericht erfahren, denn das, was du ›Kunde‹ nennst, ist mir fremd. Wenn dann beides gegeneinander abgewogen ist, kann ich erst urteilen. Also steh auf und sprich!«

Michel erhob sich mühsam und atmete schwer, eh er begann: »Wir waren beim Dreschen in der Tenne im Gehöft meines Herrn in Biengen, als ein Bote des Bundschuh zu uns trat und nach dem Bauern fragte.«

»Und woher wußtest du, daß es ein Bote des Bundschuh war?« unterbrach ihn der Markgraf.

»Ich selber bin Bundschuher gewesen«, bekannte Michel kleinlaut, steigerte sich aber dann entschlossen: »Der Bundschuh ist mir zum Verhängnis geworden, nun will ich ihm zum Verhängnis werden!« Er machte eine Pause, als kämpfe er noch mit sich. Der Markgraf sah zum Wirt hin und fragte: »Bist du Zeuge dessen, was er vermelden will?«

»Nein, Herr!« sagte der Wirt abwehrend, »ich habe ihn nur hierhergeleitet, da er des Umgangs mit hohen Herren ungewohnt ist. Er hat mir gestern abend gebeichtet. So bin ich in der Früh mit ihm aufgebrochen, denn die Zeit drängt.«

»Fahr fort!« befahl der Markgraf, und Michel begann wieder.

»Wir waren beim Dreschen, der Märten, der Kilian und ich. Es ging schon gegen Abend, und wir wollten bald Schluß machen. Ich kannte den Boten, er war aus Schallstadt, wußte aber, daß er nicht erkannt sein wollte. Als er nach dem Hofbauern fragte, führte ich ihn zu ihm, ohne mich nach seinem Begehr zu erkundigen. Das gefiel dem Märten nicht, und als ich zurückkam, fuhr er mich an, wieso ich die Arbeit unterbreche und einen Fremden, dessen Anliegen ich gar nicht kenne, in die Stube des Bauern führe. Ein Wort gab das andere. Er schalt mich einen unbesonnenen Narren. Da hob ich den Dreschflegel und schlug zu. Er war sofort tot. Ich aber rannte, wie ich hier stehe, vom Hof, holte meine paar gesparten Gulden und verließ das Dorf. Die Angst schüttelte mich. Ich begriff kaum, was war.

Beim Morgengrauen machte ich mich auf den Weg nach Bollschweil, wo ein Bruder meiner Mutter Bäckergeselle ist. Der gab mir einen Schnappsack voll Brot und riet mir, in die Schweiz zu fliehen. Unterwegs hörte ich, daß Ihr, gnädiger Herr Markgraf, die Straße nach Rötteln geritten wärt. Da stand mein Entschluß fest, Euch die Wahrheit zu sagen und um Gnade zu bitten.«

Der Markgraf stand gelangweilt auf und ging zum Fenster. Über die Schulter zurück sagte er lässig: »Wenn das deine ganze Geschichte ist, sehe ich keinen Grund und keine Handhabe für Gnade. Laßt ihn in den Turm bringen!« wies er Blicker an.

»Verzeiht, Herr!« mischte sich der Wirt wieder ein. »Es ist nur Ungeschick. Er wollte Euch vermelden, daß in fünf Tagen zur Bienger Kirchweih die Fahne des Bundschuh aufgepflanzt werden soll als Zeichen der Erhebung der Bauern gegen ihre Herren.«

Der Markgraf winkte Blicker ab: »Warte!«, und befahl ihm, den Schreiber kommen zu lassen. Prickelnde Stille lag im Raum, als der dann die Tür hinter sich schloß. Der Markgraf sah zur Seite, wo an der Wand das lebensgroße Bild seines Vaters hing, der mit ernster Miene und festverschlossenen Lippen, die Hand auf den Knauf des Schwertes gestützt, fast finster zu ihnen heruntersah. Die Zeit verhielt den Atem, bis der Schreiber an seinem Pult Platz genommen hatte, den Federkiel eintauchte und schrieb und schrieb.

Am Nachmittag beschied der Markgraf seine Räte zu sich. Er war entschlossen, schnell und ohne langes Bedenken zu handeln. Was er unternahm, sollte nicht nur ihn, sondern sein Land retten, sollte auch an höchster Stelle in Ensisheim seine Wachsamkeit, Entschluß- und Tatkraft beweisen. Bei aller Besorgnis, die sich zunächst seiner bemächtigt hatte, atmete er schließlich erleichtert auf. War das nicht die Stunde, auf die er gewartet hatte, die Stunde der Bewährung?

Gegen Abend wurde der Wirt entlassen, Michel erhielt eine Gesindestube zum weiteren Verweilen. Schließlich wollte man auf ihn zurückgreifen können.

Der Wirt beschleunigte seinen Schritt und war bald an der Kirche von Rötteln, deren Turm dunkel gegen den Himmel stand. Dunkel grenzten sich auch die Vogesen gegen den Himmel ab. Da hörte er Hufschlag hinter sich. In gestrecktem Galopp jagten vier Reiter heran. Er trat zur Seite. Blicker von Steinach winkte vertraulich mit der Hand, Hans von Schennow und die beiden Knechte achteten seiner nicht. Bald hatte die Dämmerung sie verwischt. Erschöpft kam der Wirt in seinem Gasthaus in Eimeldingen an. Aber schlafen konnte er nicht.

Die vier Männer umritten Eimeldingen, Wintersweiler, Welmlingen und Hertingen und begehrten nach Mitternacht im Namen des Markgrafen Einlaß in Neuenburg. Sie standen wie Schemen vor dem mächtigen Tor und fieberten um Einlaß. Aber selbst der Name des Markgrafen konnte den schläfrigen und ängstlichen Wächter nicht zur Eile bewegen. Der Bürgermeister und seine Räte lagen im ersten tiefen Schlaf, als der Ratsbote sie herausklopfte und auf Geheiß Blicker von Steinachs zum Rathaus beschied. Blicker teilte ihnen mit, was er in Ensisheim den Herren berichten wollte, und mahnte sie, auf der Hut zu sein, da der Bundschuh sich im ersten Ansturm einer Stadt bemächtigen wolle, um für weitere Züge einen festen Platz zu besitzen.

Neuenburg komme dabei wegen des Rheinübergangs eine Schlüsselposition zu. Der Bürgermeister dankte und bestätigte, daß bereits am Nachmittag aus Freiburg eine Nachricht eingetroffen sei und man dort die Zünfte zur Wachsamkeit aufgerufen habe. Blicker drängte weiter.

Dann warteten sie am Rheinufer. Durch den Nebel drang das Rauschen herauf. »Hol über!« forderte Blickers durchdringende Stimme, und noch einmal: »Hol über!«, und noch einmal. Dann trat der Schatten des Fergen aus dem Dunst. Bald tauchten sie selbst drüben in den Dunst ein und ritten und ritten und erkannten im ersten Dämmerlicht Mauern und Türme von Ensisheim.

Noch in der Abenddämmerung erschien der Burgkaplan von Rötteln und führte Michel in die kleine Kapelle. Dann zog er die Tür des Beichtstuhls hinter sich zu. Michel kniete davor und beichtete. »Ihr habt mich der Gnade Gottes empfohlen«, sagte Michel, als sie wieder zurückgingen, »könntet Ihr auch vor dem Markgrafen für mich sprechen?«

»Mein Sohn«, erwiderte der Kaplan tröstend, »Gottes Wege sind unerforschlich. Es könnte sein, daß du des Totschlags schuldig werden mußtest, damit das große Blutvergießen vermieden wird. Vielleicht ist deine Schuld notwendig gewesen, um eine noch größere zu verhindern. Wenn wir den Markgrafen davon überzeugen können, braucht dir um dein Leben nicht bange zu sein.« Er schloß die Tür zu Michels Kammer und ging.

Mit schwerem Herzen saß der Markgraf am Abend unter dem Bild seines Vaters. Er handelte in seinem Namen, obwohl sie ihn hatten entmündigen lassen. Die bedrohende Gegenwart mußte er allein meistern. Aber wie? Schlug er zu früh zu, konnte der Schlag danebengehen. Wartete er, konnte es zu spät sein. Was der Knecht erzählt hatte, ließ erkennen, daß ein ausgereifter Plan hinter dem Aufruhr stand. Er mußte mehr wissen! Er ließ Michel noch einmal kommen. Vielleicht machte die Nachtstunde ihn bereit, noch viel mehr auszusagen.

»Komm hierher!« forderte er Michel auf und rückte die

Kerze nach vorn, daß er Michel besser sehen konnte. »Haben sie dich wohl versorgt?« fragte er voller Anteilnahme. Als Michel bejahte, fuhr er fort: »Du siehst, ich schenke dir Vertrauen. Vertraue du mir nun auch ohne Zeugen an, was du über das Ausgesagte hinaus erfahren hast und weißt.«

»Herr«, stammelte Michel, »ich habe alles gesagt.«

»Gemach!« ermahnte der Markgraf. »Beim Gespräch fällt einem noch vieles ein. Du hast mir Ideen und Pläne des Bundschuh freimütig erzählt. Ich habe dir Straffreiheit für den Totschlag zugesagt. Aber Ideen und Pläne kann ich nicht einsperren und in Ketten legen.«

»Herr …« versuchte Michel einzuwenden. Der Markgraf winkte ab. »Glaub nicht, es sei mir entgangen, daß du deine einstigen Genossen schonen willst. Wer aber so viel weiß wie du, kann mir nicht vorspielen wollen, daß er nur drei dieser Männer kenne. Besinne dich also! Ich habe dir zwar Gnade zugesagt, was den Totschlag betrifft. Aber als Mitglied des Bundschuh bist du ja auch straffällig geworden. Außer dem Beil des Henkers gibt es noch eine Fülle von Strafen. Du erwartest mehr, ich aber auch. Ich habe diese Stunde ohne Zeugen gewählt, damit du nicht befürchten müßtest, einer könne hingehen und sagen, du habest alle verraten. Also: Ich brauche die Namen der Anführer ebenso notwendig wie du die absolute Straffreiheit. Du siehst, ich biete dir die Hand, vergiß das nicht.«

»Ihr seid sehr gütig«, flüsterte Michel, »ich will in mich gehen und antworten.« Er sah zur Erde und schwieg. Der Markgraf suchte Hilfe beim Bildnis seines Vaters Christoph, dessen Gesicht aus dem Dunkel der Wand schimmerte. Er war ein gütiger Herr gewesen, der Frondienste untersagt hatte. Die späte Stunde war auch für ihn gefährlich! Der Markgraf wandte sich wieder Michel zu, der noch immer mit gesenktem Blick vor ihm stand. »Du darfst nicht denken, es sei Verrat«, suchte er ihn zu belehren. »Wer durch seine Aussage die Ordnung in der Welt aufrechterhält – und das tust du –, macht sich um Gott und die Welt verdient.«

»Es fällt schwer«, gestand Michel bedrückt, »heute die preiszugeben, denen man gestern noch in Freundschaft verbunden war.«

»Wer also ist der Anführer?« forschte der Markgraf ungeduldig.

»Der Bannwart in Lehen«, gestand Michel. »Derselbe Joß Fritz, der schon bei Bruchsal einen Bundschuh gegründet hatte.«

»Ich erinnere mich«, nickte der Markgraf zufrieden, stand auf, ging zum Pult des Schreibers, tauchte die Feder ein und schrieb. »Weiter!« befahl er in scharfem Ton.

»Klein Enderlin, der Altvogt zu Lehen«, diktierte Michel jetzt bereitwillig, »der Gilg und der junge Strüblin, alle aus Lehen, Jakob Huser, Kilian Meiger, der Brun Konrad aus Betzenhausen, Hans Freuder, Hieronymus, der Bäckerknecht, August Enderlin, Thoma Hencky ...« Er setzte ab und hielt die Hand vor sein Gesicht. »Ich bin wie ausgelaugt.«

»Gut«, sagte der Markgraf, »lassen wir es für heute. Über Nacht fällt dir noch manches ein.« Er klingelte. Der Diener brachte Michel in seine Kammer.

Zwei Reiter jagten noch in der Nacht mit den neuen Namen nach Freiburg, wohin der Markgraf schon Stunden zuvor eine Abschrift der Meldung nach Ensisheim übersandt hatte. Doch Freiburg war durch einen Zwischenfall beim Wald im Silbertobel schon gewarnt. Noch am selben Abend erging eine Verordnung an die Zünfte, die Bürger sollten Harnisch und Waffen bereithalten und, wenn die Sturmglocke geläutet würde, sich auf dem Münsterplatz versammeln.

Rotholz, der Nachthirt, ließ Joß warnen. Der stellte Posten aus, die vermelden sollten, wenn Freiburger Stadtknechte nach Lehen beordert würden. Noch einmal versammelte Joß seine Leute auf der Hartmatte. Er deutete an, daß es notwendig werden könne zu fliehen. In diesem Fall wolle man sich in den Tagen um Martini zu Schaffhausen in der Schweiz wieder treffen. Dort glaubte er sicher zu sein.

Als Joß am nächsten Tag erfuhr, daß seine Boten Simon Strüblin und Clevin Weber sowie Veit Meyer bei Waldkirch auf der Rückkehr aus dem Simonswald gefangengenommen worden waren, wußte er: Es war soweit. Er verständigte Kilian Meiger und Jakob Huser und empfahl, einzeln zu fliehen, sich dann am Tag des Gereon bei Altkirch im Sundgau zu treffen, und zwar in der Wallfahrtskirche des heiligen Morandus, am Abend.

Während Els den Mantelsack packte, warnte Joß die übrigen Bundschuher, auch den Altvogt. Enderlin wollte von Flucht nichts wissen.

»Mein Leben hat hier begonnen«, sagte er, »und ich will es auch hier beenden.«

Sie drückten sich fest die Hände. Joß war keines Wortes mächtig. Er wandte sich ergriffen ab, verbarg die Fahne unter dem Wams und ging zurück ins Bannwarthaus.

Der Abschied von Els war schwer. Sie weinte nicht, stand wie versteinert und reichte ihm den Mantelsack. Er legte ihn auf den Tisch und umfing sie.

»Die wenigen Jahre mit dir waren das Herz meines Lebens. Schöneres kann mir nicht mehr werden. Ich nehme Abschied, aber ich verlasse dich nicht. Sie werden kommen und nach mir fragen. Sag ihnen, ich sei nach Einsiedeln gegangen, um der Muttergottes die Fahne zu Füßen zu legen für alle Zeit. Hörst du? … Für alle Zeit!«

Els nickte. »Für alle Zeit!« wiederholte sie. »Weiß man das so genau?« Sie wehrte sich innerlich gegen Endgültiges.

»Wichtig ist«, erklärte ihr Joß, «daß die andern es glauben.« Els verstand und nickte. »Warum nimmst du den Braunen nicht mit?« fragte sie plötzlich sachlich.

»Ich kann ihn nicht verstecken, wie ich mich verstecken muß. Verkauf ihn. Geh zu deinem Vetter oder nach Nenzingen zurück. Und vergiß nicht, was ich dir am Bodensee gesagt habe: Bei jedem Sonnenuntergang treffen wir uns dort oben. Leb wohl! Ich hätte noch vieles sagen wollen …« Er schüttelte den Kopf und löste sich. Vom Kirchturm klang die Betglocke.

Der hohe Münsterturm und die Tortürme Freiburgs ragten rot im Spätlicht über die Stadt. Unruhe kauerte unter den

Dächern. Schon vier Tage zuvor hatte der Rat an die alten Bestimmungen der Notwehr erinnert: Wenn die Glocke geht ... Zwei Tage darauf war eine Botschaft von Neuenburg eingetroffen, und außerdem hatte sich der Maler Theodosius gemeldet, um vor dem Rat eine Aussage zu machen. Heute nun war der Bote des Markgrafen, Amtmann Franz von Rockenbach, angekommen und hatte ein Schreiben Philipps überreicht, in dem bestätigt wurde, was Theodosius ausgesagt hatte: daß Joß Fritz und Hans Enderlin die Führer des geplanten Aufstandes seien. Allerdings enthielt das Schreiben auch den Rat, kein allgemeines Aufsehen zu erregen, sondern abzuwarten, bis sich alle in Sicherheit wähnten, und dann auf breiter Front zuzuschlagen.

Doch der Freiburger Rat verwarf diesen Vorschlag. Zu nah mußte das Geschehen die Stadt berühren. Hans Federer, der Obristzunftmeister, widersprach heftig. Bis zur Biengener Kirchweih waren es zwei Tage. Es lag auf der Hand, daß Freiburg das erste Ziel der Aufständischen war. Keine Stunde zögern, war seine Forderung, und sein Vorschlag wurde ohne Gegenstimme angenommen.

Um Mitternacht versammelten sich zweihundert Berittene am Predigertor, und bald donnerten achthundert Pferdehufe aus der Stadt über die Brücke nach Lehen. Auf Anordnung des Stadthauptmanns teilten sie sich hinter Betzenhausen in zwei Abteilungen, die das Dorf im Norden und im Süden umritten, die Häuser des Bannwarts und des Altvogts einkreisten und umstellten. Els erschrak bei dem hartnäckigen Pochen aufs äußerste, warf eine Decke über und öffnete. Schwerter und Spieße drückten sie rückwärts an die Wand, während Reisige ins Haus eindrangen, unvorsichtig mit Fackeln die Kammern durchstöberten, daß sie Angst haben mußte, die Flamme springe über. Sie drangen in jede Ecke im Haus und ums Haus und suchten wieder und immer wieder.

»Wo ist Joß Fritz, dein Mann?« schrie Hans Federer sie an.
»Ich weiß nicht ...« stotterte Els, »weiß nicht, wohin er gegangen ist ... weiß nicht, wann er wiederkommt.«

Als einer der Knechte Els bei der Durchsuchung unflätig betatschen wollte, schlug sie ihm erbost auf die Hand. Federer kam dazu und wies ihn vor die Tür. Dann schickte er Els in die Kammer, sich anzukleiden und dann mitzukommen. Sie banden ihr die Hände, legten ihr einen Strick um die Hüfte und zogen sie hinaus. Federer sammelte die Reiter und ritt zurück zur Stadt.

»Fast ist es ehrrührig«, sagte er unterwegs zu einem der Rottenführer. »Da zieht man mit hundert Reitern aus und kehrt mit einer wehrlosen Frau als Beute heim.«

Da die Rückkehr der Reiter dringend erwartet wurde, warf man den Altvogt nicht erst in den Kerker, sondern brachte ihn zum Verhör sofort vor den Richter. Nun stand er da. Kein Riese von einem Mann, eher schmächtig und vom Alter gezeichnet. Die Kraft seiner Augen hatte der graue Star gebrochen.

Der Raum war nur von einer Kerze erhellt, sie stand bei dem Gerichtsschreiber, der sich Federkiel und Tinte zurechtrückte. Ein heller Schirm, schräg aufgestellt, warf spiegelartig das Licht auf den Schreibplatz zurück, ließ andererseits im Raum noch einen Schemel erkennen, auf dem der Angeklagte Platz nehmen sollte. Dorthin führten sie Enderlin, den der nächtliche Marsch stark mitgenommen hatte. Er machte Anstalt, sich zu setzen, aber der Büttel stieß ihm den Lanzenschaft in den Rücken: Er hatte seinen Richter stehend zu empfangen!

Der Schreiber klopfte an der hinteren Tür. Kurz darauf traten Richter und Beisitzer ein. Beide nahmen an einem Tisch Platz, den der Schirm geschickt im Dunkel beließ, so daß der Altvogt die Gesichter nicht erkennen konnte. Auch die Stimme war ihm fremd, obwohl er einige der Herren aus seiner Amtszeit sehr wohl kannte.

»Du bist Hans Enderlin, der Altvogt zu Lehen?« fragte die Stimme ordnungsgemäß zu Beginn. Eine junge Stimme, stellte Enderlin fest, bevor er laut und vernehmbar antwortete: »Ja.«

»Hat er Schwierigkeiten gemacht bei seiner Verhaftung?«

»Nein«, brummte der ältere der beiden Büttel, »er ist ohne Umstände mitgekommen.«

»Du kannst dich setzen«, sagte der Richter mild.

Enderlin schöpfte Hoffnung. Vielleicht half ihm sein Alter.

»Du weißt, warum wir dich verhaftet haben in der Nacht und zwei Tage vor der Bienger Kirchweih?« wollte der Richter wissen.

»Ich vermute es«, entgegnete Enderlin unsicher.

»Also des Bundschuh wegen«, versetzte die Stimme jetzt schärfer. »Erkläre dich!«

Widerstrebend begann Enderlin und weit ausholend: »Ich habe viele Jahre als Vogt der Willkür und dem Unrecht gedient, verkörpert in der Person des Balthasar von Blumeneck. Sein Verhalten ist Euch in Freiburg nicht unbekannt. Die Herren des Rats haben ihn manchmal zügeln müssen. Nun will ich der göttlichen Gerechtigkeit dienen.«

»Kaum einer hat sich seine Obrigkeit ausgewählt, sie ist uns von Gott gesetzt«, unterbrach ihn der Richter. »Gebt dem Kaiser, was des Kaisers ist …« zitierte er.

»Wir haben aber dem Blumenecker geben müssen, was ihm nicht ist«, entgegnete Enderlin bitter.

»Du suchst die Richtung des Prozesses zu ändern«, verwarnte ihn der Richter. »Nicht der Blumenecker steht vor Gericht, sondern du, und bist der Teilnahme am Bundschuh angeklagt.« Enderlin schwieg.

»Für Gerechtigkeit zu kämpfen ist ehrenvoll«, nahm der Richter Enderlins Gedanken auf. »Schließlich aber ist das mein Beruf. Du jedoch bist nicht berufen, und die Mittel, die du anwenden willst, sind wider das Gesetz. Zur Sache also! Sagt dir der Name Joß Fritz etwas?«

»Das ist der Bannwart von Lehen«, sagte Enderlin ganz ruhig.

»Wir reden vom Bundschuh!« kam es ungeduldig aus dem Dunkel herüber. Enderlin schwieg.

»Gut«, meinte die Stimme nachsichtig, »wenn es der Sache dienlich ist, holen wir noch einmal aus. Recht ist an Gesetze gebunden, und die setzen Maßstäbe. Woher leitest du das Recht ab, sie nach deiner Weise zu setzen?«

»… weil die heutigen Gesetze den Boden der göttlichen Gerechtigkeit verlassen haben und die Güter dieser Welt also verteilen. Und weil …«

»Schweig!« donnerte die Stimme aus dem Dunkel. »Das zu beurteilen steht dir nicht zu! Willst du klüger sein als unsre Professoren?«

Der Schein der Kerze flimmerte in dem faltenreichen Gesicht, dessen markante Züge auch den Richter beeindruckten.

Der Schreiber rückte sich den Schirm näher, daß der Zug vom Fenster her die Kerze weniger belästigte. Die Ecke des Richtertisches wurde dadurch noch dunkler.

»Mit deinen Worten«, klang es von dort, »legst du dar, daß dir die Gedanken des Bundschuh vertraut sind, daß du sie gutheißt, ja sogar verwirklichen willst.«

Der Altvogt widersprach nicht.

»Antworte!« tönte es barsch.

»Ihr habt mir keine Frage gestellt«, entgegnete Enderlin ruhig.

»Habe ich recht?« brüllte der Richter jetzt ungeduldig.

»Ja«, antwortete Enderlin halblaut. Er senkte den Kopf und war sich bewußt, welches Gewicht dieser Antwort zukam.

»Also Aufstand gegen die Staatsgewalt«, stellte der Richter fest, und zum Schreiber: »Nehmt dies zu Protokoll!«

Er stand auf, daß Enderlin in etwa seine Gestalt erkennen konnte, und ging ein paar Schritte, blieb dann jäh stehen.

»Wer hat dir diesen Geist eingeflößt?« wollte er wissen.

»Es ist der Geist der Zeit«, erwiderte Enderlin. »Man nimmt ihn auf mit jedem Atemzug.«

»Ich habe nach Namen gefragt, nicht nach Geistern«, drängte der Richter ungeduldig. Enderlin schwieg.

»Besinne dich schnell!« befahl der Richter, »unsre Zeit ist kostbar.«

»Das Leben hat mich so denken gelehrt, der Umgang mit den Blumenecks«, antwortete Enderlin, »aber deren Name steht nur für viele andere.«

»Gut«, sagte der Richter und nahm wieder Platz, »du willst

auf meine Frage nicht eingehen. Aber denke daran, vor dem Tod auf dem Pflock gibt das Gericht der Folter Raum. Deine Mitverschworenen haben das schnell begriffen und geredet.«

Er pfiff durch die Zähne. Das war das Zeichen für die Büttel. Der jüngere von ihnen stieß Enderlin mit der Faust in die Seite, daß er samt Schemel zu Boden stürzte. Sie traten ihn und hieben mit den Lanzenschäften auf ihn ein. Enderlin gab keinen Laut von sich. Auf ein zweites Pfeifen ließen sie von ihm ab. Der Richter drehte sich weg.

»Steh auf!« befahl der Beisitzer mit kräftiger Stimme. »Das war nur ein Vorgeschmack auf die Folter.«

Mühsam raffte Enderlin sich auf. Blut lief ihm über Stirn und Wange, das rechte Auge war geschwollen, Arme und Rücken schmerzten. In seinem Schädel tobte es, und in der Brust ballte sich ein gewaltiger Groll. Und jetzt erst recht nicht, hämmerte eine Stimme in ihm. Mit zitternden Knien stand er vor seinem Richter, aber es war der Schmerz, der ihn erschütterte, nicht die Angst. Nie war ihm Ähnliches geschehen!

»Ist dir bei dieser Eskapade ein Name eingefallen?« höhnte der Richter. Enderlin würdigte ihn keines Blickes.

»Wenn du nicht redest, wirst du schreien!« drohte jetzt wieder der Beisitzer.

»Ich leide für die göttliche Gerechtigkeit«, sagte der Altvogt mit Nachdruck. »Wenn ihr einen Märtyrer aus mir machen wollt: Hier stehe ich.«

»Wir wollen keine Bekenntnisse und Feststellungen, sondern Fakten zum Bundschuh. Also rede!« mahnte der Richter.

Wie sehr sie ihn auch bedrängten mit Drohungen, Püffen und Schlägen: Er stand immer wieder auf und schwieg.

»Wir vertun unsre Zeit sinnlos in der Nacht«, sagte der Richter zum Beisitzer, und zum Schreiber: »Verweigert die Aussage. Peinliches Verhör.« Die beiden erhoben sich. »Abführen!« wies der Richter die Büttel an.

Sie brachten Enderlin in eine Turmzelle; die war feucht und

modrig. Enderlin war am Ende seiner Kraft. Erschöpft sank er ins Stroh. Die Nacht war lang …

Am Morgen kam der Wärter mit dem Gerichtsboten. Sie rüttelten ihn wach, und der Wärter stellte Brot und Wasser als Morgenspeise neben ihn. Enderlin hielt sich mit der Hand das rechte Auge zu. Das linke sah starr an dem Gerichtsboten vorbei. Ob er jetzt endlich aussagen wolle, schrie der ihn an. Enderlin hörte an der Frage vorbei. Ob er aussagen wolle, schrie der Bote noch einmal. Aber der Altvogt schüttelte nur den Kopf und sank ins Stroh zurück. Da griff der Bote mit harter Hand zu, zog ihn hoch und schleppte ihn vor den Richtstuhl. Die Ketten klirrten und schleiften auf den holprigen Steinplatten der Gänge. Im Gerichtssaal trat der Bote zurück, die Büttel lösten ihn ab. Auf das Klopfen des Schreibers erschien der Richter und nahm Platz auf seinem Stuhl. Enderlin erkannte nun, daß er noch jung war. Aber er sah durch ihn hindurch. Das nächtliche Verhör hatte sein Leben in eine andere Daseinsebene verdrängt.

»Was hast du mir zu sagen?« fragte der Richter fordernd.

»Nichts«, antwortete Enderlin wie abwesend, »unser Gespräch ist beendet.«

»Ist das deine ganze Aussage?« insistierte der Richter kalt. »Du beharrst auf der Verweigerung?«

»Ja«, murmelte Enderlin.

»Wenn wir uns wiedersehn, wirst du reden!« höhnte es von oben. »Endgültig: Peinliches Verhör!« Er erhob sich und ging.

Wieder stießen und zerrten sie ihn durch die Gänge und dann treppabwärts zur Folterkammer.

Da er auch bei der Folter zwar vor Schmerzen schrie, aber auf Befragen verstummte, wurde ihm keine erspart. Sie steigerten sich bis zur dritten Stufe. Dann brachte man ihn auf der Bahre zurück in den Turm, ohnmächtig, vor Schmerzen stöhnend, unfähig, zu stehen oder einen Schritt zu tun. Sie legten ihn ins Stroh. Der Wärter schob den Wasserkrug, den Kanten Brot neben ihn, dann ließen sie ihn allein. Aber Enderlin war nicht in der Lage, auch nur einen Finger zu rühren. Teilnahmslos, mit geschlossenen Augen lag er da wie ein Toter.

Als sie Els in die dämmrige Turmzelle gestoßen hatten, war sie sofort niedergesunken und entkräftet eingeschlafen. Doch nicht lange währte der Schlaf, da holten die Büttel sie zum Verhör. Die Kette an den Händen saß locker. Sie strich sich die Haare aus dem Gesicht, stand auf und folgte. Aufrecht und stumm stand sie vor ihrem Richter. Ihre Haltung und ihre Schönheit beeindruckten ihn, und er bedauerte einen Augenblick, hier Recht sprechen zu müssen. Els schaute ihn erwartungsvoll an. Sie konnte die Angst nicht ganz verbergen. Das entwaffnete den Richter noch mehr, und er ging unruhig hinter dem Tisch ein paar Schritte auf und ab. Dann straffte sich seine Gestalt, er blieb stehen und fragte, wie sein Amt es ihm vorschrieb: »Du bist Els Fritz, geborene Schmittin aus Nenzingen, Frau des Joß Fritz aus Untergrombach?«

»Ja«, sagte Els, und ihr war, als löse sich ein Bann: Sie hatte mit einem Menschen gesprochen.

»Setz dich!« forderte der Richter sie auf und nahm selbst Platz.

»Dein Mann hat es vorgezogen, uns dich statt seiner zu überlassen.« Er hatte sich den Satz so ausgedacht, um etwa Unmut in ihr gegen Joß zu erwecken. Er sah Els durchdringend an, als erwarte er eine Stellungnahme. Doch als sie schwieg, fuhr er fast teilnehmend fort: »Das ist nicht edel von ihm.«

Er besann sich eine Weile und begann wieder zögernd: »Du hast mit dem Bundschuh nichts zu tun?« Er hatte ihr die Antwort in den Mund gelegt.

»Nein«, sagte Els nun selbstsicherer, »das ist Männersache. Ich hatte darunter nur zu leiden. Er war oft unterwegs.«

»Sobald er sich stellt«, sagte der Richter einfühlsam, »bist du frei und kannst deines Weges gehn.«

Dann werde ich lange hierbleiben müssen, befürchtete Els.

»Dein Mann hat Böses gegen uns geplant«, fuhr der Richter

fort, »du kannst einiges wiedergutmachen, wenn du uns hilfst.«

Els war fest entschlossen, es nicht zu tun. Er möge halt fragen.

»Also«, begann das Verhör, »wohin ist Joß geflohen?«

»Ich weiß es nicht genau«, antwortete Els. »Er hat von Einsiedeln gesprochen, wo er das Fähnlein hinterlegen will als Büßer.«

»Einsiedeln«, wiederholte der Richter für den Schreiber. »Und welchen Weg will er dorthin nehmen?«

»Das hat er mir nicht gesagt. Ich nehme an, er hat es selbst noch nicht gewußt.«

»Hast du das Fähnlein gesehen?« wollte der Richter wissen.

»Nein«, sagte Els, »er hat es nie zu Hause aufbewahrt.«

»Wer ist in eurem Hause ein und aus gegangen?«

»Unser Haus ist klein«, wich Els aus, »es hat nicht Raum für viele, und Joß war meist draußen.«

»Wer?« bestand jetzt der Richter heftig.

»Da war unser Nachbar, der Pfarrer, der manchmal hereinschaute, da war auch der Altvogt, der von Amts wegen schon einmal vorbeikam. Aber ich habe keinen gefragt, ob er dem Bundschuh angehöre.« Sie suchte durch ihren Plauderton das Gespräch zu entschärfen.

»Was weißt du über die Hartmatte zu sagen?« mischte sich der Beisitzer ein.

»Ich kenne sie nicht und bin nie dort gewesen«, sagte Els unbefangen. »Aber sie gehört zum Bann.«

»Und die Bienger Kirchweih?« übernahm der Richter wieder.

»Ja«, sagte Els verharmlosend, »die ist übermorgen. Joß wollte auch dorthin.«

»Und was wollte er dort?« fragte der Beisitzer lauernd.

»Davon hat er nicht gesprochen.« Els schüttelte den Kopf, daß ihr das Haar über die Schultern fiel.

»Du weißt, daß wir Mittel haben«, mahnte er nachdrücklich, »deiner Erinnerung nachzuhelfen.«

Els erschrak zutiefst. Sollte man auch sie …? Ihre Hände

192

umkrallten die Ecken des Schemels. Sie hatte auf ihrem Lager die entsetzten Schreie aus der Folterkammer gehört. Das war wohl bewußt so eingerichtet, um die Gefangenen vorzeitig gefügig zu machen. Ihr Gesicht war blaß und blutleer geworden, so daß der Richter dem Beisitzer ein Zeichen gab, sich zurückzuhalten und ihm das Verhör zu überlassen.

»Was weißt du von den Umtrieben deines Mannes zu berichten?« setzte er die Befragung fort.

»Er ist viel unterwegs gewesen«, räumte Els mit zager Stimme ein, »aber als echter Mann hat er mich aus seinen Geschäften herausgehalten. Wenn er zu mir kam, war er ein anderer.«

Der Richter lächelte nachsichtig.

»Aber die Gedanken des Bundschuh sind dir vertraut, und seine Ziele heißt du gut?« Ähnlich hatte er Enderlin gefragt.

»Ich weiß, daß es den Bundschuh gibt, weiß auch, daß viele im Volk seine Forderungen für gerecht halten«, gab Els tapfer zurück, »aber ich bin eine Frau und habe nie auf ihn geschworen. Auch Joß hat es nie von mir verlangt. Über das, was Recht und Unrecht ist auf der Welt, habe ich nie viel gegrübelt. Meine Tage waren ausgefüllt mit Arbeit bis zum Rand.«

»Und von den Plänen des Aufruhrs weißt du nichts zu berichten?« hakte der Richter enttäuscht nach.

»Nein«, sagte Els, ohne zu zögern. »Sie wollten die Zustände im Land verbessern. Das habe ich mitbekommen. Aber wie und wann, kann ich nicht sagen.«

Der Richter nickte: »Das war's denn wohl für heute.«

Der Beisitzer flüsterte ihm etwas zu, was Els nicht hören sollte. Der Richter winkte ab und erhob sich. Auch Els stand auf, und der Büttel öffnete ihr die Tür.

Der Monat Oktober verging. Draußen mußte viel geschehen sein, doch die Gefangenen erfuhren wenig. Die Wärter flüsterten manchmal ein paar Worte, aber ein großer Zusammenhang ergab sich daraus nicht. Els kämpfte mit den Ratten, die ihr nachts über Gesicht und Körper liefen. Ihre Zudringlichkeit erregte Ekel. In regelmäßigen Abständen wurde sie verhört. Es war schon beinahe eine lästige Pflichterfüllung der Obrigkeit. Auch die Androhung der Folter klang bald wieder ab. Je mehr die Sorge um das eigene Leben abnahm, um so mehr wuchs die Angst um Joß. Ob sie sich je wiedersahen? Sie zweifelte, und die stille Begegnung beim Abendrot verkam im Kerker zum Gaukelspiel. Die Tage waren lang, aber die Nächte noch länger.

Enderlin war zum Skelett abgemagert. Einer der Wärter fütterte ihn, aber die Kraft kam nicht wieder. Der Körper war ausgemergelt, die Glieder hingen schlaff im Stroh. Immer wieder schleppten sie ihn vor den Richter. Aber Enderlin schwieg. Er sah sie an, als wäre er schon nicht mehr von dieser Welt. Schließlich gab man ihm zu verstehen, man habe anderswo genug erfahren und sei auf ihn alten Starrkopf nicht mehr angewiesen. Das Urteil war klar und stand längst fest.
Einige Male hatte man ihm den Bader geschickt – man gab sich menschlich. Aber die Umschläge mit Rainfarn linderten nur vorübergehend den Schmerz, der Heilung dienten sie nicht. Tage wie Nächte wurden zur Qual. Er hatte nicht die Kraft, sich vor Schmerzen hin und her zu wälzen. Die Glieder versagten ihm den Dienst. Die offenen Augen starrten ins Dunkel der Kerkerwände.
Der Rat der Stadt war des Wartens müde. Er drängte auf das Urteil und dessen Vollstreckung.
Auf einer Bahre ließen sie Enderlin in den Gerichtssaal bringen. Der Richter erschien in feierlichem Zug an der Spitze des Stadtrates und der Vertreter der Zünfte. Die stellten sich zu beiden Seiten des Richtstuhls. Stille herrschte im Raum, als läge dort unten schon ein Toter.
Da erhob sich laut die feierlich anklagende Stimme des Richters: »Du hast die Beschuldigung, Angehöriger des Bundschuh zu sein, nicht widerlegt. Aussagen vieler Gefan-

gener bestätigen dich als einen der wichtigsten Führer und Aufwiegler in Lehen. Euer Ziel war es, am Tag der Bienger Kirchweih den Aufstand auszurufen, mit den Bauernhaufen unsre Stadt zu überrennen und die Herrschaft des Schreckens anzutreten. Gott hat uns davor bewahrt. Der Rat ist der Bürgerschaft verpflichtet, Sicherheit und Wohlergehen der Stadt zu schützen. In seinem Namen ergeht das Urteil.«

Er stand auf, hob das Blatt für alle sichtbar vor seine Augen und las mit gesteigerter Stimme:

»Hans Enderlin, genannt das Altvögtlein zu Lehen, der Zugehörigkeit zum Bundschuh angeklagt und dessen Führerschaft überführt, ist des geplanten Aufruhrs für schuldig befunden und wird somit zum Tod durch das Schwert verurteilt.«

Er senkte das Blatt und sah in das Schweigen rundum. Dann fuhr er mit milderer Stimme fort:

»Aufgrund seiner als Vogt von Lehen geleisteten Verdienste auch gegenüber der Stadt Freiburg wird ihm die Gnade zuteil, nicht gevierteilt zu werden.

Gegeben am Tage nach Martini 1513

Der Rat der Stadt Freiburg«

Enderlin war zu schwach, seinen Richtern ins Auge zu sehen.

»Hat jemand noch einen Einwand gegen das Urteil?« fragte der Richter und sah sich nach allen Seiten hin um. Aber nach wie vor lag eisiges Schweigen in dem vom grauen Winterhimmel dämmrig gehaltenen Saal. In dem ausgezehrten Gesicht des Altvogts regte sich nichts. Der Barfüßermönch, den man ihm am Morgen als geistlichen Betreuer zugesellt hatte, neigte sich über ihn und flüsterte ihm etwas ins Ohr. Aber Enderlin schüttelte leicht den Kopf. Der Mönch gab die Gebärde weiter. Man nickte zufrieden.

»Nimmst du, Angeklagter, das Urteil an?« fragte der Richter jetzt zu Enderlin herunter.

Der Angeklagte klammerte sich mit schmerzverzerrtem Gesicht an die Bahre, nahm alle Kraft zusammen, hob den Kopf ein wenig, öffnete die Augen und sah den Frager mit vernichtendem Blick an.

»Nein!« rief er vernehmbar und sank erschöpft zurück.

Jetzt ging ein Raunen durch den Saal, der Richter hob beschwichtigend die Hand:

»Es gibt keine Einwände mehr. Der Rat der Stadt hat gesprochen. Der Prozeß ist beendet. Das Urteil wird morgen um die Mittagsstunde vollstreckt.«

Er verließ mit dem Rat und den Zunftmeistern den Saal. Sie brachten Enderlin zurück in den Turm. Der Barfüßer wich nicht von seiner Seite. Zuweilen hielt er seine Hand, um ihm zu bezeugen, daß da noch ein Mensch war. Am Abend reichte er ihm Brot und Wein. Er mußte die Scheiben in den Becher tauchen, da Enderlin die letzten Zähne ausgeschlagen worden waren.

Um Mitternacht fragte der Mönch zaghaft, denn er wußte, daß Enderlin nicht schlief, daß ihn aber auch ein Gespräch überforderte: »Du hast das Urteil nicht angenommen. Fühlst du dich frei von jeder Schuld, wenn du morgen vor Gottes Thron treten wirst?«

»Was Schuld war«, flüsterte Enderlin, »habe ich lange gebeichtet. Der Priester – hat mir verziehen. – Wofür ich morgen sterbe, – kann ich nicht – als Schuld – erkennen. Ich habe für – Gottes Gerechtigkeit – gekämpft – und sterbe für sie.«

Der Priester suchte seine Hand und drückte sie sanft.

»Gott steh dir bei!«

Aber Enderlin war nicht zufrieden. Es ging ihm nicht nur um sich. »Wer bezahlt – die Schuld, – die sie an mir und den anderen – begehn?« fragte er schwach.

»Solche Rechnungen«, antwortete der Barfüßer bedächtig, »gehen nie auf. Gott ist keine Rechentafel, auf der man die Scheiben hin- und herschiebt. Sie leben alle nur von seiner Gnade.«

»Aber mein Tod und seine Gnade?« fragte Enderlin wieder.

»Auch Märtyrer haben teil an ihr, wenn auch der Sinn sich uns verschließt und unsre Fragen ins Leere gehn.«

»Aber seine Gerechtigkeit?« fragte Enderlin schlaftrunken.
»… ist nur eine Blume, die sehr weit von uns im Verborgenen blüht. Vielleicht wirst du sie morgen finden.«
Er war sich nicht sicher, ob der Altvogt diesen Satz noch gehört hatte. Er war tatsächlich eingeschlafen.

Auch der Barfüßer war übermüdet. Diese Stunden im Kerker, denen er sich freiwillig gestellt hatte, forderten von ihm das Letzte.

Auf dem Münsterplatz wurden noch am Abend die Balken und Bretter für das Gerüst angefahren. Im Morgengrauen begannen die Zimmerleute ihre Arbeit. Über den grauen Novemberhimmel zogen von der Ebene her Schwärme von Raben. Es lag Schnee in der Luft.

Bald stellten die ersten Schaulustigen sich ein und verharrten trotz der scharfen Winde bis zum Mittag.

Nach dem Mittagsläuten versammelten sich die Herren des Rats, die Vertreter der Zünfte und des Gerichts auf der Tribüne der Richtstätte. Der Stadthauptmann hielt mit seinen Leuten die Volksmenge in gebührendem Abstand. Umgeben von berittenen Stadtknechten nahte der Wagen, auf dem sie Enderlin brachten. Bewegung ging durchs Volk. Die Büttel luden die Bahre ab, trugen sie zur Tribüne hinauf und setzten sie neben dem Pflock nieder, auf dem schon das Richtschwert lag. Das Raunen in der Menge verstummte, als der Richter vortrat, die Hand hob und mit lauter Stimme das Urteil verlas. Der Henker hatte indessen das Schwert aufgenommen, vor sich aufgerichtet und den Knauf beidhändig umfaßt. Unbeweglich schaute er über die Menge hinweg, des Befehls gewärtig.

Schneeflocken wirbelten vom Münsterturm herab, dünn und vereinzelt. Sie schmolzen auf den Brettern und den Köpfen.

Als der Richter schwieg, trat der Oberzunftmeister vor und fragte die Menge, ob einer etwas gegen das Verfahren einzuwenden habe. Eine Formsache. Es hatte nie einen Einspruch gegeben. Als sich nichts regte, gab er dem Henker und den Bütteln das Zeichen, ihre Arbeit zu tun.

Der Barfüßer, der auch während der Fahrt durch die Stadt neben Enderlin gesessen hatte, ließ dessen Hand los, hob das Kreuz und betete das Vaterunser, laut, daß alle ihn hörten.

Enderlin machte keine Bewegung des Widerstrebens, als sie ihn von der Bahre hoben und zum Pflock trugen. Er hatte nicht die Kraft, sich abzustützen. Sie mußten seinen Körper halten, während er auf dem Pflock das Haupt zur Seite legte. Kein Wort kam über seine Lippen.

Als der dumpfe Schlag vom Holzgerüst über den Münsterplatz dröhnte, lief Unruhe durch die Menge. Und plötzlich rief eine kräftige Männerstimme: »Gott gnade seinen Richtern!«

Doch wie sehr die Stadtknechte auch forschten und suchten: Es war keiner gewesen.

Als der Gefangenenwärter Els den Tod Enderlins zuflüsterte, fürchtete sie wieder, daß nun auch an ihr das peinliche Verhör vollzogen werden würde. Sie betete die ganze Nacht. Doch das Verhör am nächsten Morgen verlief glimpflich, fast friedlich. Am Morgen des übernächsten Tages nahm ihr der Büttel die Kette von den Händen und führte sie aus dem Turm. Sie war frei. Kurz darauf öffnete sich die Tür zum zweitenmal. Ein anderer Büttel schob Langhans Schweiger, den Wirt zu Lehen, heraus. Auch sein Verhör hatte nichts erbracht.

In leichtem Schneetreiben stapften die beiden durchs Predigertor, durch die Vorstadt nach Lehen.

Johannes Schwarz war unschlüssig gewesen, als Joß ihm sagte, daß sie verraten seien. Er glaubte, sein Amt schütze ihn. Doch als sie Els abholten und ins Gefängnis warfen, schenkte er all seine Habe dem Kelterknecht und der Magd und floh.

Joß wanderte durch die sternklare Nacht dem Mooswald zu, über den Tuniberg nach Merdingen und erreichte am Mittag Breisach. Dort schloß er sich einer Pilgergruppe an, die nach dem Odilienberg wallfahrtete, kam unbehelligt über den Rhein bis Colmar. Dort trennte er sich von den Pilgern und zog wieder allein seine Straße.

Lehen war aufgewühlt, voller ängstlicher Unruhe. Viele Männer waren auf der Flucht, andere verbargen sich in Schlupfwinkeln, wo sie sich vor Spürhunden sicher glaubten. Unter den Frauen gingen wilde Gerüchte um. Gerüchte von dem, was draußen geschah, Gerüchte von Schuld und Unschuld Daheimgebliebener. Besonders ältere Frauen, deren Männer oder Söhne in den Bundschuh verwickelt waren, sprachen voller Haß von Els. Sie war an allem schuld. Sie war eine Hexe. Junge Hexen sind schön, schön wie die mit ihrem stolzen Gang, dem schweren, goldenen Haar und der Schönheit ihres Leibes! Sie hatte ihren Mann verhext, daß er reden konnte wie der Leibhaftige. Sie klopften abends an das leere Haus, pochten an Türen und Fenster und schmierten Drudenfüße an die Läden. Besonders die alte Stüdlin wußte viel zu berichten. Sie wollte jeden Abend Männerstimmen und wildes Gelächter gehört haben. Das war der Leibhaftige, mit dem es Els trieb, auch dann noch, als sie im Turmgelaß kauerte.

In der Schweiz

Sein Leben lang hatte Joß die Schweizer Berge und Städte als letzte Zuflucht angesehen. Wenn der heimische Boden einen nicht mehr trug: dort konnte man in Freiheit sein Leben beschließen. Er schritt erwartungsvoll in den milden Herbsttag. Kurz vor Sennheim lag ein Wagen mit Radbruch im Straßengraben. Der Mann, der ratlos daneben stand, erkannte Joß sofort. »Guter Gesell, was hast du für ein Wesen?« fragte er vertraut. Aber Joß wich aus. Es konnte eine Falle sein. Man war vorsichtiger geworden. Doch der andere streckte ihm die Hand hin. »Ich bin der Michel von Dinkelsbühl und kenne dich, Joß. Ich weiß, daß du auf der

Flucht bist. Schließ dich mir an! Nur verhilf mir zuerst zu einem neuen Rad. Ich kann den Wagen nicht allein lassen, um Hilfe zu holen.«

»Wenn du alles weißt, kann ich dich auch fragen. Hast du einen meiner flüchtigen Gesellen gesehn?«

»In Sennheim sollen einige gewesen sein. Ihr wollt alle in die Schweiz. Seid auf der Hut! In den Städten werden sie euch verfolgen wie hier. Aber sagt mir erst, wie ich weiterkomme.«

»Ich geh' voraus«, schlug Joß vor, »und hole einen Radmacher oder Wagner. Das alte Rad ist nicht zu retten. Wir brechen eine Speiche aus, dann besorge ich ein anderes.«

Sie machten sich an die Arbeit. Zwei Stadtknechte, die auf dem Heimweg waren, hielten an und sahen von ihren Pferden mitleidig auf das armselige Gefährt und die Männer.

»Helft lieber zu einem neuen Rad«, knurrte Michel.

Aber Joß glich schnell aus. »Es wäre gut«, bat er, »wenn ihr dem Radmacher in der Stadt Bescheid gäbt. Nehmt die Speiche schon mit. Ich komme nach.«

»Gut«, sagte der Ältere von ihnen, »gleich hinterm Markt wohnt der Wagner. Wir richten es aus.« Sie trabten davon.

Joß legte seinen Mantelsack in der Herberge ab und suchte den Wagnermeister. Der hatte schon ein Ersatzrad bereitgestellt. Joß zahlte und machte sich mit dem Gesellen auf.

Als der Schaden behoben war, kramte Michel noch unter der Plane. Joß wartete geduldig. »Viel Plunder«, sagte er.

»Einerlei«, brummte Michel, »Hauptsache, er verkauft sich.«

Dann saßen sie auf.

»Du hast mir geholfen«, sagte Michel nach einer Weile, »nun will ich dir helfen. Mein Rat: Du mußt den Schwerpunkt des Bundschuh verlagern. Bauern sind immer an Ort und Stelle gebunden. Wir fahrendes Volk sind frei. Ist ein Bauer in Sachen Bundschuh unterwegs, fällt er leicht auf und verrät sich schon durch sein Auftauchen. Denk an Simon, Clevin und Veit, die morgen hingerichtet werden. Bei uns ist das anders. Wir haben ein loses Mundwerk und dürfen ein Wort mehr sagen. Wir werden mit anderem Maß gemessen, und wenn wir weiterziehn, fragt keiner mehr nach uns. Du mußt verbreiten, was die Leute hören wollen, damit du tun kannst, was du willst.«

»Vielleicht sollte man es bedenken«, räumte Joß ein.

»Ich vergesse keinen Namen, den ich gehört habe, kein Gesicht, das mir begegnet ist. Dich habe ich schon einmal in Villingen gesehen, aber als ich dich ansprechen wollte, warst du schon gegangen. Ich kenne alle Straßen, alle Städte, alle Dörfer im Schwarzwald und im Breisgau. Ich hätte, wenn ich gewollt hätte, den ganzen Homer auswendig lernen können.«

Joß sah hinüber. Michel war todernst und fast schwermütig. Plötzlich hellte sich seine Miene wieder auf: »Nun aber bin ich Possenreißer, bin Landfahrer, der sein Haus mit sich trägt wie eine Schnecke. Ich bin meines Lebens froh. Ich halte nichts an, alles geht an mir vorbei. Aber auf mich kannst du setzen. Such mich im Remstal, bei Schorndorf oder im Schurwald.«

»Zu spät!« gab Joß zurück. »Sie werden mein Kopfgeld verdoppeln. Ich muß außer Landes.«

In der Herberge traf er Thomas Müller und Augustin Enderlin. Er erinnerte an Schaffhausen. Doch zuvor sollten sie südlich von Basel das Birstal aufwärts ziehen, in Seewen auf ihn warten. In der Wallfahrtskirche des Morandus bei Altkirch trafen wie vereinbart Joß, Kilian Meiger und Jakob Huser zusammen. Von Lehen wußte keiner Neues. Zu dritt zogen sie am nächsten Tag nach Basel, um in der Herberge auf dem Kohlenberg zu übernachten. Sie erfuhren, daß die Stadt auf Druck Freiburgs Straßen und Unterkünfte scharf überwachte. Der Kohlenberg bildete eine Ausnahme. Dort herrschten andere Gesetze.

Erst gegen Mittag zogen sie weiter nach Allschwil. Kilian Meiger war, bevor sie sich trafen, von seinem Schwager im Schweizer Baden ermahnt worden, vom Bundschuh abzulassen. Dennoch wandten sie sich gemeinsam nach Süden, Seewen zu, wo Müller und Enderlin auf sie warteten. Die waren die jüngsten und gewandtesten Mitstreiter, und Joß glaubte es wagen zu können, sie nach Lehen zurückzuschicken. Sie wollten Els Nachricht geben, weiterhin alle Verschworenen, die sie unterwegs und in Lehen trafen, auffordern, sich am ausgemachten Tag in Schaffhausen einzufinden. Beim Küster der Pfarrkirche könne man weiteres erfahren.

Joß blieb mit Kilian und Jakob noch einige Tage in Seewen und nahm Verbindung mit den Dörfern der Vogtei Dorneck und der Herrschaft Gilgenberg auf. In Seewen stieß auch Hieronymus zu ihnen, und dorthin kehrten Thomas Müller und Augustin Enderlin zurück. Sie berichteten, daß Els in Freiburg im Turm liege, daß Hans Schwarz wahrscheinlich ins Elsaß geflohen sei, daß der alte Enderlin unter der Folter gelitten, aber geschwiegen habe. Sie wußten ferner, daß die Freiburger ihren Nachthirten Heinrich Spieß, den Martin Tüfel aus Adelshausen und aus Lehen Georg Meiger und den Dorfwirt Langhans Schweiger festgenommen hatten. Unerhörtes sei dem Max Stüdlin geschehen, der in Munzingen wohnte. Als von Blumeneck ihn verfolgt habe, sei er in die Dorfkirche geflohen. Blumeneck habe mit einigen Adligen das Kirchenrecht gebrochen. Nun liege auch Stüdlin in Freiburg im Turm. Sicher sei auch, daß Matern Weinmann von Mengen dem Badenweiler Amtmann in die Hände gefallen sei, noch sicherer allerdings, daß Michel Hanser aus Schallstadt, auf den sie in Lehen gewartet hätten, zur selben Zeit dem Markgrafen von Baden den Bundschuh verraten habe. Auch der Maler Theodosius habe dem Freiburger Magistrat den Zwischenfall in Lehen berichtet.

Weiterhin meldeten sie, daß Straßen und Tore in den Städten sorgsam bewacht würden. Überall streiften Berittene durchs Land. Und mit jugendlichem Übermut erzählten sie, wie sie allen immer wieder ein Schnippchen geschlagen hätten. Joß hörte scheinbar gelassen zu, doch jeder Name gab ihm einen Stich durchs Herz. Und immer die Angst: Sollten sie sogar Els … »Je schlimmer sie es treiben«, sagte er hart, »desto schärfer werden wir zurückschlagen, wenn wir erst die Schweizer auf unsrer Seite haben.«

Trotz aller Enttäuschungen glaubte er daran wie an seine Fahne. Sie trennten sich, um sich in Schaffhausen wiederzufinden. Joß wollte die Schweizer Bauern mobil machen. Er kannte in Erschwil einige, in Breitenbach und dem Birstal. Unzufriedene gab es überall, doch die machten ihm bald klar, daß sie ihren eigenen Bundschuh gründen und mit dem übrigen nichts zu tun haben wollten. Eine bittere Erfahrung. Joß hatte gehört, daß in Zürich Schweizer Bauern sich verabredet hatten, um am Tag der Cordula zu beratschlagen. Er und seine Mitstreiter zahlten in Seewen ihre Zeche und brachen in der Frühe auf. Aber Basel hatte von ihrem Aufenthalt Wind bekommen und schickte Reiter auf die Straße nach Seewen. Deren schwarzweiße Kleidung verriet sie als Stadtknechte. Noch vor Liestal trafen sie aufeinander. Ein Reiter stellte sein Pferd quer und verwehrte den Durchgang, die beiden anderen kreisten die Verschworenen ein. Joß hieb dem Schimmel, der ihm den Weg versperrte, mit der Breitseite des Schwertes auf die Kruppe. Das Pferd bäumte sich auf. Der Reiter ließ sein Schwert fallen, warf sich nach vorn und krallte sich in die Mähne des Tieres. Joß bekam einen wuchtigen Schlag vom Schweif des Schimmels, als er hinter ihm entwich. Kilian Meiger und Jakob Huser spürten schon die Degenspitze der umzingelnden Reiter. Es gab für sie kein Entrinnen.

Das scheuende und wild tänzelnde Pferd brauchte lange Zeit, bis es sich beruhigt hatte und der Reiter seine Waffe aufnehmen konnte. Derweilen lief Joß spornstracks auf ein nahes Waldstück zu. An eine Befreiung der Gefangenen war nicht zu denken. Sie wurden gefesselt und am Sattel des Schimmels festgebunden, der nun wieder im Schritt ging, während die beiden anderen Reiter Joß verfolgten. Der floh in Richtung Burg Wildenstein, versteckte sich im Unterholz und hörte die Stadtknechte aufgeregt den Wald durchsuchen. Schließlich gaben sie auf. Joß saßen Zorn und Ernüchterung im Nacken. So hatte er sich das Zufluchtsland Schweiz nicht vorgestellt! Das mächtig pochende Herz beruhigte sich nur langsam.

Was war ihm geblieben? Ein schmaler Schimmer Hoffnung, das Fähnlein und das Treffen in Schaffhausen. Vielleicht noch Nenzingen oder der Schwager Hans Trinklin in Eigeltingen? Wie lange ein solcher Tag im Buschwerk des Unterholzes werden konnte!

Erst als das Nordgestirn die tiefe Nacht anzeigte, brach er auf und erreichte am zweiten Abend todmüde Waldshut. Unerwartet fand er dort Hans Hummel und Hieronymus. Von letzterem erfuhr er, daß man in Nenzingen nach ihm gesucht habe und daß bekannt geworden sei, daß man sich in Schaffhausen treffen wolle.

Joß wandte sich wieder der Schweiz zu, und Hummel schloß sich an. In Arbon am See hörten sie von fahrenden Schülern, daß Thomas Müller und Augustin Enderlin in Schaffhausen verhaftet worden seien und Freiburg die Auslieferung verlange. Sie wanderten nach Konstanz und über den Bodanrück nach Nenzingen. Hans Schmid warnte sie, bald weiterzuziehen. Erst vor zwei Tagen hatten Reisige des Nellenburgers sein Haus durchsucht. Von Els wußte er zu berichten, daß ihre Urgicht nicht für eine Bestrafung ausgereicht und man sie freigelassen habe. Vorwürfe machte der Schwiegervater nicht.

Trotz aller Warnungen gab Joß Schaffhausen nicht auf. Er kniete mit Hans Hummel lange in der Pfarrkirche, bis der Küster kam, um die Kerzen zu löschen und Öl beim ewigen Licht nachzugießen. Der erzählte ihnen, daß Müller und Enderlin in der Herberge zu laut und aufsässig geworden seien, worauf die Stadtknechte sie verhaftet hätten. Alle anderen seien daraufhin geflohen. Er wisse nicht, wohin.

Für die Nacht verbarg er beide in der Sakristei und brachte sie am Morgen aus der Stadt.

Im »Rebstock« in Stühlingen fanden sie Unterkunft und erfuhren von den Bauern, daß in Bulgenbach ein Hans Müller wohne, der dafür bekannt sei, aufrecht gegen Unrecht und Unterdrückung zu kämpfen und zu widerstehen. Joß lieh sich beim Wirt ein Pferd, hinterlegte zehn Gulden und seinen Mantelsack, ließ Hans Hummel zurück und ritt. Es war der letzte Sonntag im Oktober, der Wald stand bunt. Joß hatte sich den Weg beschreiben lassen und fand Bulgenbach. Hans Müllers Hof lag wie ein Herrensitz auf der Höhe bei der Kirche. Er war ein stattlicher Mann und hieß Joß willkommen. Joß machte sich bekannt: »Ich bin Joß Fritz. Ihr erinnert Euch?« Hans Müller nickte.

»Dann wißt Ihr auch«, fuhr Joß fort, »daß ich als Flüchtling vor Euch stehe. So nennt mich Veltlin, der den Joß nicht kennt und nie von ihm gehört hat.«

Joß blieb über Nacht. Sie tranken den herben Wein der Bauern und redeten von einem neuen Reich. Der junge Hans Müller lauschte im Nebenraum. Das Gespräch währte bis in die Nacht.

Während Joß sich am Morgen anschickte wegzureiten, kam ein Knecht vom Nachbarhof vorbei, der über Sonntag in Staufen bei seiner Braut gewesen war, und berichtete, daß von Grafenhausen ein Beritt vom Kloster Sankt Blasien unterwegs sei, um einen Joß Fritz zu fangen. »Den suche ich auch«, sagte Joß und zwinkerte Hans Müller zu, der rief noch: »Leb wohl, Veltlin!«

Aber Joß hatte schon dem Pferd die Sporen gegeben.

Auch Hummel hatte von den Reitern gehört und war in seine Heimat Feuerbach aufgebrochen.

In Freiburg saßen im Gasthaus »Zum Kiel«, das dem Blumeneck gehörte, Lotterholz und der Sesselmacher Jörg von Ulm zusammen.

»Du weißt wirklich nichts von ihm?« flüsterte Jörg.

»Nein«, sagte Lotterholz, »aber wenn er noch am Leben ist, finde ich ihn. Auf Ehrenwort!«

»Nebenan im Rathaus hocken sie zusammen«, fuhr Jörg fort, und sein breiter Mund grinste. »Aber lang' nicht mehr. Heute nacht …«

»Laß das!« wehrte Lotterholz ab. »Du machst das Los der Gefangenen nur noch schlimmer. Laß es!« bat Lotterholz.

Er winkte dem Wirt, zahlte und ging.

Zehn Nächte nach dem Tod Enderlins schrillte die Feuerglocke über dem schlafenden Freiburg. Wie einige Bundschuher ausgesagt hatten, stieg der Qualm in den Nachthimmel. Die Bürger besetzten die Tore, strömten auf den Münsterplatz, wie die Satzung es gebot, löschten das Feuer und retteten die Stadt.

Els sah in Lehen das Flackern über den Dächern, schmeckte den Brandrauch auf der Zunge und zitterte. Und wie erwartet, kamen sie noch in der Nacht, um sie zu verhören. Aber sie wußte nichts von dem Geschehen, und man schenkte ihr Glauben. Sie wurde nicht wieder in den Turm geworfen.

Einmal, ganz spät in der Nacht, hörte sie das vereinbarte Klopfzeichen an der Tür. Joß blieb zwei Tage, dann brach er wieder auf ins Elsaß.

»Der Schweizer Traum ist zu Ende«, sagte er beim Abschied, »bleibt der vom Reich und die Begegnung beim Abendrot.«

Buch
der Straßen

Bedenkzeiten

Joß war heimatlos in den unbarmherzigen Winter gewandert. Ihm war klar, daß er sich ändern müsse. War er schon heimatlos, mußte er sich an die Spitze der Heimatlosen setzen. Michel von Dinkelsbühl hatte ihn überzeugt. Die Ärmsten waren die Treuesten. Ein alter Spruch. Vielleicht war er doch wahr? Er war schon auf dem Weg nach Roggenhausen zu Lotterholz. Seine Mittel gingen zu Ende. Doch Straßen und Übergänge wurden scharf kontrolliert. Da besann er sich aufs Köhlerhaus im Tonbachtal und kehrte um.
Die Straße war verschneit und menschenleer. Wer ein Zuhause hatte, blieb dort. Zwischen Belchen und Schauinsland suchte er den Weg nach Todtnau. Schwer hing der Schnee in den Wäldern. Oft mußte Joß gebrochene Stämme und Äste übersteigen. Rabenschwärme zogen krächzend über ihn hin. Eiszapfen wuchsen seitlich an den Stämmen. In den Kronen hatte sich die Schneedecke zu einem Dach verkrustet. Einsamkeit überkam ihn. Das Ausgeliefertsein an die schneeweiße Weite setzte ihm zu.
Die Windbuchen änderten Gestalt und Gesicht. Am geschützteren Hang glichen sie alten Frauen, deren greises Haar nach vorn übers Antlitz gekämmt war. Statt des Eispanzers hing feiner Rauhreif im Gezweig. Die Kälte stand als weiße Fahne vor dem Mund. Schwerer wurde Joß der Weg. Die Kraft ging zu Ende.
Er fand einen Berghof, vom Schnee fast zugeweht. Die Wärme tat gut, die heiße Suppe noch mehr. Er durfte bleiben. Als er am Morgen Lager und Speise bezahlen wollte, leuchteten die Augen der Bäuerin.
Der Bauer war schon nach draußen gegangen, um nach dem Wetter zu sehen. Kopfschüttelnd kam er zurück.

»Du kannst nicht weiter«, sagte er. »Vom Rhein herüber
braut sich ein schwerer Schneesturm zusammen, den kann
draußen keiner überstehen.« Joß überzeugte sich und blieb.
Bald sank Schnee in dichten Strähnen. Immer wieder mußten sie Tür und Fenster freischaufeln. So ging es tagelang.
Joß half in der Scheuer Geräte ausbessern, Rechen für die
Heuernte, Stiele für die Gabeln, Gestelle für die Hocken.
Einmal stieß er beim Schneeräumen auf ein Steinkreuz, das
gegen die Hauswand lehnte. Er habe es am Ackerrand gefunden, sagte der Bauer, was darauf stehe, wisse er nicht. Joß
las es ihm vor:

> »Zeit bindet,
> Zeit teilt.
> Zeit schwindet –
> Eilt – weilt!«

»Vielleicht ein Ruheplatz für Wanderer«, meinte der Bauer.
»Vergessene Weisheiten«, stellte Joß fest. »Bedenkzeit.«
Er half die Tiere füttern, schaufelte täglich Schnee und spielte mit den Kindern. Er zeigte ihnen, wie man beim Abendlicht mit den Händen lebendige Schatten an die Wand werfen konnte. Er erzählte ihnen Geschichten, die er von seiner
Mutter kannte. Höhepunkt in der Einöde waren die Abende, an denen die Bäuerin mit glockenheller Stimme sang. Sie
kannte viele Lieder, und manchmal brummten die Männer
mit. Auch Joß sang gern, doch neben dieser Stimme konnte
keiner bestehen. »Da kann man vergessen«, sagte der Bauer glücklich, »daß wir arm sind.«
»Man könnte es vergessen«, bestätigte Joß, »aber man muß
es nicht. Es muß anders werden. Wir bringen's auf den
Weg.« Und er erzählte vom Bundschuh.
Wochenlang lag die Welt schneeversunken und menschenleer. Als der Boden aufweichte, hatte es keinen Sinn mehr,
nach Tonbach zu wandern. Er suchte Melchior bei Lenzkirch auf. Dort erfuhr er einiges. Auch Hans Hummel hatten
sie in Freiburg in den Turm geworfen. Leichtsinnig hatte er
Feuerbach verlassen und sich öffentlich in Lehen gezeigt.

Dennoch brach auch Joß, als die Straßen abgetrocknet waren, nach Lehen auf. Els versteckte ihn zwei Tage. Man hatte sie über Winter wohnen lassen. Dann zog er zu Lotterholz weiter. Den Rheinübergang erleichterte ihm ein Fuhrmann, der ihn aufsitzen ließ. Der Unbekannte stellte weiterhin Mittel bereit und blieb im Dunkel.

Es galt, wieder Gewährsmänner zu finden, die weiterwirkten, wenn er gegangen war. Offene Ohren fand er in Halsheim und Rixheim bci Mühlhausen. Auch bei Altkirch zündete seine Rede, und er verbrachte das Osterfest dort. Und weiter ging's durchs Land. Els hatte in Freiburg beim Bärenwirt Arbeit gefunden. Der hoffte den Umsatz zu steigern, wenn Els kredenzte.

Zwei Wochen nach Ostern erfuhr Joß vom Aufstand des »Armen Konrad«, den der Gaispeter von Beutelsbach unternahm. Ulrich von Württemberg hatte Maße und Gewichte verkleinern lassen und die Preise gleichgehalten, um die Abgaben zu erhöhen. Gaispeter hatte die Wasserprobe gemacht, und die Gewichte waren untergegangen. Hans Vollmar hatte sich an die Spitze gesetzt und in Schorndorf eine Kanzlei gegründet. Kaufleute hatten Räume und Vermögen für die Sache des kleinen Mannes zur Verfügung gestellt. Die Aufständischen erklärten, wie es nur einen Gott gebe, könne es auch nur einen Herren geben: den Kaiser. Das klang wie eine Fanfare! Das war gut! Schon wollte Joß aufbrechen, da kam die Kunde, der Herzog habe die Forderungen erfüllt. Da gab Joß auf und blieb im Elsaß. Dort erreichte ihn ein Bote, der Gugel Bastian verbreite den »Armen Konrad«. Doch Joß zögerte. Er hatte erfahren, daß Kilian Meiger und Jakob Huser zwei Tage vor Weihnachten hingerichtet worden waren und Hans Hummel am 1. April. Am härtesten hatte ihn der Tod des Altvogts getroffen, der geschwiegen hatte, wie er es versprochen, und stumm den Todesstreich empfangen. Das waren Männer und Freunde! Michel von Dinkelsbühl berichtete vom Ende des Aufstandes bei Schorndorf. Nach zugesagtem Vertrag und sicherem Geleit hatten die Bauernhaufen sich aufgelöst. Dennoch hatte der Herzog Hans Vollmar überfallen und eintausend-sechshundert Bauern in Pulks gefesselt abführen lassen. In Türmen und engen Gelassen wurden sie so dichtgedrängt aufgestellt, daß sie weder sitzen noch liegen konnten. Am nächsten Tag wurden sie ohne Speise oder Trank in sengender Sonne angesichts des Wassers der Rems aufgestellt, bis sie am Abend schwören mußten, außer einem Brotmesser keine Waffe im Haus aufzubewahren. Hauptmann Vollmar habe man samt Weibel und Fähnrich sofort mit dem Schwert gerichtet, andere am folgenden Tag.

Dem Gugel Bastian war es nicht anders ergangen. Markgraf Philipp hatte bei Önsbach eine Versammlung gesprengt und den flüchtigen Bastian gefangengenommen. In Freiburg erwartete er sein Urteil. Da gab es keinen Zweifel.

Verbindungen

Er war dem Schicksal des »Armen Konrad« entronnen, nun suchte er Joß: Michel von Dinkelsbühl. Dreistigkeit und Unverfrorenheit seines Wesens kannten keine Grenzen. Aber das war der Ton, um dem fahrenden Volk zu imponieren. Seine herausfordernde Rede sprang jeden an. Seine Worte nahm niemand wörtlich. So wollte er für Joß das Erdreich auflockern. Der tat sich schwer, auf seine Art einzugehen. Lehen lag noch zu nah. Für Breite mochte Michel gut sein, die Tiefe mußte Joß selbst loten. Sie trafen sich wieder, als der Sommer schon zur Neige ging, bei Waldkirch vor der Stadt. Joß hatte am Pflock vor der Gaststube schon den prächtigen Schimmel gesehen. Nun sah er den Reiter. »Stoffel von Freiburg«, stellte ihn Michel vor, »ein Mann nach unsrem Herzen.« Joß stutzte einen Augenblick. Der ausladende weiße Mantel war mit weißem Samt gefüttert. Das Barett durchstach ein silberner Pfeil. So gab sich ein Edelmann. Auch die weitausholende Geste, mit der er den Handschlag vorbereitete, ahmte den Adel nach.

»Es ist Zeit, daß wir zueinanderfinden«, sagte er, klopfte Joß wie einem alten Freund auf die Schulter und ergriff sofort das Wort: »Lehen ist gescheitert, der ›Arme Konrad‹, der Aufstand in Ungarn auch. Was wir planen, muß Bestand haben. Siehst du das anders?«

»Nüchternheit am Anfang ist gut«, entgegnete Joß, »aber um ein Feuer zu entfachen, braucht es sprühende Funken.«

»Genau so ist's«, stimmte Stoffel zu, »und die wollen wir ins Land tragen!«

»Also«, schlug Michel vor, »teilen wir es ein! Wenn Joß im Elsaß umgeht und du, Stoffel, im Breisgau, werde ich die Gegend um Straßburg übernehmen und die Ortenau.«

»Den Schwarzwald will ich auch nicht vergessen«, sagte Joß. »Wichtig ist vor allem«, fuhr er fort, »daß wir Hauptleute wählen lassen, die vor Ort arbeiten, und Obristen bestimmen, die Bezirke überwachen. Übrigens, die Fahne habe ich noch.«

»So wären wir denn ein gutes Trio«, stellte Stoffel fest, »ein politischer Kopf, ein Werber und ein Feldhauptmann. Die Arbeitsgebiete sind abgesteckt. Wir können beginnen.«

»Als Kennzeichen der Verschworenen untereinander«, fügte Joß noch hinzu, »wollen wir die Faust mit eingeschlossenem Daumen erheben zum Gruß. Wer eingeweiht ist, antwortet dann: ›Das ist gut!‹ Am Sonntag nach Ostern im kommenden Jahr wollen wir uns wieder treffen: hier, und jeder soll von seiner Arbeit berichten.« Sie hoben die Faust und sagten: »Das ist gut!«

Stoffel gab dem Schimmel die Sporen, ballte die Faust und ritt davon. Michel spannte an und nahm Joß ein Stück Wegs mit. Bei Kenzingen trennten sie sich. Joß war das endlose Reden leid. Am nächsten Tag ging er bei Kehl über den Rhein und blieb in Straßburg. Über Wasselnheim wollte er tags darauf die Straße nach Zabern nehmen.

Bei strahlendem Spätherbst war die Weinlese in vollem Gang. Er sang vor sich hin in den Staub der Straße und in den unendlichen Himmel. Talaufwärts rastete er in Sulzbad bei Klaus Lang. Im Zauber des milden Abends zog er die

Straße nach Wangen und weiter bis Marlenheim. Dort blieb er in der Herberge. In der Nacht schlug das Wetter um. Sturm kam auf und Regen. So saß er am nächsten Abend mit Fritz Wassermann und Hans Rage zusammen. Sie erzählten ihm von dem Wirt Thomas in Eckartsweiler, der als Landsknecht in französischen Diensten gestanden hatte und als Hauptmann heimgekommen war. Der solle dem Bundschuh gegenüber sehr aufgeschlossen sein.

Früh brach Joß auf, erreichte Zabern zu Mittag. Mächtig überragte Burg Hohbarr das Land. »Auge des Elsaß« nannte man sie.

Bei Regen blieb Joß drei Tage in der Stadt und traf am Abend vor Sankt Martin über den Felsenweg der Zaberner Steige in Eckartsweiler ein. Der Wirt Thomas war Joß wohlgesinnt, und bald entwickelte sich aus gegenseitigem Verstehen Freundschaft. Die festigte sich um so mehr, als auf den Tag genau wie im Vorjahr die große Kälte einbrach und Joß als Gast bleiben mußte. Abend für Abend kamen die Männer. Sie redeten, hörten und planten, handelten Termine für große Versammlungen und den Aufstand aus. Marx Küfer aus Rosenheim gesellte sich oft zu ihnen. Die Bereitschaft für den Bundschuh war um so größer, je mehr sich herumsprach, das der Herzog von Lothringen seinen Machtbereich über die Vogesen zum Rhein ausbreiten wollte. Joß spürte, wie sich hier eine Kerntruppe bildete.

An einem Samstagabend im Februar breitete er auf dem Wirtshaustisch das Fähnlein aus. Er ließ sie die Hand heben und schwören, dieses Fähnlein niemals zu verraten. Die Männer umstanden es wie gebannt.

Als alle gegangen waren, übergab er es Thomas, daß er es verborgen halte und aufbewahre. »Es ist besser, du versteckst es, als daß es mir am Leibe verfault, wenn die Sommer heiß werden.« Aber der Sommer wurde naß.

Schon am Weißen Sonntag trafen sie sich wie ausgemacht. Veltin von Freiburg war noch dazugestoßen. Sie berichteten, wie die Arbeit fortschreite, und beschlossen drei Dinge: Erstens: Wenn der Bundschuh ausgerufen würde, solle jeder auf der Brust den Buchstaben H schwarz auf rotem Grund tragen.

Zweitens: Wenn Eile oder Umstände es nicht erlaubten, solle einer auf dem rechten Ärmel drei Kreuzschnitte einkerben.

Drittens: Der Chris oder Kampfruf solle sein: Sankt Jörg!

Ein großes Treffen planten sie auf dem Kohlenberg zu Johannis.

Auf dem Kohlenberg

Es war der Sonntag, zwei Tage vor dem Fest Johannes des Täufers, Höhepunkt des Sommers der Stadt Basel. Straßen und Häuser waren bunt geschmückt, wie man in alten Zeiten den Kaiser empfangen hatte und wie man es immer hielt an diesem Tag. Er galt der Vereidigung des neuen Regiments. Von allen Seiten strömten Volk und Adel zum Platz über dem Rheinufer.

Die Straße von Altkirch her war belebter denn je. Schon am Abend zuvor hatte man über der Stadt die Rauchfahnen aufsteigen sehen. Fahrende und Heimatlose feierten ihre Feste. Das kannte man. Aber welches?

Der Kohlenberg war Teil der Stadt und doch der Ehrbarkeit entrückt. Die Menschen dort waren geduldet. Mehr wollten sie nicht. Aber manchmal blähte das Leben dort oben sich auf und wurde zum Fest. Fahrende tauchten auf: Sänger und Scharlatane, Quacksalber und Gaukler, Bettler und schließlich entlassene Landsknechte. Auch Bauern, denen die Schwurfinger fehlten.

Joß Fritz hatte Hans Schwarz schon unterwegs im Sundgau getroffen. Sie waren in Blotzheim über Nacht geblieben und machten sich in der Früh auf nach Basel. Ein ungleiches Paar: ein Mönch im Pilgergewand und ein Reisläufer in der Tracht eines Landsknechts.

Durch die Spalenvorstadt gingen sie hinüber zum Kohlen-

214

berg. Auch er war Vorstadt, aber seine Anlage ließ noch
Raum für Gärten zwischen den Häusern. Joß wollte Els hier
treffen. Lotterholz hatte ihr Bescheid gegeben. Sie hatte ihr
Leben selbst in die Hand nehmen müssen. Ein schweres Op-
fer! Er hörte oft nur durch fahrendes Volk von ihr. Ge-
schwätz!

Hans Schwarz schaute nicht sehr glücklich drein. Er sah mit
Bedenken, wie dieses lockere Volk sich fast ehrerbietig Joß
näherte, seinen Gruß entbot und ihm manchmal etwas zuflüsterte. Besonders lang saß Michel von Dinkelsbühl bei ihnen
und tat sehr vertraut mit Joß. Hans Schwarz fühlte sich plötzlich leer und allein. Joß hatte ihn gebeten, am Abend, wenn
draußen im offenen Lager die Verschworenen sich versammelten, ein paar Worte zu sagen, damit dieses lockere Volk etwas von der tiefen Begründung des Unternehmens erfahre.

Da bahnte sich von der Stadt herauf ein Reiter seinen Weg
durch das Gedränge. Der Schimmel schnaubte bei seinem
wechselvollen Kurs, auf dem er stets Unaufmerksamen ausweichen mußte. Der silberne Pfeil im roten Barett ließ keine Verwechslung zu. »Stoffel von Freiburg!« rief Joß und
sprang erfreut auf. Wie ein Feldhauptmann hielt der Reiter
an, sah sich um und erkannte Joß. Federnd glitt er vom
Pferd. Joß kam ihm entgegen. Sie umarmten sich, wie es bei
Begegnungen hoher Herren üblich war, und Hans Schwarz
erkannte: Hier schlug das Herz des Bundschuh. Sie hatten
sich gefunden, der Rufer und Planer und der Kämpfer. Ein
Bettler brachte den Schimmel in den Stall.

Jörg von Ulm, den Joß von Lehen her kannte und der in
Freiburg das Gasthaus »Zum Kiel« angezündet hatte, den
sie gefaßt und mit einem eisernen Ring um den Hals wieder
davongejagt hatten, trat an den Tisch. Er trug unter dem
Ring ein scharlachrotes Tuch, das ein Wundreiben verhindern sollte, ihm aber gleichzeitig einen Schuß Würde verlieh
und das blankgescheuerte Eisen wie eine Auszeichnung erscheinen ließ. Er flüsterte Joß zu, daß Els draußen sei im Lager vor dem Tor. Joß stand sofort auf. »Habt Verständnis«,
entschuldigte er sich und ging.

Er brauchte nicht lange zu suchen. Da stand sie vor dem zuckenden Schein der Flamme und schenkte Wein aus einem großen irdenen Krug. Die Wärme des Feuers ließ ihre Wangen blühen wie in früheren Tagen. Joß blieb ernüchtert stehen.

Auch sie hatte ihn erkannt, stürzte auf ihn zu, warf sich an seinen Hals und bedeckte seinen Mund mit Küssen, unter denen jede Frage erstarb. Ein Schauer ging durch ihren Körper. Aber die Stunde gehörte ihnen noch nicht.

Als die Torglocken vom Münster und von Sankt Leonhard das Schließen der Stadttore ankündigten, teilte sich die Menge drinnen wie draußen. Die einen zogen zu ihren Quartieren auf dem Kohlenberg, die anderen zum Lager vor dem Tor. Dort sammelte sich, wer zum Bundschuh geschworen hatte. Ein alter Landsknecht schürte das Feuer und legte nach, daß die Flamme wieder hell loderte.

Joß, Stoffel von Freiburg und Hans Schwarz saßen mit steinernen Gesichtern auf einem gefällten Stamm im Feuerkreis. Sie sahen wortlos und unbewegt dem Treiben zu. Über ihnen war der Himmel feuerrot. Els brachte Wein, aber das verbissene Schweigen konnte auch der nicht aus ihren Mündern nehmen. Jeder war stumm aus einem anderen Grund. Stoffel genoß das Herausgehobensein, Joß übersann, was er sagen wollte, Hans Schwarz bedrückte die Atmosphäre. Wofür kämpfte er? Diese Hergelaufenen hatten kein Recht zum Aufruhr. Er hatte es Joß deutlich gesagt: Das war nicht seine Welt, die er verbessern wollte. »Warum so viele Landsknechte?« fragte er. »Ich brauche sie«, erklärte Stoffel. »Sie werden die Rottenführer meiner Haufen sein. Jeder hat seinen Auftrag, wohin er sich zu wenden hat, wenn ich rufe. Das war es doch, was uns bisher gefehlt hat. Erfahrene Kämpfer müssen die unerfahrenen Bauern führen.«

»Werden diese Männer zuverlässiger sein als deine Bauern von einst?« wandte sich Schwarz an Joß.

»Meine Bauern waren zuverlässig«, gab der beleidigt zurück, »denkt an den Altvogt Enderlin!«

»Es waren aber nicht nur Enderlins«, beharrte Schwarz.

»Wird in dieser Menschensuppe nicht wieder der Verrat gebraut? Glaubst du, daß dieses Volk schweigsamer ist als deine Bauern?«

»Diese Männer sind nicht einem Fürsten oder Herrn untertan«, antwortete Joß. »Sie sind aus den Ordnungen ausgestoßen und streben höherer Ordnung und größerer Freiheit zu.«

»Hast du nie Zweifel gehabt«, gab Schwarz zu bedenken, »ob sie nicht Kinder des Chaos sind und zu keiner Ordnung fähig?«

Joß wollte antworten, doch ein Lied setzte sich in der Runde durch, in das Pfeifen und Trommeln treibend einfielen. Sie sangen das Lob Kaiser Maximilians …

»… welcher hat aufgetan
ein Orden, durchzeucht alle Land …«

Als das Lied bis hin zum Wald verklungen war, erhob sich Joß. Seine Bewegungen waren zielsicher und beherrscht. Nur der dunkle Bart zeigte weiße Strähnen. Das Alter klopfte an. Er streckte beide Arme in die Runde, und die Gespräche verstummten. Noch einmal wandte er sich an Stoffel: »Sind die Wachen verdoppelt?« Stoffel bejahte. »Gut, dann will ich eröffnen.«

»Seid alle willkommen«, begann er mit lauter Stimme, »besonders du, mein alter Freund Schwarz! Von weit her hast du den Weg zu uns nicht gescheut. Wir sind offen für dein Wort.«

Beifall tönte durch die Runde. Schwarz erhob sich und begann:»Ihr Männer«, sagte er und setzte zögernd hinzu, »und Frauen! Das Anliegen, das uns vereint, ist so alt wie der Mensch selbst. ›Gott schuf den Menschen sich zum Bilde.‹ – Versteht recht! Gott zum Bilde. Nicht Fürsten und Bischöfe, nicht Herren und Knechte hat Gott geschaffen, und seitdem sehnt sich der Knecht zurück nach der Freiheit jener Zeit, wo er Mensch war und nicht Knecht.«

Mächtiger Beifall zwang ihn zu einer Pause.

»Mensch sein ist also ein göttliches Recht, Fürst sein oder

Knecht sein nur bedingt.« Wieder setzte Trommelwirbel ein. »Von dem König aber, den der Mensch sich setzt, sagt Gott zu Mose: ›Er soll sein Herz nicht über seine Brüder erheben ...‹ Das heißt nun wieder, daß wir Brüder der Könige sind. Sie aber erheben ihr Herz über uns und halten uns fast wie Tiere. Darum ist die Zeit gekommen, ihre Tage – wie es bei Mose heißt – zu verkürzen. In eure Hände, liebe Brüder, legt Gott ein hohes Amt. So werdet denn, ihr Verfolgten und Geächteten des menschlichen Unrechts, Streiter und Vollbringer des göttlichen Rechts! Erkennt eure Stunde und hört den Ruf! Das Gute und das Recht sollen siegen auf der Welt! Rennt die Tore ein, mit denen sie das Recht aussperren! Stoßt die Throne um, auf denen die Macht des Unrechts wuchert! Einen neuen Himmel hat Gott uns in Christus gegeben. Gebt ihm eine neue Erde!«

Sie hörten den Jubel bis in die Stadt hinunter. Die in Basel wach gelegen, erschauerten. Andere fuhren erschrocken aus dem Schlaf hoch. Kinder wimmerten im Traum.

Was Aufmucken und Aufsässigkeit gewesen war, erhielt den Goldschein einer Gloriole.

Joß erhob sich, sichtlich erschüttert von den Worten des Freundes. Er faßte dessen Hände. Hatte da ein anderer Hans Schwarz gesprochen als vorhin?

»Du machst Gesalbte Gottes aus uns«, sagte er bewegt, »wie sollen wir es dir danken?«

Da stimmte der Pfeiferjockel eine Strophe an, und alle fielen ein, auch die Trommel dröhnte dumpf dazu.

»Als Adam grub und Eva spann ...«

Hans Schwarz trat zurück in die Dunkelheit jenseits des Feuerscheins. Stoffel reichte Joß eine Papierrolle. Er hob sie wie ein Zepter. Es wurde still, nur das Feuer knisterte. Jetzt hob Joß auch die rechte Hand, und es schien, als wolle er seine Worte aus der lauen Sommernacht herunterholen.

»Meine Brüder und Schwestern! Wir danken Hans Schwarz für seine Worte. Er hat uns gerufen. Wir sind da! Gestern hat Michel von Dinkelsbühl« – er deutete auf den Sitzenden –

218

»das einhundertste Dorf geworben. Unser Bund reicht jetzt
weiter, als das Auge vom höchsten Berg der Schweiz an klaren Sommertagen sehen kann: vom Süden des Schwarzwaldes hinüber nach Schlettstadt und Weißenburg und über
den Rhein zurück bis Bretten.« Er setzte ab und entfaltete
die Karte.

»Und nun hört gut zu! Am Kniebis werden wir uns wieder-
sehen, und zwar am Sonntag, zwei Wochen nach der Zaberner Kerb. Dort erwarte ich euch und alle, die ihr geworben
habt. Dort will ich euch das Werbegeld zahlen. Für jeden
Bundschuher einen drittel Gulden.« Gejohle unterbrach
ihn.

»An der Zaberner Kerb aber werden wir uns in Rosheim
versammeln und die Stadt nehmen. Dort werden wir das
Treffen auf dem Kniebis vorbereiten, wo ich euch erwarte.«
Er zog das Fahnentuch unter seinem Wams hervor und brei-
tete es aus. »Mit dieser Fahne«, rief er, »wird der Sieg sein.
Auf sie sollt ihr schwören!«

Da wurde es ganz still. Alle waren aufgestanden und hoben
die Hand zum Schwur, auch die, denen die Schwurfinger
fehlten. Stoffel hatte das andere Ende der Fahne gefaßt und
hielt es hoch. Joß deutete auf das Kreuz, den Adler und den
Bundschuh. Dann trat er zurück, um nach Hans Schwarz zu
sehen. Doch keiner wußte, wo er geblieben war.

Auch beim Lager fand Joß ihn nicht. Ermüdet sank Joß nieder. Oben flimmerten vertraut die Sterne. Dann schlief er
ein. Später weckte ihn Els. Er rieb sich die Augen und sah
verwundert auf. »Du bist mir fremd geworden, Els«, sagte
Joß traurig.

»Ich wollte dich hier treffen«, sagte sie enttäuscht, »es war
anders nicht möglich. Nun bin ich dir fremd.« Joß schwieg.

»Du hast dein Leben an den Bundschuh verkauft«, rechtfertigte sich Els. »Du bist deinen Weg gegangen. Um meinen
hast du dich nicht gekümmert. Als Vater starb, habe ich Nenzingen wieder verlassen. Ich habe dich gesucht. Hier bin ich.
Nun bist du enttäuscht, möchtest weinen wie ein kleines
Kind. Armer Junge! Ich bin nicht, die ich scheine, wie du

nicht bist, der du scheinst. Du brauchst die Maske, um zu leben, wie ich.«

»Ich weine nicht«, entgegnete Joß traurig, »es ist ja meine Schuld.«

Els spürte Mitleid. War das der Mann, der eben am Feuer gesprochen hatte, der ihr die Welt zu Füßen legen wollte, wenn der Sturm sich ausgetobt hatte?

»Ich habe für dich im Turm gesessen, damit du fliehen konntest. Hast du das vergessen? Wir mußten beide auf die Straße gehn, um zu überleben, ich meine ruhelos umherziehn.«

»Laß gut sein!« besänftigte Joß seine Frau. »Ich muß den Dank vertagen. Er kann nicht nur aus Worten bestehn. Komm unter meinen Mantel!«

Am Morgen wanderte er den Sundgau hinauf ins Elsaß und brachte das Fähnlein wieder nach Eckartsweiler.

Der dritte Verrat

Zu Herbstbeginn zog Joß das Brigachtal aufwärts nach Villingen. Dorthin hatte er durch Lotzer Verbindungen. Bei dem Neffen des Zunftmeisters Hans Schlich fand er Unterkunft. Doch der Besuch nahm ein jähes Ende. Plötzlich schrie die Magd, die den Wein auftrug, vor Schmerz auf, ließ die Becher fallen und preßte beide Hände an den Kopf. Sie schrie und stöhnte und schlug wild um sich. Wie von Sinnen stieß sie Stühle und Tisch um, hieb mit der Faust auf den Meister ein und dann auf Joß. Es blieb den Männern nichts übrig, als sie zu Boden zu werfen und festzuhalten. Noch eine Weile zuckte der Körper unter Krämpfen, dann entspannte er sich. Der Wahnsinn wich aus ihren Augen, sie atmete ruhig, stand langsam auf und sah sich fragend um. Gelassen ging sie aus der Stube. Die Meisterin und zwei Gesellen waren herbeigeeilt und trafen sie bei der Tür. Sie lächelte, als sei nichts gewesen.

»Sie hat das Satansfieber«, erklärte die Meisterin, »das geht seit Tagen im Land um. Kein Arzt weiß Mittel dagegen. Es wird wiederkommen: heute nacht, morgen … dreimal, viermal am Tag und das zehn Tage lang. Wenn es ihr bis dahin nicht Herz und Hirn zerrissen hat, wird sie gesund sein und sich an nichts erinnern können. Sie ist eine Geißel Gottes. Wer ihr ausweichen kann, sollte es bald tun.« Dabei nickte sie Joß zu.

Am nächsten Morgen wanderte er unterhalb der Baar den Neckar abwärts nach Horb. Dort traf er den Bettler Bastian Rebenkönig, den Michel von Dinkelsbühl geschickt hatte. Der brachte die Nachricht von Marx Küfer mit, daß Rosheim, wo der Aufstand im nächsten Herbst beginnen sollte, schon zur Hälfte für den Bundschuh gewonnen sei. Joß sah sich in seiner Planung bestätigt.

Von Horb aus zog er wieder quer durch den Schwarzwald, suchte auch das Köhlerhaus auf und war erstaunt, was Kilian geschaffen hatte. Margret hatte einen jungen Köhler geheiratet, der mit ins Haus gezogen war. Ein stämmiger Bub von drei Jahren zeigte Joß mit Stolz die rauchenden Meiler. Sie hatten ihn Joß genannt.

Wie in den Jahren zuvor brach früh der Winter herein. Joß verbrachte ihn in Rosheim bei Marx Küfer, um an dieser entscheidenden Stelle alles bis ins kleinste vorzubereiten. Lotterholz suchte ihn dort auf. Sein Gewerbe ging schlecht. Die hohe Kriegssteuer lähmte den Bauwillen. Er hielt die Kriegskasse wohl verwahrt und brachte Joß eine runde Summe mit. Der fragte nicht mehr nach dem Geber. Über Els erfuhr er, daß sie zu ihrem Vetter gegangen sei.

Man glaubte, das Glück eines guten Jahres breite sich übers Land. Joß machte sich auf, um Els bei ihrem Vetter Lienhart Wolfs in Uffhausen vor den Toren Freiburgs zu besuchen. Der war zwar inzwischen nach Heitersheim verzogen, aber Joß fand sie, und sie saßen am Abend hinter dem Haus und träumten. Träumten von Tagen, die ihnen ganz gehörten.

Hier erfuhr Joß von dem Aufstand Sickingens und der Ritter gegen Bürgertum und Kaiser. Vielleicht hätten sich Ritter und Bauern zusammenraufen sollen zu einem gemeinsamen Schritt. Aber verachteten diese hochfahrenden Männer nicht das Volk? Der Adlige Stefan von Derdingen, der unverschuldet verschuldet dem Bundschuh beigetreten war und in seinem Haus Treffen der Verschworenen abhielt, hätte vielleicht eine Brücke bauen können. Ritter konnten den Bauern im Kampf eine große Hilfe sein. Dieser Gedanke bewegte Joß noch, als er in Waldkirch mit Stoffel von Freiburg vereinbarte, am 22. April, dem Tag des heiligen Georg, im Wirtshaus beim Kloster Derdingen ein Treffen durchzuführen. Veltin von Freiburg, Michel von Dinkelsbühl und Joß von Bretten sollten dort mit Stefan verhandeln, der vielleicht Verbindungen zu Hutten herstellen konnte. Joß brach selbst ins Elsaß auf, um dort zwei Monate vor Beginn des Aufstandes mit den Hauptleuten Stand und Bestand zu überprüfen.

Derweilen wuchs die Not im Land. Am Tag der kalten Sophie, wie der Volksmund den 15. Mai nennt, war noch einmal ein scharfer Frost vom Himmel gefallen. Im Breisgau und im Elsaß würde es keinen Wein geben. Und als die Kälte sich endgültig verzogen hatte, brannte die Sonne erbarmungslos wie im hohen Sommer aufs Land.

Joß hatte für Sonntag nach Pfingsten zum Wirt nach Kiechlinsbergen eingeladen. Vor der Schenke, die sich »Stube« nannte, stand Veltin wie ein Wächter des Paradieses, breitbeinig und auf sein Schwert gestützt. Mit einem Wink des Kopfes gab er Bauern, die er kannte, den Weg frei. Als Joß mit Michel kam, trat er einen Schritt vor und sagte zu Joß: »Da drinnen sind zwei aus Untergrombach, die warten auf dich. Soll ich …?«
»Nein«, sagte Joß, »ich will zu ihnen gehen.«
Als er die Tür öffnete, sprang einer freudig auf. Joß kannte ihn nicht. Es war Simon Dietz, der Neffe des verstorbenen Schultheißen, der damals noch ein Kind gewesen war.
»Gut' Gesell …!« rief er. Aber Joß winkte ab und setzte sich

zu ihnen. »Warum«, fragte der andere, es war der jüngste Sohn des Gieselhofbauern, »bist du nie wiedergekommen?« »Hättest du dir mein Kopfgeld verdienen wollen?« hieb Joß bissig zurück.

Der andere schüttelte den Kopf und hob abwehrend die Hand.

»Sie warten alle auf deine Rückkehr«, stellte Simon fest.

»Das freut mich«, sagte Joß versöhnlicher. »Aber seht. Als ich aus Untergrombach geflohen war, habe ich mir in der Nacht einen Eid geschworen, nie mehr dorthin zurückzukehren, es sei denn als Sieger. Vater und Mutter sind tot. Grüßt meinen Bruder, wenn er mir verziehen hat. Wenn ich wiederkomme, wird die Welt eine andere sein. Lebt wohl!« Er verabschiedete sich und setzte sich zu Michel und Veltin.

Stoffel fehlte. Keiner wußte, warum. Joß musterte die Männer. Sie waren nicht das Maß des neuen Menschen, keine Idealgestalten. Doch für sie alle mußte ein Platz gefunden werden. Sie waren nicht schlechter als die Herren, die sich noch am geringsten Besitz der Armen zu bereichern wußten, wie Balthasar von Blumeneck bei der Hinterlassenschaft der gerichteten oder geflohenen Bundschuher. Auf Gedeih oder Verderb: Sie gehörten zusammen! Es blieb ihm keine Wahl. Er ordnete und weihte sie ein. In ihren strahlenden, dankbaren Augen fand er sich bestätigt.

Um die Jahresmitte brach zwei Tage nach Johannis am Abend von den Alpen her ein solcher Sturm ein, daß Bäume entwurzelt, Dächer abgedeckt wurden und selbst Türme, von den Wassern unterspült, ins Wanken gerieten.

Joß war zu dieser Zeit bei seinem Schwager in Eigeltingen. Blitz zuckte auf Blitz, und der Donner erschütterte die Erde. Die Menschen sahen sich entgeistert an. Tiere rissen sich los und stürmten ziellos durch die Gassen. Verletzte schrien durch Sturm und Regen nach Hilfe. Alte glaubten, die Welt gehe unter und die Sintflut kehre zurück.

Als am Morgen das Unwetter abzog, lag das Land verwüstet und zerschunden vor den Augen der Menschen. Joß blieb einige Tage und half beim Aufräumen.

Fahrende, die von Stuttgart kamen, erzählten, daß aus dem Remstal ein Treck mit Hunderten von Fahrzeugen mit Weib und Kind auf dem Weg nach Ungarn sei, da durch das Unwetter den Bauern nichts geblieben sei außer dem, was sie wegfuhren.

Als sie sich bei Oberehenheim trafen, war Veltin mit sechs Hauptleuten anwesend. Sie besprachen die Lage und kamen zu der Erkenntnis, daß der Sommer mit seinen Nöten und Sorgen die Menschen ihnen zutrieb. Joß schickte Veltin über den Rhein, um eine Woche vor der Zaberner Kirchweih die Hauptleute am letzten Augusttag nach Zurzach zu entbieten. Dort wollten Stoffel, Michel und er letzte Anweisungen geben.

Veltin traf als erster ein und bestätigte, daß die anderen auf dem Weg seien. Stoffel kam pünktlich am Sonntag und erklärte, daß er letzte Vorbereitungen für den Kniebis getroffen habe. Vier Fähnlein seien aufgeboten, Landsknechte und Bauern. Und dann warteten sie auf Michel. Der Montag verging, der Dienstag. Joß wurde unruhig. Die Zeit wurde knapp, und er wollte pünktlich in Zabern sein. Er dachte daran, sich ein Pferd zu kaufen. Veltin erhielt inzwischen Kunde, daß man in Freiburg beunruhigt sei, da sechshundert Landsknechte aus dem Elsaß heranrückten und niemand wußte, in welcher Absicht. Man hatte zwei berittene Wegelagerer verhaften lassen und in Ensisheim eingekerkert. Doch mit dem Bundschuh hatten sie nichts zu tun. Aber auch einen Bauern hatte man verhaftet, der in Freiburg hatte Feuer legen sollen, wenn Stoffel es ihm befahl. Der hatte gebeichtet, und die Beichte war dem Rat eröffnet worden. Doch Namen konnte der nicht nennen. Das alles schaffte Unruhe. Da erschien am Dienstag abend Lotterholz. Abgehetzt und außer Atem, sank er zwischen Joß und Veltin auf die Bank.

»Verraten!« stammelte er. Sie schoben ihm einen Becher hin.

»Der Vogt von Rötteln«, begann er zu berichten, »hat vor

vier Tagen Michel aus seinem Wagen geholt und nach Rötteln in den Turm gebracht. Sogleich begann das Verhör, und Michel hat alles verraten. Was uns Zeitgewinn bringt: Markgraf Philipp ist unterwegs, und der Landvogt zögert, eigenmächtig zu handeln. Er hat Verhaftungen ausgesetzt.«

»Was sollen wir jetzt tun?« fragte Veltin besorgt.

»Losschlagen!« rief Stoffel. Aber Joß beruhigte ihn: »Wenn wir sie nicht überrumpeln können, sind sie uns überlegen.«

»Wieder werden sie unsre besten Leute hinrichten«, mahnte Stoffel, »und wir schauen zu!«

»Wir haben das Ziel noch nicht erreicht«, konterte Joß, »aber es bleibt. Wir müssen uns trennen, um uns wieder zu vereinigen. Wer überlebt, ist gefordert.«

»Das ist noch keine Antwort«, rügte Veltin.

»Wir schwärmen aus«, sagte Joß fest, »die Hauptleute zu warnen. Die sollen das Weitere tun. Der Wind steht uns entgegen. Trotzdem brechen wir auf. Jetzt, hier und sofort. Jede Stunde, die wir in der Nacht gewinnen, kann einigen von uns das Leben retten.« Versonnen murmelte er vor sich hin: »Ehe der Hahn kräht …«

Aber die anderen beiden verstanden ihn nicht. Stoffel sah mißmutig drein. Er begriff die Lage anders. »Gut, ich gehe in den Schwarzwald«, sagte er und wandte sich ab. »Warum schlagen wir nicht zu?« brauste er noch einmal auf.

»Unsre Aufgabe ist nicht, Blut zu vergießen«, gab Joß zu bedenken, »sondern zu siegen. Wo diese Hoffnung nicht besteht, gilt es zu warten. Als Hoffnung bleibt der Kniebis am Amandustag.«

Sie trennten sich vor dem Tor. Stoffel wendete den Schimmel nach Norden, Veltin ging bei Säckingen über den Rhein. Joß und Lotterholz machten einen Bogen um Basel nach Roggenhausen. Joß wanderte allein weiter. Aber schon in Epfig warnte ihn Hans Faber, in Barr, Eichhofen und Andlau seien Reisige des Bischofs von Straßburg aufgezogen, überwachten Straßen und Häuser. Joß wechselte auch die

Kleider, da Faber ihm gesagt hatte, Michel habe die Kleidung der einzelnen Bundschuher bis ins kleinste beschrieben. Wo er vorsprach, das gleiche Lied: Verraten, verraten. Ein paar Tage schlüpfte er im zerfallenen Gemäuer des Schlosses Merlenheim unter. Fritz Wassermann versorgte ihn und sagte ihm, daß Els verhaftet sei und wahrscheinlich in Breisach im Kerker liege. Sehnsüchtiger schaute er durch die Fensterhöhlen ins Abendrot. Wassermann wußte auch, daß Michel von Dinkelsbühl hingerichtet worden war. »Er hat viel gewußt«, sagte Wassermann, »und tagelang geredet. Alles hat er gesagt und nichts mitgenommen auf den Schindanger.« Joß schwieg.

Es hielt ihn nichts mehr in dem kalten Gemäuer: Kniebis. Vorsichtig mied er Wege und Straßen und hielt sich an Pfade. Dann ragten die verkohlten Balken vor ihm auf. Der Kniebis war verwaist, ein Gasthof nur spärlich erhalten. Um die Ruinen spielte der Rauhreif. Tonbach und Kilian, ging es ihm durch den Kopf. Schon wollte er aufbrechen, da tauchte im Frühdunst ein Schatten auf.

»Gute Botschaft!« rief Veltin. »Die Elsässer geben nicht auf. Am Sonntag des heiligen Franz treffen sie sich bei Riedholz im Martinswald am Geistershof. Wenn wir heute noch aufbrechen, schaffen wir es. Sie haben die Zugangswege verstellt, wir müssen im Wald bleiben.«

»Komm!« forderte Joß ihn auf. Vorsichtig pirschten sie nach Zwieselberg hinunter. Bei Greffern setzten sie über nach Drusenheim und blieben am dritten Tag in Hagenau zur Nacht.

Als sie am Morgen aufbrechen wollten, trafen sie einen Boten des Marx Küfer. Der warnte sie weiterzuziehen. Auf dem Geitershof sei ein Beritt Reisiger im Quartier, die von Weißenburg ausgeschickt seien, alle Verdächtigen festzunehmen. Einige habe man schon verhaftet.

Das war das Ende! Sie trennten sich, Veltin zog nach Osten in die Schwäbische Alb, Joß hielt auf Breisach zu.

Er fand Els in Heitersheim beim Vetter, den sie auch verhaftet hatten, doch wegen erwiesener Unschuld freilassen mußten. Els wollte heraus aus diesem Hexenkessel um Freiburg. Sie zogen durch den Schwarzwald nach Eigeltingen.

Im Januar 1519 war die Zeit auch für Kaiser Maximilian abgelaufen. Sein Tod begrub viele Hoffnungen. Joß erfuhr es in Lenzkirch bei Melchior Kohler, der inzwischen Rotgerber geworden war.

Der neue Kaiser Karl V. war noch jung und hatte vor seiner Wahl den Fürsten versprechen müssen, Bündnisse des Adels und des gemeinen Volkes zu bekämpfen. Wie konnte ein Bundschuher mit seinen Forderungen vor diesen Kaiser hintreten?

Die Zeit stand wieder still. Joß grübelte ihr nach. Er hatte eine gewichtige Phase seines Lebens vertan. Er hatte sich getäuscht. Er hatte dieses Volk gebraucht – wie er meinte. Aber ihm war auch bewußt gewesen – vielleicht nur im Unterbewußtsein –, daß sich mit ihnen kein Reich bauen ließ. Zwar trugen selbst sie die Sehnsucht nach Ruhe und Geborgenheit in sich, wenn oft auch nur ganz, ganz tief drinnen: die Gaukler und Scharlatane, die geheuchelten Kranken, die Bettler und Reisläufer. Im Grunde waren sie nicht viel schlechter als die Herren, die sich noch am geringsten Besitz der Armen bereicherten. Einerlei! Er durfte sie jetzt nicht im Stich lassen. Auch sie hatten auf ihn gewartet. Er mußte sich nicht trennen, nur die Schwerpunkte ändern.

Sie zogen dahin. War es Flucht? War es Heimkehr?

Maß des Wanderers sind Morgen und Abend, Tag und Nacht, Sommer und Winter. In Städten und Dörfern macht die Glocke oder ein Schlag der Turmuhr die Zeit bewußter und den Rhythmus kleiner, teilt den Tag in klare Abschnitte mit festgelegten Pflichten. Das ordnet und hält das Leben zusammen.

Zeit heilt, erinnerte sich Joß an den schneeverwehten Stein, und er verlor den Mut nicht. Enttäuschungen waren auch Leben. Langsam nur reifte die Frucht, und die Jahre gingen hin. Die Straßen wurden weiter und einsamer. Die Hoffnung schimmerte ferner durch Tage, Wochen, Jahre. Aber sie blieb!

Wege ohne Wiederkehr

In Eigeltingen hatte Joß den Schimmel zum erstenmal auf der Koppel bei der Lochmühle gesehen, später noch einmal, als der Mühlenknecht ihn im Langenried ritt. Das Tier war vierjährig, gut zugeritten, anglonormannischer Abstammung, wie sie eben in Mode waren, mit schlankem Hirschhals, der den schmalen Hechtkopf fast waagrecht in die Ferne streckte. Joß' Schwager Hans Trinklein hatte mit dem Müller gesprochen, vermittelt, und dann waren sie handelseinig geworden. Das Tier schaute Joß ruhig mit großen Augen an, fragend, welch anderes Leben sich da seinem verband. Joß klopfte ihm beruhigend den Hals.

Die Einsamkeit der Straße war nun nicht mehr so einsam, die Wege lebendiger, die Ziele nicht mehr so fern. Was er im Mantelsack mit herumgeschleppt hatte, verschwand nun in den Satteltaschen. Der weiße Mantel flatterte gelöster im Wind.

In Eigeltingen hatte er erfahren, daß seine Kopfprämie erhöht worden war. Man meinte: verdoppelt. Joß hatte gelächelt und nach dem Warum gefragt. Da hatte er die Geschichte von Melchior Kohler gehört, die von Lenzkirch herübergedrungen war. Der Rotgerber war von der Stadt zum Tode verurteilt worden, weil er offen für den Bundschuh gearbeitet und wohl auch manchmal den Mund zu voll genommen hatte. Als sie ihn hatten verhaften wollen, hatte er die beiden Büttel erschlagen. Doch der Uracher Burgvogt Franz Pfaff hatte dann zehn geschickt. Die hatten ihn in Lenzkirch im Stadtturm verwahrt, wo er auf die Vollstreckung des Urteils wartete. Doch in der Nacht zuvor war es geschehen, daß Unbekannte die Wächter überwältigt und den Gefangenen befreit hatten. Dem Volk in der Stadt und den Herren von Fürstenberg war klar, daß dieser Vorfall die Handschrift des Joß Fritz trug. Joß schmunzelte vor sich hin. »Bist du es gewesen?« fragten ihn die Eigeltinger Bauern. Aber Joß lächelte nur und wich aus: »Wenn ihr wollt, daß ich es gewesen sei, kann ich es nicht ändern. Es kommt am Ende auch nicht mehr darauf an, was sie mir ankreiden.«

Da hatten sie ihm nachgesehen und waren auch nicht klüger geworden. Und Joß ritt und ritt und wartete auf seine Stunde. Den Umweg über die Bettler und Nichtseßhaften hatte er bitter bereuen müssen. Michel von Dinkelsbühl war der schändlichste aller Verräter gewesen. Vergessen können!

Da war der Schmalzmüller doch ein anderer Mann! Einer, dessen Wort galt. Er hatte seine Leute für den Abend auf den Hesselberg bestellt, und Joß redete zu ihnen. Gailsheim, Westheim, Heidenheim: das ganze Nördlinger Ried war zuverlässig – nur dieser Michel!

Tags darauf kreuzte Joß wieder westwärts durchs Land. In Brackenheim traf er den Baumeister Hans Wunderer aus Pfaffenhofen, einen sehr besonnenen Mann mit dem klaren Blick für das Mögliche. Durch ihn wurden Fäden zu den Anhängern des vertriebenen Herzogs Ulrich gesponnen.

Es wäre ein Tagesritt bis Untergrombach gewesen, aber er bog nach Böckingen ab, wo Jäcklein Rohrbach einen Hof hatte. Joß hatte viel von ihm gehört und war enttäuscht. Kein Mann nach seinem Herzen. Er redete ohne Unterlaß, gestikulierte, geriet ob seiner eigenen Rede ins Schwärmen und verlor den Boden unter den Füßen. Auch Enders Remy in Dürrenzimmern und die Schwarze Hofmännin waren Maulhelden, untauglich für jede Mitarbeit. Würde und Gelassenheit mußten einen Führer auszeichnen.

Joß wandte sich Horb zu, um Sebastian Lotzer zu treffen. Er hatte dessen Ermahnung an die Bürger von Horb gelesen: »Gott hat kein Ansehen der Person, der Hirte gilt ihm soviel wie der Kaiser und der Mesner soviel wie der Papst.«

Das war Geist von seinem Geist. Das war ein Kopf!

Durchs Nordstetter Tor war Joß am frühen Nachmittag in Horb eingeritten. Er und der Schimmel bedurften dringend längerer Rast. Er traf nur den alten Lotzer an, der zwar das Denken seines Sohnes billigte, aber dessen Umgetriebensein in der Zeit nicht verstand. Sebastian war nach Memmingen zurückgekehrt, wo es in der Stadt hoch herging. Der Bischof von Augsburg hatte seinen Lehrer Dr. Christoph Schappeler, den Prädikanten von Sankt Martin, mit dem Bann belegt.

Im Gasthaus »Zum Bären« wartete Joß die Schneeschmelze ab. Nach Memmingen wollte er nicht reiten; es zog ihn über den Rhein ins Elsaß zurück, wo neue Freunde auf ihn warteten, die Fragern stolz berichteten, ihr Führer sei im Reich. Das Fähnlein wollte er endgültig bei ihnen belassen. Er brauchte es nicht zu ändern, es hatte sich bewährt.

So ritt er, als der Schnee auf Dächern und Feldern schmolz, in der Früh durchs Altheimer Tor. Der alte Lotzer hatte ihn wie einen Sohn verabschiedet. Das hatte gutgetan. Jetzt mußte Lotterholz in Oberkirch ihn erwarten. Er nahm den Weg über Dettingen und Leinstetten, sah über sich am Hang die mächtige Sterneck auf steilem Fels als düstere Ruine, um die krächzend die Raben strichen.

Eine Sorge wuchs ihm aus der Zeit zu, wenn er an die religiöse Entwicklung im Land dachte. Seine Vorstellung vom Reich basierte auf den Pfeilern Papst und Kaiser. Nun zeichnete sich im Wirken Luthers die Loslösung vom Papsttum ab. In das Vakuum drängte sich, und das war zu offensichtlich, der Landesfürst als Ersatz. Das steigerte dessen Macht, schuf Abhängigkeiten, die dem Ganzen schaden mußten.

Er spornte den Schimmel an. Es dunkelte schon, und vom Wald herüber rief der Kauz. Drüben im Stuhlhof bellten die Hunde. Immer wieder, wenn er fern ein Gehöft liegen sah und das Bellen der Hunde hörte, sprang ihn das Heimweh an, die Sehnsucht, irgendwo geborgen zu sein.

Als er das Haus des Vogelsbergers in Loßberg erreichte, war es schon Nacht. Thomas Mayer hieß ihn herzlich willkommen. Er war erst jüngst zurückgekehrt, hatte ein Fähnlein Landsknechte geführt, war also Hauptmann gewesen. Er hatte Aufbau und Führung einer Einheit erlernt, dazu die Kriegskunst allgemein. Bewußt hatte er Wissen und Können erworben, um seinen Großvater zu rächen und der Willkür der Herren ein Ende zu bereiten. Inzwischen hatte er viele Getreue um sich geschart. Längst war aus dem Knaben ein stattlicher Mann geworden.

Nach dem Essen trafen sich die Verschworenen bei ihm: Gall, Küfer, Schultheiß zu Schopfloch, Simon Schwan, Müller zu Glatt und andere. Abwartend stand im Hintergrund ein Mann in mittleren Jahren, den Haltung und Kleidung als Adligen verrieten. Es war Wolf von Bubenhofen, Sohn des württembergischen Landhofmeisters und jüngerer Bruder des »goldenen Ritters« Hans Caspar. Erzherzog Ferdinand hatte ihn im vorigen August zum Obervogt der oberen Herrschaft Hohenberg gemacht. Wolf aber war bodenlos verschuldet und glaubte sich nur durch eine gewaltsame Änderung der Dinge retten zu können. Er hatte Kunde erhalten von Thomas. Durch Kriegsrecht gedachte Wolf seine verspielten Rechte zurückzugewinnen. Er folgte skeptisch den Ausführungen Thomas Mayers über die Einnahme des Wasserschlosses zu Glatt, bestätigte aber die Bestückung mit achtzig Büchsen, vier Falkonetten, die fünf Pfund Eisen verschießen konnten, dreißig Hacken und weitere Ausrüstung.

Joß sagte an diesem Abend nicht viel. Hier ging es um örtliche Vorbereitungen, für die er nicht zuständig war. Zum Schluß aber betonte er doch, daß dies alles ein Anfang sei. Es sei deshalb schon jetzt von großer Bedeutung, Verbindungen zu knüpfen zu Nachbarstädten und Gauen. Wenn das Ganze nicht gelinge, sei auch das örtlich Erreichte umsonst, und das Land sinke in tieferes Elend als je zuvor.

Da kam Wolf von Bubenhofen nach vorn, legte ihm die Hand auf die Schulter und sagte: »Ihr seht weiter als die andern, Euer Wort sollte in aller Herzen sein. Daß wir zusammenhalten und miteinander wachsen oder vereinzelt untergehn, ist unser Schicksal. Rechnet mit mir!« Er winkte noch einmal in die Runde und ging.

Als das spätwinterliche Treiben vorüber war, brach Joß nach Oberkirch auf. Im Gasthof »Zum silbernen Stern« traf er Lotterholz. Das stattliche Haus lag oben in Gaisbach unterhalb der Schauenburg, die mit gewaltiger Schildmauer und sechs Ganerbentürmen die verschiedenen Sprosse derer von Schauenburg zusammenhielt. Das machte, daß auch der »Silberne Stern« oft von Burgmannen der verschiedenen Zweige besucht wurde.

Joß drängte zu baldigem Aufbruch des auffälligen Schimmels

wegen. Auch Lotterholz war jetzt beritten, so brachen sie auf. Joß steuerte auf Kiechlinsbergen zu, das er noch von seiner Lehener Zeit her kannte. Bei der Schenke übergaben sie die Pferde dem Knecht, wie große Herren tun, hängten die Satteltaschen über die Schulter und gingen auf die geschnitzte Holztüre zu, über der noch immer das schmiedeeiserne Schild mit der Inschrift »Stube« prangte. Von drinnen hörte man die Stimme eines Fahrenden. Sie warteten einen Augenblick, dann nickte Joß: »Das Lied von der Schlacht bei Cilli.« Da stieß Joß die Türe auf und trat einen Schritt in den Raum. Der Sänger erschrak und verstummte.

»Sing weiter!« donnerte Joß ihn an. »Das Ende!«

Der Sänger suchte nach dem richtigen Ton, stotterte mehr, als daß er sang, und brach kläglich ab:

> »Der Bauern Bund ward gar zertrennt,
> weiß keiner um das Ende ...«

»Ein schlechtes Lied«, sagte Joß ärgerlich und hängte seinen weißen Mantel hinter den Ofen. Im Raum herrschte Stille. Auf der Bank rückten sie zusammen. Joß und Lotterholz setzten sich. Der Wirt schob ihnen schnell die Becher hin, er fürchtete Händel. Sie tranken aber friedlich der Runde zu.

»Ein schlechtes Lied«, wiederholte Joß, »ein ungarisches Lied. So darf es bei uns nicht enden.« Er ergriff den Becher. »Auf der Bauern Wohl!« Und leiser fügte er hinzu: »Wir wollen die sein, die nie aufgeben, bis die Gerechtigkeit in der Welt ihre Straße fährt.«

Er gab dem Spielmann mit dem Kopf ein Zeichen: »Jetzt bist du wieder dran.« Der besann sich und begann zögernd: »In Freiburg haben sie ein neues Lied gesungen, um die Weihnacht etwa. Wenn ihr das lieber hört.« Er stimmte des Gengenbachers Lied vom Bundschuh an, begriff aber bald, daß auch das fehl am Platze war, und schwieg.

Das Gespräch mit Lotterholz war nicht sehr ergiebig, beide waren übermüdet. Sie vereinbarten, sich in Roggenhausen am 12. März, dem Tag des heiligen Gregor, wieder zu treffen. Beim Ritt am Morgen gesellte sich der Spielmann zu Joß. Sein

Rappe war kleiner und älter als der Schimmel, und Joß mußte die Zügel straffen. So gesprächig der Spielmann am Abend gewesen, so verhalten und stumm ritt er nun neben Joß.

Nasser Schnee trieb vom Rhein herüber und weichte den Weg auf. Dunst zog über die Felder, und unstet strichen die Krähen über ihre Köpfe nach Osten, wo die Höhen des Kaiserstuhls im Nebel verschwammen. Sie hielten entlang der Faulen Waag auf Breisach zu, wo Joß ins Elsaß überwechseln wollte. Sie schwiegen vor sich hin, jeder in seine Gedanken versponnen.

Da sagte der Spielmann unvermittelt: »Es geht ein Lied in mir um, aber ich weiß nicht recht, ob ich es irgendwo gehört oder auf einsamer Landstraße mir selber zusammengereimt habe. Wenn es dir recht ist, will ich es singen.« Joß brummte etwas. Der Spielmann ritt auf die andere Seite, damit der Westwind die Töne nicht ins Leere treiben konnte, und sang aus voller Kehle:

> »Am Morgen und als der Tag begann,
> da brachen sie auf in die Heide.
> Der Nebel zog, und der Regen rann,
> und sie ritten im härenen Kleide.«

Er spielte ein paar Takte als Zwischenspiel und fuhr fort:

> »Die Burg lag hoch, und die Mauer war fest,
> und die warteten oben beim Turme.
> Doch sie kannten den Pfad und den Zugang zum
> Nest,
> und sie nahmen die Zinnen im Sturme.«

Wieder spielte er ein paar Takte der Melodie und endete:

> »Und der Nebel zog, und der Regen rann,
> und sie kamen zu Fuß und zu Pferde.
> Der Bundschuh wehte dem Haufen voran,
> und nach Freiheit lechzte die Erde.«

Er hatte die letzte Strophe langsam und mit innerer Bewegung gesungen und sah nun verstohlen zu Joß hinüber. Der blickte unbewegt geradeaus, wo sich der Dunst wie Schleier bergwärts dehnte. Das Lied klang in ihm fort.

»Ich habe es für dich gesungen. Ich weiß, wer du bist.«

»Es ist ein gutes Lied«, lobte Joß, »sing es weiter, überall dort, wo du denkst, daß es ankommt. Aber sei auf der Hut! Es kann ein tödliches Lied werden, wenn du es zur unrechten Zeit singst. Wenn über Freiburg der Bundschuh weht, komm wieder! Dann will ich es dir lohnen.«

Sie hatten die Wolfshöhle erreicht, überschritten die hölzerne Brücke der Blauwasser und sahen bald Breisach vor sich aus dem Nebel steigen. Der mächtige Schatten des Stephansdoms überragte die Stadt. Unten duckten sich Mauern und Dächer am Hang. Der Spielmann war am Ziel. Er bog in die Stadt ein.

»Bis Freiburg denn!« rief er übermütig und winkte Joß leutselig zu. Der nickte stumm zurück und ritt rechts zur großen Rheinbrücke ab.

Im Hause Lotterholz fand er Unterkunft. Der hatte gute Nachrichten. Die Bauern warteten ungeduldig auf das Zeichen.

»Aber das Geld«, sagte Lotterholz, »das dem Bundschuh im Schwarzwald zugedacht worden, geht zur Neige.« Joß sah ihn bedenklich an.

»Und du verrätst immer noch nicht …?« fragte er.

»Ich habe geschworen«, sagte Lotterholz, »das weißt du. Ich habe den Spender selbst nie gesehn. Er ist ein Flüchtender wie du.«

»In Ensisheim und beim Kaiser weiß man darum, vielleicht durch Michel. Sie meinen dort, der Franzosenkönig Franz stecke dahinter. Ich weiß nicht …«

»Es ist deutsches Geld«, beruhigte ihn Lotterholz, »und ich habe es von Deutschen empfangen.«

Joß forschte nicht weiter und wechselte das Thema.

»Das Alter meldet sich an. Bei diesem Leben zählen die Jahre doppelt. So altert man früh.«

Er fühlte die Welt enger werden, doch der Geist beflügelte.

»Ich will noch einmal weit ausholen«, sagte er, »bevor der

Kreis sich schließt. Els liegt in Stockach krank. Wenn das Jahr aufwärts geht, komme ich zurück. Aber wartet nicht. Jüngere werden es besser machen. Ich sage Erasmus Gerber.«

Sie versammelten sich am Abend noch einmal zwischen Roggenhausen und Blodelsheim nahe der Hammerstatt, Abordnungen aus der Umgegend, junge Kerle, selbstbewußt und siegesgewiß. Joß bemerkte, daß sich die Dinge in seinem Sinn gefügt hatten, aber selbständig geworden waren und ohne ihn laufen lernten. Am Schluß ergriff er noch einmal das Wort:

»Ihr seid reif geworden für das Werk, um es alleine fortzuführen. Ich weiß nicht, ob ich am Ende noch dabeisein werde. Aber mein Herz bleibt bei euch, wo immer ich auch bin. Es schlägt schwächer, und ich weiß nicht, wie lange noch. Doch es liegt wie ein Bann auf mir: Ich kann nicht sterben, der Bundschuh nehme denn seinen Fortgang ...«

Sie zerstreuten sich schweigend. Lotterholz half Joß aufs Pferd. Am Morgen brach er früh auf.

In der Dämmerung des Märzabends kniete Joß im Martinsmünster zu Colmar vor der »Madonna im Rosenhag« des Martin Schongauer. Traurig versonnen sah sie, vom lächelnden Kind abgewandt, zu ihm herab. Els fiel ihm ein. Sie war das Ziel seiner Reise. Hatte er ohne sie doch an seinem Leben vorbeigelebt?

Er reckte den Kopf in die Höhe, der über den gefalteten Händen geruht hatte. Er rief sich zur Ordnung! Sollte alles umsonst gewesen sein? Er richtete sich auf. »Nach Freiheit lechzte die Erde ...« So hatte der Spielmann gesungen. Das war die Stimme der Zeit. Ihr war er gefolgt!

Sie läuteten den Abend ein. Er machte sich auf den Weg. Er blieb in Krautenau zur Nacht, brach dann früh auf, um bis Mittag in Schlettstadt zu sein. Hier dachte man weiter als in den Tälern des Schwarzwaldes. Das Gefühl des Zusammengehörens war stärker, zumal man spürte, wie der Kardinal von Lothringen und sein Bruder, Herzog Anton, mit grimmem Auge herüberschauten und es nur eine Frage der Zeit war, bis sie mit Heeresmacht einbrechen würden, auch der aufkeimenden Lehre Luthers wegen.

Weit zog sich die Ebene am Fuß der Vogesen hin. Auf den Bergkämmen lag noch Schnee. Zartgrüne Saat wuchs auf tischebenen Feldern. Der Zufall wollte es, daß Rudolf Theuber, der Pfarrer, Joß bei Ostheim einholte. Er kam von einem Sterbenden, das ging ihm noch nach. Sie ritten eine Weile schweigend nebeneinander.

»Ihr seid Anhänger Luthers«, begann Joß, »wie wohl die meisten hier. Ich stehe hellwach zu der Lehre von der Freiheit eines Christenmenschen. Aber ich habe ein Problem. Ihr verwerft die Verehrung der Gottesmutter. Mir aber sitzt sie von früh auf tief in der Seele. Ich hab' sie auf meiner Fahne und kann mich von beiden nicht trennen.«

»Das mußt du auch nicht«, belehrte ihn Theuber. »Beten lehrt uns Christus zu Gottvater, dem Sohn und dem Heiligen Geist. Daneben aber ist Raum für viele, die wir verehren. Daß Maria ein vorderster Platz zukommt, wird niemand bestreiten. Das Schwert, das ihre Seele durchdrungen hat, war nicht schärfer als andere Schwerter, aber sie ertrug es um des Gottessohnes willen, das hebt sie heraus.«

»Ich danke Euch«, sagte Joß. »Ich möchte Gerber treffen. Er könnte werden, was ich einmal mir zugedacht hatte.«

»Und wie würdest du dich sehen?« wollte Theuber wissen.

»Bahnbrecher auf dem Weg der Freiheit!« rief Joß.

»Kein geringer Anspruch«, sagte Theuber, »aber er trifft zu.«

Ihre Wege trennten sich. Vor Joß spielten schon bald die Mauern und Türme der freien Reichsstadt Schlettstadt im milden Mittagslicht. Hier war die Wiege des Bundschuh.

Nach Feierabend saß Joß mit Meister Gerber in dessen Werkstadt. Der war jünger, aber ein Mann von unbeugsamem Charakter.

»Ich kann nicht lesen und nicht schreiben«, gestand er Joß, »aber was ich im Kopf habe, ist so gut wie aufgeschrieben. Ich kenne deine Forderungen von Untergrombach und Lehen und halte sie für richtig und gerecht und wert, dafür zu kämpfen.« Seine Sätze kamen betont, sicher und ohne Umschweife.

»Ich habe eine große Sorge«, begann Joß, »deshalb bin ich hier. Unsre Bewegung steht. Wir warten auf einen unmittelbaren Grund zum Aufstand. Dabei ergibt sich landauf und -ab die Frage, die einen Bauern bedrängen muß: Was wird aus Haus und Hof und Ernte, wenn die Männer Hab und Gut den Alten und den Frauen überlassen? Der Aufstand wird Wochen dauern, Monate sogar. Was wird, wenn das Korn auf den Feldern verdirbt? Hungersnot wäre der schlechteste Anfang beim Neubeginn.«

»Ich weiß um diese Schwierigkeiten«, sagte Gerber. »Aber zuallererst gilt es die Aufständischen selber zu versorgen, daß nicht jeder Haufe für sich plündern muß. Wir bilden einen Ausschuß, dem Bauern und Bürger angehören, der den Hauptleuten beisteht und die Verteilung der Vorräte sichert.«

»Bleibt die Frage nach der Ernte«, beharrte Joß. »Ein Mann, der nachts statt zu schlafen sich sorgen muß, wie es daheim um Haus und Hof bestellt ist, kämpft am Tage schlecht. Und die Ernte, die auf den Halmen verfault, füllt nicht die Magazine von morgen. Wir planen im Sundgau wie folgt: Die Weibel eines jeden Dorfes teilen die Kämpfer in zwei Gruppen, die sich im Felde ablösen. Wenn der Obrist sie ruft, folgen alle.«

»Das geht bei kurzen Anmarschwegen«, wandte Gerber ein, »auf Dauer geht es nicht.«

»Sollte der Krieg sich hinziehen, können wir auf die Arbeit der Bauern nicht verzichten. Andere Landschaften mit Krieg zu überziehen und auszurauben hieße, aus Brüdern Feinde machen.« Joß trank aus und stand auf. »Das gilt es zu bedenken.«

Er hatte sein Anliegen weitergegeben und verabschiedete sich. Er war sich klargeworden: Zum Aufstand war er wieder da, und sein Platz war bei Erasmus Gerber. Jetzt wollte er noch einmal nach Horb, um doch noch Sebastian zu sprechen, und … und … Er lachte über sich selbst, spürte aber enttäuscht: Er war nicht mehr die Mitte des Aufstandes.

Einmal, am Abend eines grauverregneten Tages, saß er frierend in einer Dorfschenke in einem abgelegenen Schwarzwaldtal als einziger Gast. Er war enttäuscht. Wieder hatte er Sebastian nicht angetroffen, und auch Lotterholz war ausgeblieben.

Er ließ sich vom Wirt Feder, Tinte und Papier bringen und begann sein Testament, wie er es von Männern gehört hatte, die ihren Kindern und Enkeln nicht nur Güter hinterlassen wollten, sondern ein geistiges Erbe. Und er schrieb.

»Rechtlos und ohne Maß ist unsre Zeit. Ohne Maß im Haß wie in der Liebe, ohne Maß im Genuß wie im Verzichtenmüssen, ohne Maß in der Gewalt wie im Erleiden von Gewalt. Hört mich aus diesen Zeilen, Brüder, wenn meine Stimme euch nicht mehr erreicht! Gottes Gerechtigkeit allein schafft uns das Glück des einzelnen wie auch des Reiches Wohl, Arbeit in Würde und angemessenen Lohn als Grundlage für Sicherheit und Geborgensein im täglichen Leben. Ich habe sie nicht gefunden, doch mein Leben lang gesucht für euch wie für mich.

Der uns den Acker bebaut und das Mehl liefert fürs tägliche Brot, ist seines Lohnes ebenso wert wie der, der sich um Geist und hohe Güter verdient gemacht hat, Städte und Länder verwaltet oder beherrscht. Wer Hungerlöhne zahlt, mißachtet das Recht. Wer ohne Schuld hungern muß, klagt, auch wenn er stumm ist, unsre ›Gerechtigkeit‹ an. Wem die Zeit das Dach überm Kopf versagt, der wird einst vor Gott erscheinen als Kläger wider diese Zeit. Darum heißt Gott uns aufstehen, den Mächtigen die Macht zu entreißen, in neuer Ordnung neue Maße setzen, gerechte Arbeit, gerechten Lohn, gleiches Recht bei gleicher Freiheit nach seinem Gebot.«

Dann schob er Feder und Tinte zur Seite, las das Blatt wieder und wieder durch, faltete es und steckte es in seine Tasche. Nach einer Weile fügte er noch bedächtig einen Satz hinzu:

»Diese Worte sollen Mahnung und Vermächtnis sein für unsre wie die kommenden Zeiten: Wo der Bauer darbt und um sein Recht betteln geht, klopft schon der Totenhammer im Gebälk der Macht.«

Als Joß sein Testament geschrieben, wurde ihm noch mehr bewußt, daß er mit leeren Händen vor der Zukunft stand. Andre vererbten Haus, Hof und Dinge, die sie im Leben gesammelt hatten und erarbeitet. Er hatte nichts. Sollten sie um Pferd und Mantel das Los werfen! Was überdauerte, waren seine Gedanken, die er in die Köpfe der Bauern gesät und die dort weiterwachsen mußten für eine spätere Zeit. Doch sie waren ohne Siegel und Unterschrift, und bald würde keiner mehr wissen, woher sie kamen, aus welcher Herzensnot sie geboren waren und welches Leben sie verzehrt hatten.

Dann hatte die Straße ihn wieder. Weg ohne Wiederkehr. Alles fing an, endgültig zu sein.

Er atmete tief. Ohne Hoffnung konnte er nicht leben, auch wenn diese seltsame Müdigkeit ihm die Knie lähmte und den Schritt bemaß.

Er hoffte von Tag zu Tag zu Tag, dabei wurde ihm stets klarer: Wenn die große Stunde kam, war es seine Stunde nicht mehr. Irgendwann schwebte die Hoffnung uns aus den Händen. Geborgenheit? Utopie der Fahrenden, die nirgends ankommen, besessen von der Unrast, die sich aufbäumt gegen das Jetzige und einem Kommenden verschreibt, das niemand greifen kann. Es war ein weiter Weg, und doch mußte er gegangen sein! Joß bekam Probleme mit dem Tier. Es war hochsensibel, lebte in einer anderen Welt, zu der Joß keinen Zugang hatte. Der Schimmel war erfüllt von Ängstlichkeit und einer verhaltenen Scheu, die ihn unberechenbar machte. Mitten im leichten Trab oder gar im ruhigen Schritt blieb er plötzlich unverhofft stehen, so plötzlich, daß Joß sich gerade noch an der Mähne festkrallen konnte, um nicht zu stürzen. Joß zeigte Geduld. Er fühlte sich dem Schimmel verbunden und ertrug dessen Verhalten den Sommer über bis in den Herbst hinein. Als er im Spätherbst aber von Pfalzgrafenweiler nach Altensteig ritt und entlang der Nagold im letzten Stück Wegs die Stadt schon vor sich sah, wurde auf der Burg ein Böllerschuß abgegeben. Der Schimmel tat einen Satz auf den Fluß zu und warf Joß zur Seite ab, daß der mit dem Arm gegen einen Weidenstrunk geschleudert wurde. Joß raffte sich auf und verspürte einen gewaltigen Schmerz, daß er zunächst befürchtete, der Arm wäre gebrochen. Aber er konnte ihn bewegen, und der Schmerz ließ nach. Ein paar Schritte weiter stand der Schimmel und wartete geduldig auf seinen Reiter. Doch Joß stieg nicht mehr auf. Er führte das Tier in die Stadt, zur Trennung entschlossen.

Der Bader kurierte den Arm mit Umschlägen. Am Sonntag ging Joß zum Pferdemarkt. Der Roßhändler sah ihn kommen, nickte zufrieden und sah dem Schimmel ins Maul. Er band einen Falben los, der ein paar Jahre älter war und ruhiger.

»Der paßt besser zu Euch«, sagte er. »Wir tauschen, und ich bezahle noch drei Gulden drauf.«

Sie sattelten um, und Joß ritt mit dem Falben auf Herrenberg zu. Er sah ein, daß der Falbe weniger auffiel und damit seiner Lage angemessener war. Er nannte ihn nicht Michael wie den Schimmel. Falbe war bescheidener und treffender. Mehr brauchte es nicht.

Saatkorn im Wind der Zeit

Der Freiherr Johann Werner von Zimmern, der im Wasserschloß Seedorf wohnte, war stolz auf sein getreues Bauernvolk, das eine Wallfahrt für die Geburt eines gesunden Jungen unternahm. Lang und innig betete der Kaplan in Heiligenbronn, und ohne Unterlaß wiederholte die Gemeinde dazwischen: »Herr, erbarme dich unser!« Als sie gegen Mittag zurückkam, empfing sie die helle Glocke der Burgkapelle. Gräfin Katharina aus dem Hause Erbach hatte einem gesunden Sohn das Leben geschenkt.

Jedoch die Zeit stand nicht still über dem Dorf und dem Wasserschloß derer von Zimmern. Als man das Heu in den Eschbachwiesen wendete, kam einer, der sich Joß Fritz nannte und den einer begleitete, der Lotterholz hieß. Die öffneten, bevor sie weiterzogen ins Hegau, den Bauern die Augen. Von den Sorgen der Bauern sprachen sie und von der Freiheit der Bauern, vom Bundschuh und der göttlichen Gerechtigkeit, von der Wiederkehr des alten Rechts und des alten Reichs.

Gewährsmann in Seedorf war Berchtold Wolff. Und Joß sagte ihm, daß er mit Thomas Mayer in Loßberg Verbindung aufnehmen solle, und Berchtold sagte zu. Von Horb waren sie gekommen und hatten nicht viel Zeit zum Verweilen. Joß hatte dort mit Sebastian Lotzer noch einmal über die zwölf Artikel sprechen wollen, doch der war schon wieder in Memmingen und ließ Christoph Schappeler das Vorwort schreiben. Joß hätte den Text erweitern wollen. Er war zu sehr auf dörfliche Verhältnisse bezogen.

Lotterholz hörte beim Reiten geduldig zu. Hatte er diese Gedanken doch immer wieder gehört. Als getreuer Schüler aber wußte er, daß man sie nicht oft genug aussprechen konnte, bis sie Allgemeingut waren.

An der Straße nach Dunningen blühten die Apfelbäume. Sie ritten schweigend darunter hin. Aber dann drängte es Joß doch wieder, auszusprechen, was ihn im stillen beschäftigte. »Siehst du, Lotterholz«, begann er, »da hatte der Stöffler in Tübingen den Untergang der Welt vorausgesagt, da alle Planeten sich im Zeichen der Fische treffen sollten. Ich weiß nicht, ob die ›große Konjunktion‹ stattgefunden hat oder nicht. Ich hatte anderes zu tun. Aber, das will ich dir sagen, wenn es möglich gewesen wäre, hätte ich noch am Abend zuvor den Aufstand ausgerufen, daß wir armen Schlucker als freie Menschen vor Gottes Antlitz getreten wären und nicht als leibeigene Knechte. Was haben die Reichen nicht alles gemacht! Flöße in ihren Gärten gezimmert und Archen gebaut wie Noah für Mensch und Tier. Der Bauer wurde im Frondienst geschunden für diesen Unsinn, aber einsteigen hätte er nicht dürfen.« Er lachte mühsam vor sich hin.

»Selbst der Kaiser soll für sich und seine Truppen Fluchtburgen auf den Höhen der Alpen errichtet haben und Magazine für Nahrungsmittel angelegt«, ergänzte Lotterholz.

»Ja«, führte Joß den Gedanken fort, »als dann der Schnee wegschmolz und die Ströme anschwollen, riefen sie: Jetzt! Jetzt! Aber die Wasser verliefen sich schnell, bevor noch einer in seinen Kasten kriechen mußte.«

Sie hielten die Pferde an, um ein armseliges Fuhrwerk vorbeizulassen, das von Dunningen her kam. Dort wollten sie ihre Wege trennen. Lotterholz wollte nach Eschborn abbiegen und nach Sankt Georgen weiterreiten. Joß steuerte auf Rottweil zu. Er war sich bewußt, dort in die Höhle des Löwen zu geraten, vertraute aber seinem Glück. Der Fuhrknecht grüßte die fremden Herren ehrerbietig. Sie dankten und setzten ihren Weg fort.

»Als dann der März kam«, hob Joß wieder an, »und die Welt noch stand, wußten sie wieder eine Ausrede. Das Unheil habe sich zusammengebraut, sei jedoch nicht zum Ausbruch gekommen, sondern schwebe als gewitterträchtige Wolke über der Menschheit.«

»Dieser Lesart kann ich zustimmen«, sagte Lotterholz.

»Aber in einem hinkt der Vergleich«, meinte Joß lächelnd. »Sie wird nicht das Ende der Welt bringen, sondern das Ende der Knechtschaft.«

Sie hatten die ersten Häuser von Dunningen erreicht. Er drückte seinen Falben näher zu Lotterholz und streckte ihm die Hand hin. »Ich kann dir den Tag noch nicht sagen. Vielleicht bald nach der Ernte, vielleicht erst im Herbst. Vergiß nicht! Es hat in Forchheim schon begonnen. Dort haben sie dem Bürgermeister die Schlüssel der Tore abgetrotzt vor ein paar Tagen und zwei Fähnlein mit fünfhundert Mann in Waffen aus dem Bauernland hinzugezogen und halten die Stadt. Fast gleichzeitig haben die Bauern in Sankt Blasien dem Abt erklärt, daß sie frei sein wollten und keine Frondienste mehr leisten. Hundert andere Aufstände müssen folgen. Reit du auch nach Freiburg und sag unsren Leuten, sie sollen bereit sein, die Tore zu öffnen, wenn wir anrücken oder belagern müssen. Der Tag unsres Fähnleins kommt bald. Vielleicht werde nicht ich ihn bestimmen, sondern die Bauern selbst. Leb wohl! Du reitest geradeaus, ich biege nach Rottweil ab.« Er löste seine Hand, wendete das Pferd und winkte noch einmal zurück.

Durch das Waldtor ritt Joß in Rottweil ein. Fast noch am Tor kam ihm Graf Wilhelm Werner von Zimmern entgegen, ein hochgelehrter Herr, der jetzt stellvertretender Hofrichter in Rottweil war. Schon mit einundzwanzig Jahren war er Rektor der Universität Freiburg gewesen. Sein strenges Auge sah Joß prüfend an. Doch dessen untertäniger Gruß vermochte den Argwohn zu vertreiben. Aber Joß war gewarnt. Er hatte heißes Pflaster betreten. Hier saß das Hofgericht und wachte.

Er kehrte im Gasthaus »Zum Mohren« ein und wollte Veltin dort treffen, der ihm aus seinen undurchsichtigen Geldquellen immer wieder weitergeholfen hatte. Vielleicht war es leichtsinnig gewesen, sich gerade hier zu verabreden. Befangener als sonst, stieg er die breite Treppe nach der Gaststube hoch. Der Mohrensaal mit den dreikantigen schweren Deckenbalken schüchterte ihn fast ein. Unschlüssig blieb er an der Türe stehen. Doch da hob in der Ecke einer die Hand zum Willkomm. Joß erkannte Veltin und ging zu ihm hin. Auch durch seine Haare wehten schon weiße Strähnen. Er lud zum Sitzen ein und bestellte einen Tokaier. Wie Honig floß der durch die Kehle. Joß trank dem Spender dankend zu. Es kamen Gäste, und sie schwiegen eine Weile.

»Wir sind alt geworden«, sagte Joß dann, und das konnte jeder hören. Darauf drosselte er seine Stimme: »Ruhelosigkeit und Gehetztwerden zahlen wir mit Jahren unsres Lebens. Aber die Saat geht auf, und der Einsatz wird sich lohnen. Forchheim ist unser, Speyer wird folgen. Sie bereiten den Sturm auf Udenheim vor. Zwei treffliche Männer, Friedrich Wurm und Johannes Hell, sind in meine Fußstapfen getreten.«

Joß atmete schwer und fuhr fort: »Im Süden muß Hans Müller, der Bulgenbacher, ein Lager errichten. Ich denke an Waldshut. Dann müssen wie Freiburg nehmen. Vielleicht würde Basel dann seine Tore öffnen.«

»Ist das kein Traum?« fragte Veltin dazwischen.

»Die Zeit steht nicht still«, antwortete Joß, »und die Herrschaft der Räte ist ebenso einem Wandel unterworfen wie alles Leben.«

»Dein Wort in Gottes Ohr!« sagte Veltin ungläubig.

Jäh wurde die Tür aufgerissen, der Raum füllte sich mit Reitern der Herren von Zimmern, die den Tisch besetzten. Ein vertrauliches Gespräch war nicht mehr möglich.

Sie zogen sich in die Schlafkammer zurück. Der Gewährsmann, auf den sie gewartet hatten, war ausgeblieben. Sie gaben auf.

»Ich habe in deinem Plan Herzog Ulrich vermißt«, flüsterte Veltin. »Er ließe sich in dein Vorhaben einbauen.«

»Du fragst unangenehme Dinge«, sagte Joß ausweichend.

»Es gibt Dinge, die vergißt man nicht. Denk an das Schicksal des ›Armen Konrad‹ und seiner Bauern!«

»Unsere Belange kreuzen sich, um der Sache willen. Lerne vergessen!« Aber Joß war schon eingeschlafen.

In der Früh nahmen sie den Weg über Lauffen und Dreißlingen, umritten die Baar im Süden und stießen durch den Waldgürtel oberhalb des Weigheimer Baches und der Grotte auf die Hochebene vor. Es duftete nach Heu und frischgeschnittenem Gras. In der Herberge in Hüfingen trafen sie Martin Braun aus Dornhan, der vor Jahren gegen die Festnahme eines Bundschuhers protestiert und deswegen in Dornstetten im Turm gesessen, bis er Urfehde geschworen hatte. Er erzählte, daß in Eschbach bei Staufen die Bauern unter Führung des Amtmannes aufgestanden seien, Abschaffung des Zehnten gefordert und gegen hohe Zinsen geklagt hätten.

»Das ist eine gute Nachricht«, lobte Joß, »das ist nicht weit von Lehen und zielt auf Freiburg zu.« Er sagte Braun auch, daß er auf dem Weg nach Loßberg sei, um mit dem Vogelsberger zu sprechen. Veltin schickte er nach Eschbach zur Erkundung. Das Alleinsein tat Joß gut. In den Schleewiesen rauschten und klirrten die Sensen der Mäher. Musik aus alter Zeit. Bunte Tücher und Röcke der Frauen leuchteten in den Morgen, und über dem Land lachte die Sonne. Er atmete tief und schwer.

Die Straße blieb vor dem Wald, hinter der Biegung lag Mundelfingen. Als der Weg die Gauchach-Schlucht streifte, die nach Norden mit der Wutach-Schlucht sich vereint, ragte der Josefsfelsen steil aus dem Grund. Joß hörte das Rauschen der Wasserfälle und hielt an. Es redete in ihm ohne Unterlaß, sprach immer und immer fort. Wer redete da nur? An Els dachte er, die in Stockach bei der älteren Schwester lebte. »Siehst du«, sagte er dem Falben, »sie hat nur geklagt, nie aber ernste Vorwürfe gemacht, wie du mir keine machst. Sie weiß: Gott hat mich so gewollt.« Er hatte es so laut gesagt, daß das Tier den Kopf herumwendete. Er sann weiter vor sich hin. Geborenwerden, Reifen, Sterben. Ein enger Kreis – ein weiter Kreis, je nachdem, was einer daraus machte … machen konnte … machen durfte …

Aus diesem trüben Kreis des scheinbar Unabwendbaren hatte er sie geweckt. Seine Gedanken waren Saatgut im Wind der Zeit. Er nahm das Fazilettlein von Frauenalb und wischte sich den Schweiß von der Stirn. Versuchungen konnten diese einsamen Stunden sein. Auch die Toten tauchten auf. Enderlin, ein Mann nach dem Herzen Gottes! Wie einsam mußten seine letzten Stunden gewesen sein! Doch auch bei den Lebenden kehrte er ein: Hans Müller! Ihm mußte er die schwerste Frage stellen: die Frage nach dem Schicksal des Vaters.

Hinter Grimmelshofen hielt der Weg flußab fast geradewegs auf Stühlingen zu. Die Stadt war sein Tagesziel. Er wollte die Nacht dort bleiben, um tags darauf einzubiegen nach Bulgenbach. In der Unterstadt fand er eine Bleibe bei einem Bauern. Die obere Stadt litt noch unter den Verwüstungen des Schweizerkriegs. In einem Vierteljahrhundert konnte man nicht wiederaufbauen, was Jahrhunderte davor geschaffen hatten.

Joß half dem Bauern beim Abladen des Heus, das sie in der

Scheuer stapelten. Als über dem Giebel des Daches rot der Abendhimmel brannte, waren sie fertig, und Joß dachte an Els. Am Morgen ging er mit der Prozession. Doch bevor sie den Herrenwein tranken, sattelte er den Falben. Er fragte den Bauern nach dem Weg nach Bulgenbach. Da sah der ihn prüfend an.

»Kennt Ihr jemanden in diesem gottverlassenen Nest?« fragte er.

»Den Hans Müller«, antwortete Joß.

»Ein Bauer weiß, wer dieser Mann ist«, sagte der andere und dann: »Es ist ein Bote des Bulgenbachers im Ort, der reitet heute zurück. Dem könnt Ihr Euch anschließen. Kommt!«

Er zog Joß auf die Straße und zeigte ihm ein Gehöft, das unten an der Wutach lag. »Lebt wohl!« brummte er. »Und Gott sei mit eurer Sache.«

Dann wandte er sich dem Wohnhaus zu. Joß folgte ihm wieder in den Hof.

»Ist es nicht unsre Sache?« fragte er besorgt den Bauern.

»Ich weiß es noch nicht«, gab der kurz zurück.

»Habt Dank für die Herberge heut nacht«, sagte Joß. »Aber denkt auch daran: Es ist nicht genug, daß man lebt, es kommt auch darauf an, wie man lebt. Und die Freiheit ist ein gar hohes Gut.«

Er saß auf und ritt davon.

Besuche

Der Bote war noch da, und Joß mußte einige Zeit auf ihn warten. Er band den Falben am Tor fest und ging die paar Schritte zum Fluß hinunter. Aus der Stadt klangen noch die Lieder, die sie bei der Prozession gesungen hatten. Da rief der Bursche vom Hof her, daß sie reiten könnten, und sie saßen auf. Am Torturm hatte Joß beim Gang durch die Stadt am Vortag gelesen:

»Dur's groß Tor goht din letzte Gang,
drum gang dur's chli und leb noch lang!«

Sie ritten durch das große.

Unterhalb des Schlosses Hohenlupfen führte der Weg in steilen Windungen hangaufwärts. Dann bogen sie bei den Pfeiferäckern scharf westlich nach Mauchen ab. Joß' Begleiter war noch schläfrig, vielleicht auch mißtrauisch. Sie ritten über das Kirchfeld an der Braunhalde vorbei nach Bettmaringen. In Mettenberg tränkten sie die Pferde, denn der Mittag war schwül geworden. Vom Rhein im Süden zog dunkles Gewölk auf. Auf dem Weg durch den Wald zur Heidenmühle hinunter holte sie das Wetter ein. Sie mußten absteigen und sich mit den Pferden in den Ställen ins Trockene flüchten. So wurde es Nachmittag, bis sie Bulgenbach vor sich sahen. Je näher sie kamen, desto unruhiger wurde Joß. Wie würde Müller ihn empfangen? Die Begegnung mit dem Vater lag zehn Jahre zurück, und was er danach gehört hatte, war furchtbar.

Der Bursche zeigte ihm das Haus schon, als sie vom Wald heraufkamen und durch einen Kahlschlag die Gehöfte erkennen konnten.

Hans Müller hatte die Reiter kommen sehen und erwartete sie unter der Tür. Groß, mit breiten Schultern, lässig an den Pfosten gelehnt, beobachtete er beide.

Ein Führer, der Mut einflößt, dachte Joß und rückte sich im Sattel zurecht. Einer, der weiß, was er will.

Als Joß herankam, straffte sich die Gestalt Müllers. Er trat einen Schritt vor und streckte Joß die Hand entgegen.

»Ich habe gehört, daß du im Land bist. Sei mir willkommen!«

Joß fiel ein Stein vom Herzen. Kein Vorwurf, keine Klage! Abends saßen sie vor dem Haus. Die Luft war mild, die Bergwälder warfen blaue Schatten ins Tal der Mettma, aus dem Nebelschwaden aufstiegen. Es duftete nach Heu, und über ihnen glitzerten die Sterne. Sie waren noch nicht zum Thema gekommen.

»Ist's wahr«, fragte Joß zögernd, »was sie von deinem Vater erzählen?«

»Ich weiß nicht, was du gehört hast«, sagte Müller, »aber die Wirklichkeit ist vielleicht noch grausamer.«

Joß war erregt aufgestanden, doch der Bulgenbacher lud ihn wieder zum Sitzen ein.

»Kaum warst du am Morgen weggeritten und vielleicht bei der Heidenmühle im Mettmatal«, begann Müller, »da jagte ein Trupp Reisiger von Staufen her aus dem Wald, raste übers Feld auf unser Haus zu und umstellte es. Ich wollte gerade mit den Schafen aufbrechen, doch vom Schnauben der Pferde wie irrsinnig, rannten sie in den Stall zurück. In ihr Blöken und Jammern brüllte eine Stimme: ›Ist der Bastian Müller drinnen, er komme heraus!‹ Und Vater kam und fragte ruhig nach ihrem Begehr.

›Schaff uns den Joß Fritz heraus! Wir wissen, daß er bei dir ist!‹ forderte der Rottmeister.

›Ihr irrt, meine Herren‹, antwortete Vater gelassen. ›In meinem Haus sind nur meine Kinder und die Magd. Aber ich lade Euch ein, näher zu treten und es selbst zu überprüfen. Doch zuvor sei erlaubt zu fragen, in wessen Auftrag die Herren kommen?‹

Statt einer Antwort stieß ihn der Rottmeister zur Seite und befahl zwei Reitern, mit ihm zu kommen, während die anderen ihre Pferde an den Apfelbäumen festbanden und sich verteilten. Das Geschrei der Magd und der kleinen Geschwister erschütterte mich. Angst würgte in der Kehle, daß mir fast der Atem wegblieb und das Herz bis in den Hals pochte. Drinnen stießen sie Tische und Stühle um, rückten Schränke und Truhen hinweg und stocherten in den Betten mit ihren Schwertern. Einer stampfte die Treppe zum Dachboden hinauf, fluchte und wetterte, daß der Einstieg zu eng sei, und kehrte zornig und ohne Erfolg zurück. Daß sie nichts gefunden hatten, machte sie um so wütender.

›Du weißt, wo der Kerl steckt‹, schrie der Rottmeister Vater an.

›Nein‹, leugnete der. ›Ich hatte in der Nacht einen Gast, der

sich Veltlin nannte; der ist aber früh weggeritten und hat nicht gesagt wohin. Ich habe ihm auch nicht nachgesehen.‹
›Wenn deine Augen das Unheil, das in der Welt umgeht …‹ Der Rottmeister brach plötzlich ab und fragte unmittelbar: ›Und das Muttermal, das schwarze Muttermal am Arm hast du auch nicht gesehen?‹ Und als Vater verneinte, ließ er ihn auf den Boden werfen und ihm die Arme auf dem Rücken zusammenbinden.

›Wenn deine Augen‹, schrie er, ›das Böse auf der Welt nicht erkennen können, dann taugen sie nicht, dann brauchst du sie nicht mehr!‹ Am Schreien des Vaters und der Magd ahnte ich, was geschah. Die Sinne schwanden mir, und als ich aus meiner Ohnmacht erwachte, sah ich die Leiber der Schafe über mir. Ich tastete mich aus dem Stall, als hätten sie mich geblendet. Die Magd hatte Vater schon mit Leinentüchern verbunden. Ein Gesicht hatte er nicht mehr. Ich hörte noch das Klappern der Pferdehufe, die hinabjagten ins Mettmatal auf Waldshut zu. Ich weiß heute noch nicht, wer diese Räuber geschickt hatte. Erst am Abend kam Mutter von ihrer kranken Schwester. Drei Tage pflegte sie Vater voll Aufopferung. Doch er starb.
Wir hielten den Hof schlecht und recht. Doch als mein jüngerer Bruder sechzehn war und die Arbeit allein bewältigen konnte, zog ich weg, ließ mich bei den Landsknechten anwerben, wurde Rottmeister, Leutnant und Hauptmann. Und nun sehe ich die Zeit der Abrechnung gekommen.«
Joß war aufgestanden und hatte seine Hand ergriffen: »Es tut mir leid um deinen Vater«, sagte er bewegt, »er war ein aufrechter Mann.« Sie schwiegen eine Weile.
»Unser Ziel ist dasselbe«, fuhr Joß dann fort. »Ich habe dich aufgesucht, weil ich meine, uns fehlen Führer von Format. Männer haben wir genug.«
»Ich habe gelernt, was gute Ordnung wert ist«, versetzte Müller, »man hat die Kraft dazu, oder man versagt.«
»Einverstanden«, stimmte Joß zu, »aber das ist nicht alles. Der Landsknechtführer weiß um den heutigen Tag, vielleicht auch um den morgigen. Der Bauernführer muß ein

Ziel aufweisen können, das weiter vorn liegt. Es geht nicht um den Schwarzwald, um Baar oder Hegau. Es geht um mehr. Es ging auch bei den Schweizern um mehr, nur haben sie es nicht begriffen. Es geht um die Erneuerung des Reiches von unten, vom Menschen her. Was einmal gut war, ist verkrustet und abgestorben. Die einmal unsre Führer waren, sind Despoten geworden.«

»Dem pflichte ich bei!« sagte Müller. »Darum ist der Bundschuh unsre Rettung, willst du fortfahren. Auch dem stimme ich zu. Aber ich meine, daß die Zeit in den letzten Jahrzehnten seit Gründung des Bundschuh nicht stehengeblieben ist. Es kommen neue Ideen dazu. Du solltest in Waldshut mit Hubmayer reden. Es zeichnet sich ein neuer Bundesgenosse ab. Der Bauer stellt die körperliche und wirtschaftliche Freiheit voran, der Bürger die geistige, wie sie ihm im Evangelium begegnet. Beide vereint, ergäben einen Bund, eine Bruderschaft, die Stadt und Land zusammenfaßt und vollendet, was du angesprochen hast.«

»Dem stimme ich zu«, erwiderte Joß und trank einen Schluck aus dem Humpen, den Müller ihm gereicht hatte. Und dann fuhr er fort:

»Um die Städte haben sich auch Hutten und Sickingen bemüht. Ein Jammer, daß sie die Bauern vergessen hatten! Es fehlt an politischen Köpfen. Die Einzelaktion ist ein notwendiger Anfang, weil sie dem Bauern am örtlichen Unrecht eine Vorstellung gibt vom Unrecht im Ganzen. Ergebnis: Wir brauchen eine zentrale Führung mit klaren gemeinsamen Zielen, die allen bewußt und bekannt sind. Wir brauchen eine Hauptstadt mit Lagern und Magazinen.«

»An welche Stadt denkst du da?« fragte Hans Müller.

»Freiburg«, sagte Joß ohne Zögern. »Nicht nur sein Name ist's. Die Lage ist wichtig. In der Ebene laufen die Nachrichten schneller als im Gebirge. Das verdoppelt den Schwung des Aufstands. Dann liegt es zwischen Schwarzwald und Elsaß, das dürfte einen Schwerpunkt ausmachen. Verhandeln werden wir mit dem Kaiser, nicht mit einzelnen Fürsten oder Herren.«

250

»Wo stehen deine Leute?« unterbrach Müller.

»Im Sundgau und zwischen Nanzig und Metz.«

»Und wie viele werden es sein?« fragte Müller weiter.

»Ein paar Tausend werden das schon sein«, wich Joß aus.

»Und welche Waffen führen sie?« Müller wollte es genau wissen.

»Morgensterne, Schwerter und Hellebarden und um die hundert Gewehre. Falkonette und Feldschlangen müssen sie erst erobern, wenn Städte, Burgen oder Schlösser fallen.«

»Und wen gedenkst du nach Freiburg zu berufen, wenn wir es genommen haben?« forschte Müller weiter.

»Landschaften wählen ihre Hauptleute, Gaue ihre Obristen. Die müssen umgeben sein von Männern des Rechts, der Theologie, des Fiskus, von Männern des Handwerks, der Verwaltung und von Bauern. Sie bilden einen Reichstag und wählen die Besten als Regierung. Wir fragen dabei nicht, was einer gewesen ist, sondern wer er sein wird.«

»Und die Zeit?« wollte Müller wissen.

»Ich scheue mich, einen Zeitpunkt zu nennen, weil er verraten werden könnte.«

»Und wenn andere ihn für gekommen halten, wirst du dann mitziehen?« setzte Müller nach. »Es knistert mächtig im Gebälk, als wolle der Sturm jederzeit anheben. Mein Gott, vielleicht schon, während wir hier reden.«

»Wichtig ist auch«, gab Joß zu bedenken, »daß wir die Männer richtig schulen: Bewegung in der Formation, Öffnen und Schließen der Reihen, Konzentration des Feuers und so weiter. Nur durch Ordnung und Zucht werden wir im Kampf bestehen können. Und nach dem Sieg müssen Übergriffe und Ausschreitungen unterdrückt werden.«

»Ganz zu vermeiden sind sie wohl nicht«, schränkte Müller ein.

»Seid auf der Hut!« warnte Joß wieder. »Der Freiheit ist nichts gewonnen, wenn wir Tyrannei von oben durch Tyrannei von unten ersetzen. Es gibt eine kleine Freiheit, die nur das Alltägliche erfaßt, und es gibt eine große Freiheit, die uns zusammenfaßt zu einem Ganzen, dessen wir uns freuen und dem wir dienen.«

Über ihnen glitzerten die Sterne. Unter ihnen rauschte der Wind in den Wäldern. Sie saßen lange wortlos still.

Zum Wochenende, drei Tage später, brach Joß nach Waldshut auf. Er durchquerte den Wald am Hungerberg, dem Südostrand des Hotzenwaldes, und ritt durchs Obertor in Waldshut ein.

Von Sankt Marien läutete die Vesperglocke und wandelte das geschäftige Treiben des Sonnabends zur Ruhe des Sonntags. Um die vorragenden Holzgiebel mit abgewalmtem Schopf, die sie Hotzenhauben nannten, spielte das Licht des späten Nachmittags. Im Gasthaus »Zum Roten Mann« fand Joß Herberge und sank übermüdet aufs Strohlager. Es war die Stunde der Els, aber der Schlaf war stärker.

Am Morgen saß er in der Oberen Kirche inmitten einer dichtgedrängten Gemeinde zu Füßen des Meisters Balthasar. Hubmayer predigte über das Wort: »Es werden wohl Berge weichen und Hügel hinfallen, aber meine Gnade wird nicht von euch weichen.« Er redete in farbigen Bildern von der Ungnade der Regierung, die ihn als Verkünder des reinen Evangeliums verfolge, und von der Gnade des Herrn, der ihn hierher geleitet habe. Er werde bleiben, wenn die Gemeinde es wünsche, und werde gehen, wenn sie es wünsche. Wenn er aber sehen müsse, daß der Stadt um seinetwillen Unheil drohe, werde er sein Bündel schnüren und weiterwandern. Niemand solle seinetwegen Schaden nehmen an Leib und Leben oder irdischem Gut. Was Gott ihm auferlege, wolle er alleine tragen. Aber er werde nicht aufhören, für das göttliche Recht zu streiten und die Wahrheit zu lehren.

Da stand die Gemeinde wie ein Mann auf und sang das neue Lied aus Wittenberg: »Aus tiefer Not schrei ich zu dir ...«

Meister Balthasar schlug das Kreuz über ihnen und sagte: »Amen!«

Am nächsten Morgen klopfte Joß in der Pfarrei am Oberen Tor. Hubmayer öffnete selbst. Ähnlich wie bei Müller erkannte Joß sofort das Besondere an diesem Mann: die Sicherheit des Blickes, den halbgeöffneten Mund, bei dem man nicht sicher war, ob er das letzte Wort noch auf den Lippen hatte oder schon ein neues formte, die mutig geschwungene Nase, die unterhalb des Höckers ein wenig spitzer nach vorne sprang als bei anderen, die dunkelblonden Haare, die sich leicht gelockt im Nacken kringelten. Er mochte zwei Jahrzehnte jünger sein. Sein Gang war federnd, die Bewegungen waren sparsam und abgemessen. Als Joß seinen Namen nannte, war der Meister nicht befremdet.

»So habe ich mir Euch vorgestellt«, sagte er anerkennend.

»Was uns verbindet, ist der Haß der Mächtigen. Immer auf der Flucht und doch immer bei uns selber daheim. Willkommen!«

»Wir haben uns beide dem Reich verschrieben«, erkannte Joß. »Ihr Euch dem Reich Gottes, ich mich dem Reich der Deutschen. Beide fußen auf dem Boden göttlicher Gerechtigkeit, und so sind wir denn Weggenossen auf staubbedeckter Straße.«

»Gut sagt Ihr das«, lobte Hubmayer, »Ihr hättet Prediger werden können bei soviel Bildhaftigkeit.« Er lud ein zum Sitzen.

»Zum eigenen Leidwesen bin ich nur Prediger«, bekannte Joß, »wo es doch schon lange gegolten hätte, das Werk zu tun.«

»Ihr habt gewirkt«, tröstete Balthasar, »das ist am Werk gearbeitet. Es liegt nicht immer in unsrer Hand, auch zu vollenden.«

»Die Schatten vergangner Jahre langen manchmal herüber«, gestand Joß, »und Niederlagen machen müd. Aber der Geist … und deswegen komme ich. Ich bin bei Hans Müller gewesen. Er ist ein guter Landsknechtsführer. Politische Entscheidungen sind ihm weniger vertraut. Doch wir brauchen beides. Ihr als Mann des Wortes und des Geistes hättet die Bürger auf Eurer Seite. Sicher habt Ihr als Pfarrer mehr über das Evangelium als über politische Dinge nachgedacht. Aber es gehört zum Zug der Zeit, daß beides nahe zueinanderrückt.«

Joß schwieg, um Hubmayer, den er so unvermittelt in seine Pläne eingebunden hatte, Zeit zu lassen.

»Ich weiß, daß der Tag kommen wird«, begann Hubmayer zögernd, »der auf Klärung und Wiedergeburt des Ganzen hindrängt, aber weiß nicht, ob ich dazu berufen bin, zu planen wie die Mächtigen der Welt.« Er sah versonnen auf die Häuser der Stadt, wandte sich dann jäh um und fragte: »Was wollt Ihr von mir?«

»Nur ein wenig Bereitschaft«, entgegnete Joß, »zum Hören, zum Bedenken, vielleicht auch zum Helfen.«

»Redet endlich!« forderte Hubmayer ungeduldig. Und Joß begann:

»Es wird zum Aufstand kommen, die Bauern sind bereit. Darum brauchen wir Männer wie Euch. Als in der Kirche gestern die Gemeinde aufstand wie ein Mann, ist mir klargeworden, wie der Geist aussehen muß, den wir erwecken wollen. Und das soll so zugehen: Die Gemeindeversammlung wählt Pfarrer, Richter und Schultheiß, die Schultheißen für die Landschaft den Landvogt, der erfahrene Männer zu seinen Räten beruft. Die Größe der Landschaften ist so einzurichten, daß zwölf Landschaften etwa ein Land bilden. Jede Landschaft schickt drei Männer zur Landesversammlung. Die wählt den Landesherrn, den sie berät und überwacht. Sie kann ihn absetzen, wenn er versagt.«

»Noch fehlt das Dach«, warf Hubmayer ein.

»Richtig«, gab Joß zu. »Einen Fürsten im Reich sehen wir als zur göttlichen Ordnung berufen an: den Kaiser. Ihn unterstützt ein Reichstag, der aus den Landesversammlungen beschickt wird mit je zehn Männern. Wie werden kein Imperium Romanum mehr sein, sondern ein Imperium Christianum, einst Friedensreich aller Gläubigen auf Erden.«

»Und die Vasallen der Regierung von heute?« fragte Hubmayer.

»... sind überflüssig«, erklärte Joß. »Wir haben fähige Männer genug, die Hofschranzen zu ersetzen.«

Hubmayer hatte sich wieder zum Fenster gewandt.

»Eure Aufgabe könnte sein«, erläuterte Joß, »in dem großmaschigen Netz, das ich ausgeworfen habe, die feinen Fäden zu spinnen. Ihr könntet einer der Räte sein, die Versammlungen leiten und Entscheidungen treffen. Zum Planen und Entwerfen braucht es Männer wie Euch. Ihr werdet das Gerüst mit Leben füllen.«

Hubmayer wandte sich um und kam auf Joß zu. »Nun denn!« sagte er. »Ich will mich meiner Widersacher würdig erweisen und zu Euch gehören. Es helfe uns Gott!«

Eine Männerfaust pochte an die Tür. Der Ratsfreund Bollinger trat ein. Joß wollte gehen, aber Hubmayer hielt ihn zurück.

»Meister Balthasar«, begann Bollinger erregt, »sie verlangen, daß die Stadt Euch der Regierung ausliefert und wir von unsrem Glauben abfallen!«

»Das ist nicht neu«, versetzte Hubmayer. »Und was sagt der Rat?«

»Sie beraten noch«, sagte Bollinger.

»Und was erwartet Ihr von mir?« fragte Hubmayer gelassen.

»… daß Ihr bleibt!« flehte der Ratsherr, »… im Glauben und in der Stadt. Wir haben den Schweizern getrotzt in Treue zum Kaiser. Wir werden auch dem Kaiser trotzen in Treue zum Glauben. Bleibt fest! Wir stehen zu Euch!« Er schüttelte Hubmayers Hand und ging. Auch Joß beendete seinen Besuch.

»Lebt wohl!« verabschiedete er sich. »Ich wünsche Euch Glück für den heutigen Tag!« Sie schüttelten sich die Hände.

Am nächsten Morgen ritt Joß rheinaufwärts weiter. Der Weg über Waldshut hatte sich gelohnt. Er war rundum zufrieden. In Jestetten blieb er zur Nacht. Schaffhausen wollte er in der Frühe nur streifen, niemand treffen und Raum gewinnen. Er war ja auf dem Weg zu Els.

Übermüdet ritt er am Nachmittag durchs Schwabentor in Thayngen ein. Am nächsten Tag kam er dem See näher. Wahlwies lag vor ihm, da war Nenzingen nicht mehr weit. Joß band den Falben am Torpfosten fest und setzte sich zu

Els auf die Bank. Ein Schauer durchlief sie, als er den Arm um sie legte und ihr die Wange küßte. Sie schwiegen lange. Als ein zartroter Schimmer eine einsame Wolke traf, faßte er ihre Hand und stammelte: »Unser Abend, wie wir ihn von hundert Sonnenuntergängen kennen. Und immer war's, als säßen wir hier und es lägen nicht Wälder und Berge zwischen uns.«

»Und jetzt bist du zurückgekehrt und wirst bleiben?« fragte sie.

Joß schüttelte den Kopf. »Es wird bald beginnen, und sie brauchen jeden Mann. Das mußt du verstehn. Du warst immer stark und wirst es auch weiterhin sein.«

»Das hast du immer gemeint«, sagte Els enttäuscht, »aber meine Kraft geht zu Ende. Nirgendwo habe ich Ruhe gefunden. Ich werde zu Theres nach Stockach ziehn. Die Schwägerin kann es mir nicht oft genug vorhalten, daß sich mein Mann in der Welt herumtreibt. Das Gnadenbrot ist bitter.«

Die Heuwagen kamen aus den Wiesen zurück. Joß half, doch auch seine Kräfte ließen nach. Er durfte nicht bleiben. Beim Ausritt nach Eigeltingen strauchelte der Falbe und lahmte an der rechten Hinterhand. Wieder verschaffte ihm Hans Trinklein einen Schimmel. Der Falbe drehte im Stall den Kopf noch einmal wehmütig um, als ahne er den Abschied.

Am Abend saßen sie noch lange vor dem Haus. Der Himmel war grau.

»Wenn alles ausgestanden ist«, versprach Joß, »werde ich dich in einen vierspännigen Wagen setzen und heimholen, wo wir für immer leben werden.«

»Heimholen«, wiederholte Els, »wohin ist das?« Joß schwieg.

»Wir werden es erst ergründen müssen«, wich er aus.

»Ich habe die Kraft nicht mehr, deinen Traum mitzuträumen«, entgegnete Els wehmütig. »Unsre Heimat war die Straße. Nun ist mir, als lösche die Zeit alle Straßen aus. Sehen wir klar, Joß! Du hast das Reich nicht erreicht, und von der Saat, die du ausgebracht hast, werden andere die Ernte einbringen. Wenn der Sturm, den du entfachen willst, sich gelegt hat, werden wir untertauchen für alle Zeiten.« Joß rückte näher zu ihr.

»Vielleicht«, fuhr Els fort, »wird keiner die Spuren, die du selbst so oft verwischen mußtest, verfolgen, und das große Vergessen, das Menschen und Namen verschlingt, wird grau und ungestalt über unsern Gräbern brüten, eine Weile vielleicht, bis auch sie nicht mehr sind.«

»Ich kann ohne Hoffnung nicht leben!« rief Joß trotzig.

»Das sollst du auch nicht«, ermutigte Els ihn wieder, »aber mich mußt du ausklammern.«

Joß hielt ihr zärtlich den Mund hin. Der Duft von blühendem Holunder trieb vom Garten herüber.

Der Abschied am Morgen war kurz. Nachspiel schon vollzogener Trennung, empfand Els. Seine Gedanken eilten voraus.

Über Orsingen trug ihn der Schimmel nach Steißlingen und wieherte froh in den Morgen. Der Falbe war bedächtiger gewesen, aber Joß freute sich der Pferdejugend.

Als er in Singen Mittag machte, sah er die steile Felskuppe mit der Burg in den bewölkten Himmel ragen. Der Berg glich dem Stumpf eines gewaltigen Baumes, den eine Riesenaxt vor undenklichen Zeiten gefällt hatte. Gewaltiger Anblick: Hohentwiel! Schweißgebadet kam der Schimmel am unteren Tor an. Als Joß erklärte, er käme im Auftrag der Bauern, öffnete sich das Tor. Oben wurde er erneut angehalten. Wieder sagte er: im Auftrag der Bauern.

Als das Pferd im oberen Burghof festgebunden war, ging Joß sicheren Schrittes dem Kanzleigebäude zu, wo ein Knecht ihn empfing und nach oben geleitete. Joß klopfte. Der Schreiber hieß ihn eintreten und Platz nehmen und entfernte sich. Nach einer Weile kam er zurück, ließ die Tür hinter sich offen und sagte vollendet höflich mit einer leichten Verbeugung zu Joß: »Der Herr Kanzler läßt bitten.«

Der Ritter Dr. Johann von Fuchsstein saß hinter einem Tisch voller Pläne und Karten. »Wer seid Ihr?« fragte er kurz.

»Joß Fritz, Bundschuhführer zu Grombach, zu Lehen und am Oberrhein«, antwortete Joß, als stelle ein Fürst sich vor. Der Kanzler winkte ab: »Genug, Ihr seid mir nicht unbekannt!« Er sah forschend zu Joß herüber: »Hat Lotterholz geschwiegen?«

»Lotterholz?« wiederholte Joß. Er besann sich. »Ach so! Dann …«

Der Kanzler legte mahnend den Finger auf den Mund. Joß stellte im Gebaren des Mannes – es entsprach seinem Namen – fest:

»Es sammelt sich hier«, fuhr der Fuchssteiner fort, »was Rang und Namen hat und sich gegen Österreich und das Reich stellt.«

»Ihr solltet sagen, gegen Österreich stellt und dem Reich dient«, verbesserte Joß.

»Einverstanden«, sagte der Kanzler. »Was die Männer vereint, ist, daß sie sich die Feindschaft des Kaisers zugezogen haben. Ich weiß, wie die Dinge laufen. Bis vor einem Jahr war ich Kanzler des Pfalzgrafen und Beisitzer am Reichsregiment, war ein Freund Sickingens und der Verschwörung der fränkischen Ritterschaft. Ich kämpfte wider die Hoffart der Fürsten. Ein Brief an Sickingen fiel in die Hände meiner Feinde. Ich floh, und mein Lehen wurde eingezogen. Als Flüchtling trat ich in den Dienst eines Flüchtlings und führte dem Herzog die alten Freunde Sickingens zu. Die Verbindungen reichen bis nach Böhmen. Ihr seht, wieviel Vertrauen ich in Euch setze. Tretet her! Ihr kennt Euch aus?« Joß nickte.

Die Karte war oben mit zwei Folianten und unten mit seinem Schwert belastet, daß sie flach auflag.

»Wir sollten«, fuhr Fuchsstein fort, »unsre Unternehmungen aufeinander abstimmen. Es gilt, schnell zu handeln, bevor der Kaiser aus Italien zurück ist.« Er zeigte auf die Karte.

»Hier Böhmen, hier die fränkischen Ritter, hier der Hohentwiel. Dazwischen überall Bauern. Mit ihrer und der Schweizer Hilfe ziehen wir nach Stuttgart, von oben die Franken, von Osten die Böhmen. Ihr wolltet etwas einwerfen. Ich weiß. Auch die Herren der fränkischen Ritterschaft haben einst mit dem Schwäbischen Bund gegen Herzog Ulrich gekämpft. Vergeßt, was sie vergessen haben. Auch der Herzog reift, auch er muß vergessen.«

»Das Schicksal des ›Armen Konrad‹, die ausgestochenen Augen«, stammelte Joß. Er sah bedenklich drein.

»Es wird nicht mehr geschehen«, beruhigte der Fuchssteiner. »Noch einmal die Lage!« wich er dann aus. »Die Truppen des Kaisers sind im Kampf gegen Frankreich gebunden. Er sucht die Entscheidung und will, wie man hört, in die Provence einfallen. Das heißt, es braucht Wochen, bis er hier eingreifen könnte. Dann müssen die Würfel gefallen sein.

Ihr wißt, was in Forchheim und Sankt Blasien vorgeht?« Joß bejahte. »Das ist etwas, aber zuwenig. Die Zeit drängt. Bedenkt das!«

»Die Ernte steht bevor«, warf Joß ein. »Ehe der Bauer die Sense aus der Hand legt und zum Schwert greift ...«

»Auch wir«, unterbrach ihn der Fuchssteiner, »haben unsre Vorbereitungen, und es kann vielleicht der Winter noch vergehn ...« Er wandte sich wieder der Karte zu. »Über Engen, die Schwäbische Alb nach Stuttgart. Mit wem können wir rechnen?«

»Die Bauern wählen jeweils erst zum Aufstand ihre Führer«, gab Joß zu bedenken. »Doch ich nenne Euch Hans Müller von Bulgenbach und Thomas Mayer von Loßberg.« Der Kanzler schrieb die Namen auf. »Und wo finde ich Euch?«

»Mein Weg führt ins Elsaß«, erklärte Joß. »Wenn der Herzog Stuttgart genommen hat, werden wir Freiburg nehmen. Dort soll das Hauptquartier der Bauern sein. Stuttgart – Freiburg ist eine gute Achse, die weiter ausgebaut werden kann, bis an die Grenzen des Reichs und weiter.«

»Euer Denken«, sagte der Kanzler, »hat einen weiten Radius. Glaubt Ihr, daß Eure Leute dem folgen können?«

»Man muß die Ziele langsam weiter stecken ...« Joß brach

ab. Er hatte das Gefühl, am falschen Platz gesprochen zu haben. Herzog Ulrich und die Bauern: das war keine Liebeshochzeit! Er kehrte zum Sachlichen zurück.

»Jeder Handel besteht aus Geben und Nehmen«, fuhr er fort. »Wir helfen dem Herzog zu seinem Land. Was ist er bereit, uns zu gewähren?« Der Fuchssteiner wich aus: »Was fordert Ihr?«

»Göttliches Recht«, sagte Joß entschlossen. »Aufhebung der Leibeigenschaft, Rückgabe der Güter der Klöster an die Bauern, freie Wahl der Pfarrer, Schultheißen und Richter, freie Jagd, Rückgabe der Allmende an die Gemeinden, Abschaffung der Fron, des kleinen Zehnten sowie aller Todfälle.«

»Das müßt Ihr mir aufschreiben«, lachte der Kanzler. »Wenig ist das nicht. Ich schlage ein! Wir werden es noch schriftlich festlegen. Doch eins noch solltet Ihr bedenken. Zu all den Mächten, denen wir preisgegeben sind, ist eine anonyme Macht gekommen, die uns bedroht. Auf dem Grund unsrer Zeit lauert die geheime Macht des Geldes. Schon ist der Fugger mächtiger als der Kaiser. Denkt nach, wie man in der Welt dem steuern kann! Lebt wohl!« Joß war entlassen.

Als er abwärts ritt, war er erleichtert. Es regte sich in dem Land, das so friedlich im Abend lag, und es war beruhigend, eine solche Festung auf seiner Seite zu wissen.

In Hilzingen saß er dann mit ein paar alten Bauern vor der Schenke. Von den Bergen und Hängen leuchteten die Johannisfeuer. Der Schein der Flammen zitterte am niedrigen Gewölk nach. Zeichen der Freiheit werden es einmal sein, dachte Joß.

Zwei Tage später, nachdem er den Hotzenwald umritten hatte, traf er in Schwörstadt den Gilg von Rottweil. Sie saßen am Abend vor einer Kanne Rotwein, und Gilg berichtete in seiner Art. »Es ist soweit!« verhieß er und hob den Becher.

»In Stühlingen hat es begonnen, und nun frißt es um sich wie Feuer.«

»Was?« fragte Joß ungeduldig.

»Was?« wiederholte Gilg genüßlich und spannte Joß auf die Folter. »Du warst doch in Stühlingen.«

»Das ist Wochen her«, sagte Joß. Gilg nahm noch einen Schluck und berichtete: »Jezt am Johannistag, als die Bauern im Heu waren, kam der Landgräfin von Lupfen eine großartige Idee. Wenn man das jetzt so hört«, unterbrach Gilg geschickt, »will man meinen, in die Zeit der Märchen versetzt zu sein. Will man meinen, aber es ist wahr, so wahr ich hier ...«

»Sag endlich, was los ist!« drängte Joß ungeduldig.

»Graf Sigismund war auf Reisen. Gräfin Helena saß auf ihrem Schloß Hohenlupfen bei Stühlingen und dachte an den Winter, an die langen Abende. Da fiel ihr ein, daß die Mägde die Wolle noch nicht aufgewickelt hatten, und dazu brauchen sie Schneckenhäuser. Stehenden Fußes schickte sie ihre Diener in die Häuser und Wiesen und befahl, alles liegen- und stehenzulassen, in den Wald zu gehn und Schneckenhäuser zu sammeln.«

»Du willst mir wohl einen Bären aufbinden!« brauste Joß auf.

»Das haben die Stühlinger Bauern erst auch gedacht«, sagte Gilg genüßlich. »Als sie dann gesehen haben, daß es Ernst war, haben auch sie Ernst gemacht, ihre Schwerter und Spieße geholt und sind bei der Dorflinde zusammengekommen. Der Gräfin haben sie sagen lassen, daß sie den Befehl verweigern müßten, da er wider alle Vernunft und geschriebenes Recht sei. Ihre Schnecken möge sie selber sammeln. Der junge Graf von Lupfen, der seinen Onkel vertrat, und die Gräfin konnten nicht fassen, was hier geschah. Der Bauer hatte zu gehorchen! Punktum! Die Versammelten aber schickten noch in der Nacht Boten nach Bulgenbach, Bonndorf und Ewattingen, auch nach Bettmaringen und in andere Dörfer, wählten Hans Müller zum Hauptmann und zogen sechshundert Mann zusammen. Die legten dem Grafen ihre Forderungen vor.«

»Deine Nachricht«, sagte Joß lachend, »ist eines Lohnes

wert.« Er holte eine halbe Guldiner Münze aus Tirol aus der Rocktasche und warf sie auf den Tisch. Gilg griff schnell danach.

»Ich habe noch etwas, was dich interessiert. In Freiburg haben sie viele Professoren entlassen, die Luther anhängen, und Luthers Bücher auf dem Münsterplatz verbrannt.«

»Billiger konnten die Herren uns die Entscheidung nicht liefern. Gute Nacht!« Es wurde ein unruhiger Schlaf.

Gerade als er am Morgen aufbrechen wollte, traf ein Beritt Reisiger von Rheinfelden her ein, den ein Unwetter bei Riedmatt überrascht hatte. Sie waren auf dem Weg nach Laufenberg, um zu erkunden, ob der Aufstand in Stühlingen weitere Kreise gezogen hätte, und dann in Rötteln zu berichten.

Der Boden unter den Füßen wurde heiß.

Joß ritt das Wiesenthal aufwärts, erfuhr aber schon hinter Schöpfheim, daß Reiter des Markgrafen auch hier unterwegs waren. Es war fast Trotz, daß er auf der Talsohle blieb. Unterhalb des Rabenfelsens bei Wembach sprach ihn einer an, der als Knecht in der Stollenmühle bei Schallstadt gedient hatte und als Verschworener der Hartmatte hierher geflohen war.

»Joß«, flüsterte er, »sei auf der Hut. Reisige von Sankt Blasien und Rötteln durchstreifen das Tal. Dreh um! Reit zur Kunaberger Mühle, hier rechts von der Wiese, frage nach Thomas und warte auf mich.« Er ging, ohne sich noch einmal umzusehen.

Joß wendete, wie der andere ihm geraten hatte, wurde aber unsicher. An einen Thomas konnte er sich nicht erinnern. Vielleicht sollte die Kunaberger Mühle eine Falle sein. Er überwand den Zweifel und ritt. Die Müllerin hatte ihn kommen sehen und stand an der Tür. Eine stattliche Erscheinung. Ohne ihn zu Wort kommen zu lassen, rief sie ihm zu: »Die von Rötteln sind schon weitergeritten. Ihr müßt Euch beeilen!«

Aber Joß schüttelte den Kopf. »Ich suche Thomas, Euren Knecht.«

»Den Thomas?« Sie sah ihn prüfend an und fragte ohne Zögern: »Gut' Gesell, was habt Ihr für ein Wesen?«

»Der arme Mann kann in der Welt nicht mehr genesen!« ergänzte Joß freudig und stieg die Stufen hoch.

»Ihr seht«, sagte die Müllerin selbstbewußt und streckte ihm die Hand hin, »ich kenne mich in Männersachen aus.«

Als Joß näher treten wollte, wehrte sie ab. »Nehmt den Sattel herunter, führt das Pferd zur Tränke am Brunnen und dann in den Stall. Ihr seid mein Gast. Thomas wird spät kommen.«

Sie bewirtete ihn und blieb plötzlich vor ihm stehen:

»Ihr seid Joß Fritz. Ich habe Euch nie gesehen, aber sofort erkannt. Es ist mir eine Ehre, Euch unter meinem Dach zu wissen.« Doch aus der Ehre wurde eine Last.

Mitten in der Nacht riß ein gewaltiger Schmerz Joß aus dem Schlaf. Im großen Zeh des rechten Fußes bohrte und tobte es. Sie holten die Altmüllerin, die als Kräuterweiblein bekannt war. »Laß dein Ohr sehen!« sagte sie als erstes. »Seht hier die Knötchen. Er hat das Zipperlein.«

Sie verminderte die Speisen, verordnete zwölf Löwenzahnstengel und Umschläge mit Farnkraut. Natürlich auch Bettruhe.

Nach drei Tagen hielt es Joß nicht mehr. Er drängte weiter.

»Das ist vielleicht gut«, sagte Thomas. »Die von Rötteln sind wieder unterwegs in den Tälern.«

Die Altmüllerin warnte nachdrücklich. Aber Joß ritt.

Die Behandlung schien sich bewährt zu haben, doch in Furtwangen holte ihn die Gicht wieder ein. Der Wirt rief den Bader, der sich Theophrastus wie sein Lehrmeister Paracelsus nannte. Der setzte der Behandlung noch einige Kräuter hinzu: Rinde und Blätter schwarzer Johannisbeeren, Holunderblüten. Nach ein paar Tagen hielt es Joß auch hier nicht mehr. Es hieß Abschied nehmen von seinem bisherigen Leben. Herunter von der Straße! Aber wohin? Da fiel ihm Kilian ein.

Er ritt das Gutachtal abwärts zur Kinzig. In Schiltach mußte er wieder ein paar Tage rasten. Die Schmerzen zogen bis ins Knie. Durch einen Fahrenden ließ er Lotterholz ausrichten, er müsse Herbst und Winter in Tonbach verbringen. Zum Frühjahr werde er im Elsaß sein. Wenn aber die Stunde günstig sei, sollten sie nicht auf ihn warten, sondern die Fahne hissen und zu Gerber ziehen. Es tat weh, solchen Auftrag zu geben!

Auch an Kilian war die Zeit nicht spurlos vorbeigegangen. Er arbeitete nur noch im Haus und im Garten. Kathrin war seit einigen Jahren tot. Margret hatte das Sagen im Haus. Nach kurzem Bedenken stimmte sie zu. Ihr Mann hatte mit den beiden Buben, die elf- und neunjährig waren, die Arbeit im Griff. Die beiden Mädchen, sieben und acht Jahre alt, gingen der Mutter zur Hand. Kilian übernahm die Krankenpflege. Margret sorgte fürs Alltägliche. Den Schimmel brachte Kilian in Baiersbronn unter. Joß war's zufrieden.
Ein in der Heilkunst erfahrener Pater aus Reichenbach, den Kilian gut kannte, schaute in Abständen herein.
Sie hatten Joß über dem Stall eine Kammer gerichtet: Lagerstätte und Stuhl. Mehr brauchte es nicht. Ins Ziegeldach bauten sie eine kleine Gaube und setzten später sogar ein Fenster ein. Hans baute einen Kaminofen und vollendete die Gastlichkeit des Raumes.
Der Reichenberger Mönch war mit dem Verlauf der Krankheit zufrieden. Neues hatte er nicht hinzuzufügen, bestand besonders auf der Bettruhe und war sich sicher, daß er »Velten« bis zum Frühjahr wieder auf die Beine bringen werde. Er leistete seine Hilfe um Gotteslohn, und als Joß ihm zur Weihnacht zwei Taler als Dank gab, händigte er sie dem Prior aus.
Dann schneiten sie ein. Kilian hatte um den Ofen eine Bank gezimmert und einen weiteren Stuhl besorgt. Wenn dann über den Bergwäldern früh die Sonne sank, saßen alle sieben in der kleinen Kammer bei Joß und hörten zu, was er von draußen aus dem Leben erzählte.
Die Buben oder Kilian brachten manchmal Nachrichten mit. Die Verhandlungen zwischen Sigismund von Lupfen

und den Stühlinger Bauern waren gescheitert, da die Bauern sich weigerten, ihre Fahne auszuliefern und auf offenem Feld um Vergebung zu bitten.

In Waldshut waren Freiwillige aus Zürich eingezogen, um die Stadt gegen Übergriffe zu schützen. Schweizer Hilfe. Das war ein alter Traum.

Zum Jahreswechsel berichtete Kilian, daß die Forderung nach »Göttlichem Recht« bei den Bauern als Kampfruf umgehe und Herzog Ulrich ihn übernommen habe. Joß lächelte.

Aber die Parole, die Ferdinand, der Erzherzog von Österreich, ausgegeben hatte, fraß sich tief in die Herzen. Lieber ein verdorbenes Land, hatte er gesagt, als ein verlorenes. Die Bauern wußten, wie sie das Wort zu verstehen hatten!

Anfang März, als der Schnee allmählich wegtaute, kam die Kunde, Herzog Ulrich sei mit sechstausend Mann und dreihundert Reitern nach Stuttgart aufgebrochen. Hans Müller sei ihm mit einigen Fähnlein zu Hilfe geeilt.

Joß wurde unruhig. Öfter stand er auf, tastete sich die schmale Stiege hinunter und ging unsicheren Schrittes ums Haus. Dann brachte Kilian aus Baiersbronn ein Blatt mit, das bei den Bauern im Umlauf war. Es enthielt die zwölf Artikel des Sebastian Lotzer, der beim Baltringer Haufen als Schreiber eingesetzt war. Und Joß erzählte, wie er nächtelang mit Sebastian zusammengesessen.

Dann kam ein schwerer Schlag. Kaiser Karl V. hatte bei Pavia Franz I. von Frankreich besiegt und gefangengenommen. Im Heer der Franzosen aber hatten viele Schweizer gedient, so daß die Niederlage auch eine der Schweizer war. Um weiteren Verwicklungen zu entgehen, hatten sie ihre Landsknechte aus dem Heer Herzog Ulrichs zurückgezogen. Der Rest verlief sich, da der Sold ausblieb. So wurde Ulrich bei der Lecher Staig von den Truppen des Schwäbischen Bundes vernichtend geschlagen. Mit zehn Reitern kehrte er auf den Hohentwiel zurück. Da verwandelten sich bei Joß die Vorbehalte in Mitleid.

Noch ein dunkler Schatten fiel auf die Bewegung. Jäcklein

Rohrbach und die Schwarze Hofmännin hatten den Grafen von Helfenstein, den Schwiegersohn Maximilians, bei Weinsberg Spießruten laufen lassen. Das Entsetzen bei Bauern und Bürgern war allgemein. Das hatte keiner gewollt!

Die Unruhe überwältigte Joß. Er ließ aus Baiersbronn den Schimmel kommen, zahlte Kilian und Margret zehn Taler für Pflege und Verpflegung und brach auf. Sie winkten ihm noch lange nach. Als sie ihn nach seinem Ziel gefragt hatten, hatte er geantwortet: »Zu Els.«

Zwei Tage blieb er bei dem alten Lotzer. Dort erfuhr er, daß Hans Müller mit dem Stühlinger Haufen von Bonndorf her im Anmarsch sei und soeben Fürstenberg besetzt habe, wo er residiere. Joß machte sich auf.

Er legte den weißen Mantel um und wurde zu Hans Müller geführt wie zu einem Fürsten. Dessen roter Mantel und das rote Barett hingen dekorativ an der Wand. Er tafelte gerade und lud Joß ein. Er zog auch noch ein paar Hauptleute hinzu. Erfolge und Niederlagen wurden besprochen und ausgewertet. Joß hatte den Platz gefunden, den er lange ersehnt hatte. Manchmal aber befremdete ihn das allzu großmännische Gebaren Hans Müllers. Er fand zur Sache.

»Was Ihr geleistet habt«, sagte er in echter Bewunderung, »ist großartig. Aus dem Nichts in solcher Eile ein Heer zu schaffen, verdient Bewunderung. Nun gilt es, den Sitz des Ganzen zu schaffen, zu gestalten und zu regieren. Wieder sage ich Freiburg. Schickt Eilboten in die Ortenau, den Breisgau und das Markgräfler Land. Wenn die andern Landschaften sehen, wie stark Ihr seid, werden sie begreifen, worum es geht. Wie müssen dem Schwäbischen Bund gewachsen sein wie auch den kaiserlichen Heeren. Dann erst können wir verhandeln und unsre Forderungen durchsetzen.«

Das Ende

Der Schimmel ging im Schritt. Joß näherte sich Stockach. Er war gelöst, konnte sich diesen Umweg zu Els noch erlauben. Abschied. Einer der vielen.

Er wußte, daß auch der Truchseß von Norden her der Stadt zustrebte, mit großer Heeresmacht. Er spielte also mit vollem Einsatz. Aber der Nachmittag fing an zu singen, wie damals am Bodensee. Da stand sie wieder: das blonde Mädchen mit dem frohen Lachen, dort drüben in den Wiesen.

Alles war auf den Weg gebracht. In Freiburg dabeisein, ebenbürtig neben dem roten Müller stehen, wenn das Reich gebaut würde! Aber Els. Er sang ihr Lied vor sich hin mit brüchiger Stimme. Flüchtende kamen von Stockach her entgegen. Sie warnten vor dem Truchseß. Joß bedankte sich und ritt weiter.

Dann hielt er vor dem Haus der Schwägerin. Theres betrachtete ihn erschrocken. Sie sorgte sich. Man hatte in der Stadt scharfe Vorkehrungen getroffen. »Ich habe nicht gezählt«, sagte er lächelnd, »wie oft ich ihnen entgangen bin. Warum sollte es gerade hier geschehen?«

Die Kammer lag unter der Schräge des Daches. Mühsam zog er sich die enge Treppe hinauf. Els schlief. Er nannte ihren Namen. Sie schreckte auf, fuhr mit der Hand über die Augen und streckte ihm die mageren Arme entgegen. Er warf sich neben sie aufs Lager. Els verleugnete die Zeit. »Mein kleiner Junge!« sagte sie und strich mit ihren knochigen Händen über sein schütteres weißes Haar. »Wie lange bist du fort gewesen!«

Er vergrub sein Gesicht in dem schweißfeuchten Kissen.

»Bist du jetzt zurückgekehrt?« fragte sie. »Heimgekehrt«, verbesserte Joß. Doch es war wie ein Wort aus fremder Sprache. Sie schwiegen beide.

Joß küßte die bitteren Tränen von den Augen. Beide schauten zur Decke, wo Abendsonne ein Spinngewebe aufleuchten ließ.

»Dich trägt der Gedanke an eine bessere Welt«, sagte Els, »aber ich weiß nicht, ob die Männer deines Aufstandes die Welt bessern können. Man hört von Raub und Brand.«

»Ich weiß«, erwiderte Joß, »doch wenn aufbricht, was jahrelang an Haß gesät wurde, darf man das Tun der Männer nicht mit der Goldwaage wiegen.«

»Ich will auch nicht hadern«, lenkte Els ein. »Die Stunde ist zu kostbar, um sie zu zerstreiten. Es waren wunderschöne Tage in Nenzingen und am Bodensee, wenn die weißen Segel durch die Morgenfrühe zogen oder am Abend sonnenverklärt heimwärts trieben. Es war unsere Zeit.«

Joß drückte ihr die Hand. »Wie schön du das sagst! Es war unsre Stunde, und es ist sie jetzt.«

»Wenn du für Tage bei mir warst«, fuhr Els fort, »zerrannen die Zwischenräume der Zeit, es zählten nur die Augenblicke des Naheseins.« Das Spiel ihrer Hände sprach stumm weiter.

»Ich werde diese Kammer nicht mehr verlassen, bis sie mich zum Gottesacker bringen. Du wirst nicht dabeisein. So bleibt uns nur zu hoffen, daß Gott drüben vereint, was die Zeit hier trennte.«

Joß strich ihr als Antwort über das fieberfeuchte Haar, das seinen seidigen Glanz noch nicht verloren hatte.

»Dich hat es durch die Zeit geworfelt«, hob Els wieder an, »über die Straßen gehetzt – immer auf der Suche nach Gottes Gerechtigkeit und dem Reich. Hätten nicht auch wir ein Reich zu bauen gehabt? Ein kleines Reich. Wo war da die Gerechtigkeit?«

»Willst du mich«, sagte Joß traurig, »in diesem Augenblick noch tiefer in die Einsamkeit stoßen?«

»Soll ich nie sagen dürfen, was mich an Gram verzehrte ...?« Da schmetterten im Osten die Fanfaren der Vorhut des Truchseß.

»Wohin wirst du gehn?« fragte Els eilig. Joß griff nach seinem Mantel. »Über den Rhein. Dort warten sie auf mich. Wenn alles getan ist, werde ich dich aus dieser elenden Kammer holen.«

Els lächelte nachsichtig. »Mag dir das neue Reich die Jugend wiedergeben! Ich werde im alten sterben.«

Deutlich näher ertönten die Fanfaren.

»Die blecherne Stimme des Todes«, murmelte er. »Leb wohl, Els!« Der Knecht stand schon mit dem Schimmel bereit und half Joß aufsitzen. Er verbarg den weißen Mantel und ritt durch die enge Gasse davon. Vom mächtigen Turm des oberen Tores antwortete das Horn des Wächters den Fanfaren. Die Straßen waren voll ängstlicher Hast. Sie ließen ihn durchs untere Tor entschlüpfen, obwohl es schon geschlossen war.

»Sie suchen einen, der Joß Fritz heißt«, verriet ihm einer der Stadtknechte hinter vorgehaltener Hand. »Ihr kennt ihn nicht?«

»Nein«, sagte Joß gelassen, »ich habe ihn nicht gesehn. Aber wenn er in der Stadt ist, werden sie ihn schon fangen.«

Dumpf fiel das schwere Tor hinter ihm zu. Vor ihm öffnete sich die Nacht. Lang zog sich der Schatten der Nellenburg über das Tal. Dahinter glühte der Abend. Der Abschied zitterte in ihm nach. Dann hörte er von ferne das Klappern eines Leprakranken. Die hölzerne Stimme des Todes, dachte Joß. Die Leprosenvorstadt lag leblos und finster. Wohl nur ein einziger Kranker, der keine Ruhe fand, lief im Hof auf und ab. Wenn er mit Klappern innehielt, hörte man ihn laut beten. Der Schimmel polterte über die Holzbrücke auf Wahlwies zu. Joß holte den Mantel aus der Satteltasche und wickelte ihn eng um sich. Er fröstelte. Hinter ihm lag Nenzingen. Er hatte mit Wehmut den Weg abbiegen sehen. Doch er widerstand. Die Warnung des Stadtknechtes hatte ihn hellhörig gemacht. Nach einer Weile hörte er von Nenzingen her Hundegebell und Schreie. Er beschleunigte den Gang des Tieres. Dennoch nickte er ein. Nach einiger Zeit fuhr er erschrocken auf. Er hatte Stimmen gehört und Klirren von Waffen. Er lenkte den Schimmel in den Seedagrund und verbarg sich hinter einer Buschgruppe. Eines der Pferde wieherte zu ihnen herüber, aber der Schimmel verriet ihn nicht.

Bei Wahlwies, das er umritt, hatte er ein seltsames Gesicht.

Die Nebelschwaden zwischen den Hausdächern gerieten in unerklärbare Bewegung, wanderten zwischen den Gehöften hin, steilten an den Giebeln auf wie lodernde Flammen, denen der über dem Bodensee aufgehende Mond die entsprechende Farbe verlieh. Es war, als schwele ein Flächenbrand über dem Dorf.

Spät in der Nacht klopfte er beim Talbauern um Quartier. So wurde es auch Mittag, bis er aufbrach. Einerlei! Nur weiter! Er ritt vor dem Ostwind, der sanft und kaum merklich die spielend leichten Wolken vor sich hertrieb, wo der Abend im Westen sie rötete.

In Bonndorf holte die Wirklichkeit ihn ein. Er bekam die Nachricht, daß Stadtknechte von Stockach auf Befehl der österreichischen Beamten Nenzingen und Wahlwies überfallen und niedergebrannt hätten. Ein Glück, daß Els in Stockach war! Sie hätte es nicht überlebt. Den Hof des Schmidbauern gab es nicht mehr. Das Verbrechen stand dem von Weinsberg in nichts nach.

Hans Müller sollte jetzt auf dem Anmarsch auf Kirchzarten sein und stand so fast im Vorfeld von Freiburg.

In Lenzkirch übernachtete Joß noch einmal. Der nächste Tag war sonnig und klar. Am Mittag zogen grellweiße Wolken auf. Es wurde schwül. Joß ritt das Bärental hinauf und rastete im Moos.

Aus der Tasche zog er das Fazilettlein von Frauenalb. Er wischte sich die Stirn. Treue Begleiter braucht das Leben. Er schlief wohl ein wenig, saß dann wieder auf. In seine Gedanken versunken, bemerkte er nicht, daß sich die weißen Wolken zu einer dunklen Wand verdichteten, die sich über dem Berg auftürmte. Warum war er eigentlich nicht durchs Höllental geritten? Über dem Berg, tröstete er sich, über dem Berg mußte das große Ziel liegen. Freiburg war plötzlich vertraut und nah, keine Bedrohung mehr durch Gefangenschaft und Turm.

Irgendwo mußte er falsch abgebogen sein. Der Weg ging plötzlich im Wald steil bergan. Der erste Donnerschlag ließ den Schimmel ängstlich wiehern. Joß tätschelte ihm den

Hals und redete beruhigend auf ihn ein. Das Tier fügte sich und nickte geduldig vor sich hin. Zuerst prasselten dicke Regentropfen. Blitz und Donner steigerten sich in dichter Folge. Kein Unterschlupf weit und breit! Dann hagelten faustdicke Kiesel herab, peitschten gegen die Stämme, zerfetzten die Blätter und trommelten auf Roß und Reiter. Der Schimmel warf entsetzt den Kopf hoch, Joß hielt schützend den Arm übers Barett. Es half nichts. Wie Stahlkugeln zischten die Eisbrocken herab. Eine weiße undurchdringliche Wand stand über ihnen. Jeder Einschlag traf den Körper wie ein Messerstich. Der Schimmel bäumte sich auf und keilte nach allen Seiten aus. Joß krallte sich an der Mähne fest. Ich bin aus der Zeit geritten, schoß es ihm durch den Kopf, irgendwohin ins Maßlose. Der Schimmel raste in wilder Hast davon, stolperte im haltlosen Untergrund angehäufter Kiesel und glitt unaufhaltsam dem Abgrund entgegen, der steil abfallenden Seewand.

Sie stürzten ins Bodenlose. Keiner hat je erfahren, wo Roß und Reiter geblieben. Kein Lied, keine Inschrift kündet von ihrem Ende. Nur das Unwetter lebt in den Chroniken fort: »... desgleichen hagel kain man nie erdacht ...«

Am Abend desselben Tages brach ein Trupp elsässischer Bauern auf, hißte die Fahne des Joß Fritz, daß das helle Kreuz im Abendlicht aufblutete und dem Reichsadler ein rosiger Schimmer ums schwarze Gefieder wuchs. Sie schlugen sich bis Zabern durch, wo Erasmus Gerber sie erwartete. Sie hatten Woche um Woche geharrt. Jetzt mußten sie handeln. Eingedenk der Lehre, die Joß ihnen gegeben hatte, hielten sie sich streng auf dem Weg, schonten Felder und Dörfer, zahlten, was sie verzehrten, und verlangten keine Abgaben. Sie wichen dem Herzog von Lothringen aus, der über Vic und Dieuze heranrückte.

Sie zogen voller Zuversicht und sangen, was Joß sie gelehrt hatte, wenn sie abends ums Feuer saßen. Sie sangen auch, als sie in Lupstein einmarschierten, das sie als Vorposten der Stadt Zabern verteidigen sollten. Sie kämpften zäh gegen die Übermacht des »Kreuzheeres«, das gegen die »Barbaren« ausgerückt war, kämpften weiter, als sie sich dem Druck der Übermacht beugen und ins Dorf zurückziehen mußten.

Doch als der Herzog Feuer legte und das Dorf mit Männern, Frauen und Kindern verbrannte, erstarben ihre Lieder.

Einer soll noch im Sterben gerufen haben: »Die göttliche Gerechtigkeit!« Aber keiner von denen, die um ihn herum kämpften und starben, achtete darauf, ob es eine Forderung an die Lebenden, ein Gebet oder die Erfüllung im Tod war.

Joß war im Eis umgekommen. Sein Fähnlein starb in den Flammen.

Joß Fritz?
Spuren im Niemandsland,
zerronnen, vergessen, verweht …
Die Straße ist geblieben und der Wind
und die Sehnsucht
nach der göttlichen Gerechtigkeit …

Glossar

Amandustag   26. Oktober.

Antoniusfeuer   Folge der Vergiftung mit Mutterkorn.

Armagnaten   Zuchtlos marodierende Söldner aus der französischen Grafschaft Armagnac.

Aszendenz   Aufgang eines Gestirns.

Augustinus   Kirchenvater (354–430). Größter Geist der altchristlichen Kirche, entwickelte die Idee der zwei Reiche: Reich der Welt und Reich der Gerechtigkeit, dessen Erfüllung im Jenseits liegt. Bekannt ist sein Satz: Inquietum est cor nostrum, donec requiescat in te (Unruhig ist unser Herz, bis es Ruhe findet in dir).

Bannwart   Flurhüter, Feldschütz.

Bed/Bede   Sie bestand aus Geldbeden, die an das Gemeindegericht bezahlt wurden, und Naturalbeden, die vom → Keller eingezogen wurden.

Beritt   (Kleine) Abteilung Reiter.

Caelo tonantem credidimus Jovem regnare   Im Himmel, glaubten wir, regiere der Donnerer Jupiter (Horaz, Oden III).

Coagulieren   Ausflocken, gerinnen lassen.

Cusanus   Nikolaus von Kues (1401–1464). An der Mosel geboren, studierte in Deventer, Heidelberg und Padua zunächst Rechte, danach Theologie. Er wurde 1430 Priester, Kardinal, Bischof von Brixen. Er war einer der vielseitigsten Geister seiner Zeit.

Der Arme Konrad   Ostern 1514 von Gaispeter von Beutelsbach im Remstal (zwischen Stuttgart und Schorndorf) ins Leben gerufene Bauernbewegung.

Der unglückliche Enkel   Eigentlich Urenkel Karls des Großen. Karl der Dicke (876–887) vereinigte noch einmal fast dessen ganzes Reich, zahlte aber Lösegeld an die Normannen und verlor Hochburgund; von der Fürstenversammlung als kranker Mann abgesetzt, zog er sich von der Welt zurück und starb 888 im Kloster St. Gallen.

Dornacher Schlacht 1499, Sieg der Eidgenossen über den → Schwäbischen Bund.

Ephemeridentabelle Tabelle des täglichen Standes der Sterne.

Fähnlein Zwischen dreihundert und sechshundert Mann Fußvolk oder zweihundertfünfzig Reiter.

Falkonette Leichte Wurfmaschine.

Fall Bei Tod Ablieferung des besten Stücks Kleidung, Vieh usw.

Fastnachtshuhn Teil der jährlichen Abgaben an den Grundherrn.

Faut → Vogt.

Fazilettlein Aus Italien in Mode gekommenes Ziertaschentuch für Damen.

Feldschlange Kleinkalibriges Geschütz.

Ferge Fährmann.

Ficinus (1433–1499), Arzt und Philosoph in Florenz.

Französischer Rock Die deutschen Landsknechte trugen das Wams.

Fronhof Herrengut, auf dem die der Grundherrschaft hörigen Bauern Frondienste leisten mußten.

Ganerbe Miterbe.

Gereon 10. Oktober.

Gugel Bastian von Bühl (Ortenau) Sammelte am 14. Juni 1514 Bauern aus den Bühler Tälern, um die alten Rechte mit Gewalt wieder einzuführen. Die Bewegung wurde bei Onsbach (Achern) zerschlagen.

Gugel Kapuzenartige Kopfbedeckung mit Schulterkragen.

Gülte Allgemeine Abgabe (Frucht, Wein, Federvieh) der Höfe und Mühlen an die Herrschaft zu → Martini.

Hadrianstag 4. März.

Handgeld Das bei der Anwerbung den Landsknechten bezahlte Geld.

Heiliger Franz v. Assisi, 4. Oktober.

Hube (Hufe) Bäuerliche Hofstätte mit dazugehörigem Grund und Boden.

Interrogatio philosophica   Philosophische Frage.

Jetterzaun (Etterzaun)   Durch Flechtwerk erstellter Zaun um Dörfer oder Gehöfte zum Schutz gegen Wild und Raubtiere.

Johannes der Täufer   24. Juni.

Johannis   24. Juni.

Kamisol   Weste, kurzes Wams.

Kantate   Der fünfte Sonntag der Osterzeit.

Keller   Verwalter der Naturaleinkünfte.

Kerb   Kirchweih.

Konstellation   Stand der Gestirne zueinander.

Lätare   Der dritte Sonntag vor Ostern.

Landschad   Beiname der Herren von Steinach. Hier: Blicker Landschad von Steinach, Nachkomme des Minnesängers Bligger v. Steinach. Herkunft und Deutung des Beinamens sind ungeklärt.

Lindenschmidt   Die Geschichte des Räubers wurde früh gesungen und ist als Volksballade in »Des Knaben Wunderhorn« aufgenommen worden.

Malleolus   Felix Hemmerlin, geboren 1388 in Zürich, gestorben 1458 in Luzern. 1421 Propst in Solothurn. Kritisiert in seinen Schriften Kirche und Demokratie der Eidgenossen, wird 1454 abgesetzt und inhaftiert.

Mariä Geburt   8. September.

Mariä Lichtmeß   2. Februar.

Martini   Martinstag, 11. November.

Michaelis   29. September.

Misericordia Domini   Der dritte Sonntag der Osterzeit.

Muhme   Tante.

Nativität   Stand der Gestirne bei der Geburt eines Menschen.

Nekromantie   Weissagung durch Beschwören der Geister und der Toten.

Quasimodogeniti   Der Sonntag nach Ostern, auch Weißer Sonntag genannt.

Pantaleon (Tag des)   Patron der Ärzte (28. Juli).

Pfister   Bäcker.

Plappart   Münze, 20 Pl = 1 rheinischer Gulden, wegen der matten Färbung so genannt.

Podagra   Gicht.

Prädikant   (Hilfs)Prediger.

Präzeptor   Lehrer an Dom- oder Klosterschulen.

Reformatio Sigismundi   Flugschrift eines unbekannten Verfassers, der wohl Geistlicher war, aus der Mitte des 15. Jahrhunderts. Die Erfindung des Buchdrucks förderte die Verbreitung. Das Volk glaubte an die Urheberschaft des Kaisers.

Reisige   Berittene Söldner.

Reisläufer   Söldner.

Riese   (Holz)Rutsche im Gebirge.

Schaftrift   → Trift.

Schindanger   Platz, wo Tiere abgehäutet werden.

Schultheiß   Vorsteher einer städtischen oder dörflichen Gemeinde mit niederer Gerichtsbarkeit.

Schwäbischer Bund   (1488–1534) Zusammenschluß von Reichsstädten und Fürsten gegen die Bedrohung durch die Herzöge von Ober- und von Niederbayern.

Speis   Mörtel.

Stöffler, Johannes   Professor der Mathematik und Sternkundiger in Tübingen. 1499 sagte er für Februar 1524 das Ende allen Lebens auf der Erde voraus. Sogar der kaiserliche Hof ergriff Maßnahmen zum Überleben.

Sublimieren   Vom festen in den gasförmigen Zustand versetzen.

Topfkachel   Eine runde Kachelform des Mittelalters, die in der Mitte eine Öffnung hatte, wodurch die Wärmestrahlung direkt wirkte.

Trift   Grasflur aus Hartgräsern; eine Weide von geringem Wert, besonders für Schafe.

Truchseß, der   Georg Truchseß von Waldberg, Feldhauptmann des → Schwäbischen Bundes, der die Bauernaufstände 1525 grausam niederschlug.

Udenheim   heißt seit 1623 Philippsburg, lag als Residenzstadt der Fürstbischöfe von Speyer bis zur »Rheinkorrektion« im 19. Jahrhundert unmittelbar am Ufer des Flusses.

Ungeld   Indirekte Steuer, die aus gegebenem Anlaß erhoben wurde und meist Nahrungsmittel und Wein betraf.

Urgicht   Geständnis.

Vita magica   Leben mit Magie.

Vogt   Oberster Bezirksbeamter mit richterlicher Befugnis.

Wasserprobe   ist eine volkstümliche Form des Gottesurteils im Mittelalter (Feuerprobe). Der Pfeiferhansel von Nicklashausen identifizierte einen Stein mit dem Bischof, warf ihn ins Wasser: Der Bischof war schuldig, da der Stein versank. Gaispeter prüfte auf dieselbe Weise die »Echtheit« der Gewichte.

Weibel   Amtsbote, Dienstgrad bei den Landsknechten.

Weißer Sonntag   → Quasimodogeniti.

Zerhauen, zerhackt, zerschlitzt   In der Landsknechtmode schlitzte man die längsgestreiften Hosenbeine auf und unterlegte sie mit buntem Seidenfutter.

Die Authentizität des Erlebten berührt den Leser selbst noch nach über fünfzig Jahren

Wilhelm Eichner

JENSEITS DER STEPPE

Tagebuch aus dem Rußlandfeldzug 1942-1944

Universitas

Universitas

Ohne Pathos schildert Wilhelm Eichner die Schrecken des Zweiten Weltkrieges und die Fähigkeit des Menschen, Leid und Not zu ertragen.